吳晗 著

朱元璋傳

里仁書局印行

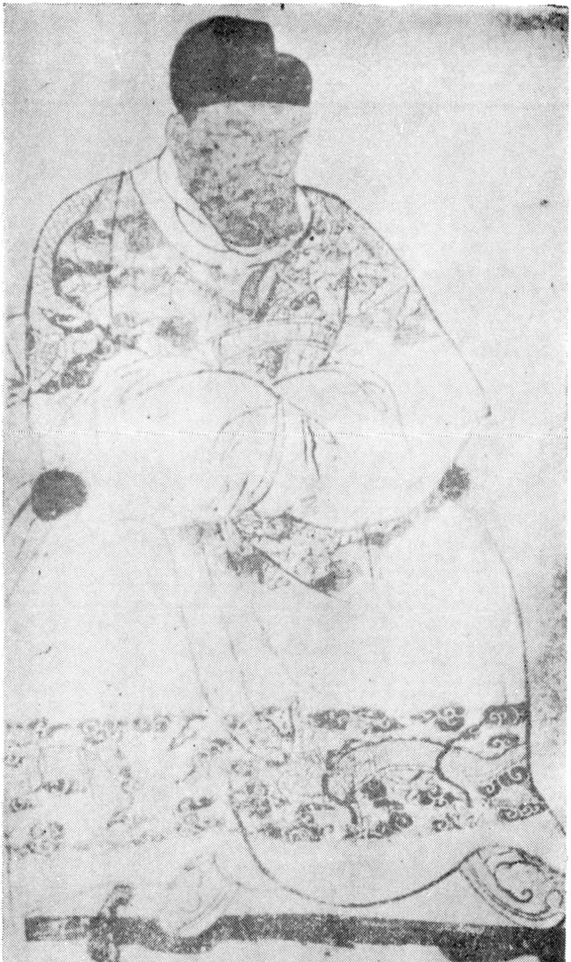

朱 元 璋 像

北京 故宮博物院藏畫

朱元璋像

南京明孝陵藏畫

朱 元 璋 像

採自中國歷代帝后像

朱 元 璋 像

北京 故宮博物院藏畫

馬皇后像

北京 故宮博物院藏畫

(以上圖片由中國歷史博物館供應)

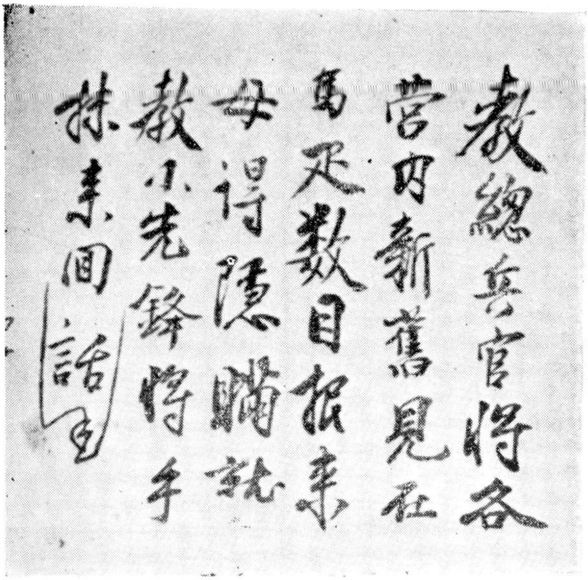
教總兵官將各
營內新舊見在
馬疋數目根來
毋得隱瞞就
教小先鋒將手
杖來回話

朱元璋的親筆信

北京 故宮博物院藏

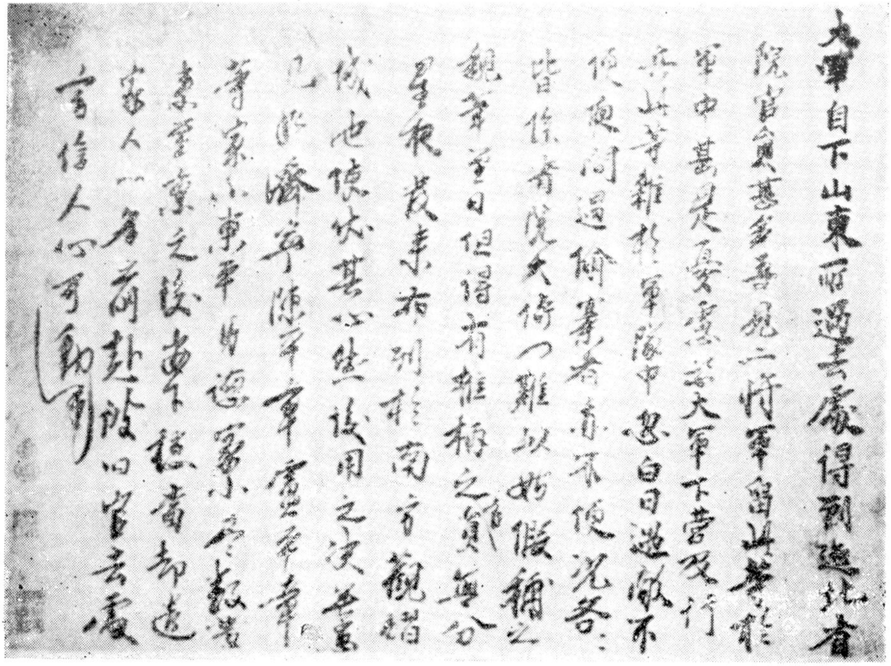

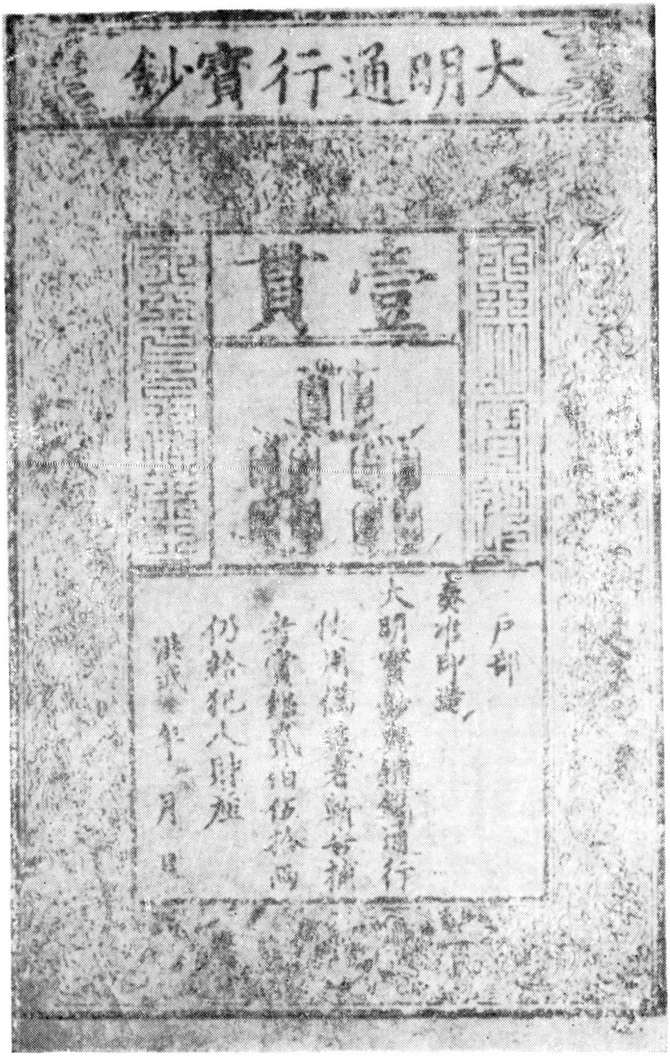

大明通行寶鈔（背面有朱印）

元順帝至正通寶

宋 韓林兒龍鳳通寶

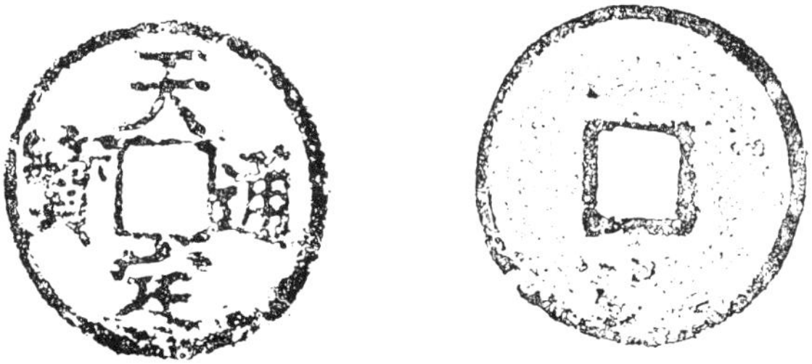

天完 徐壽輝天定通寶

漢 陳友諒大義通寶

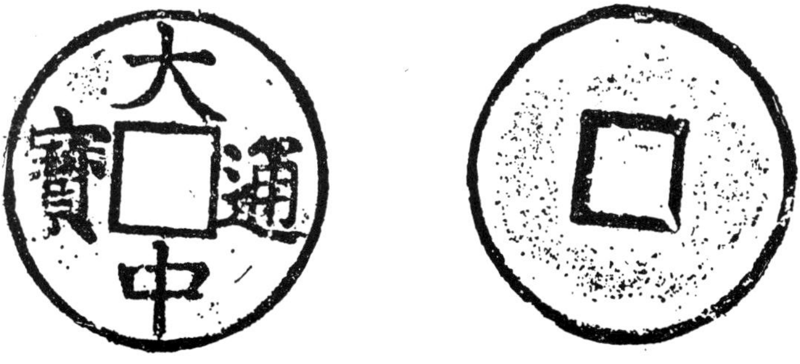

朱元璋大中通寶

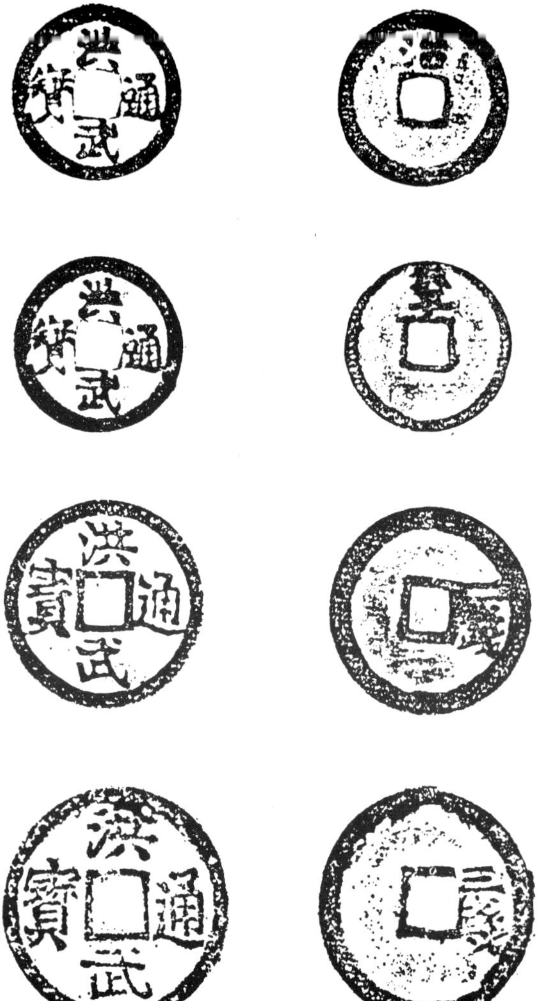

朱元璋洪武通寶

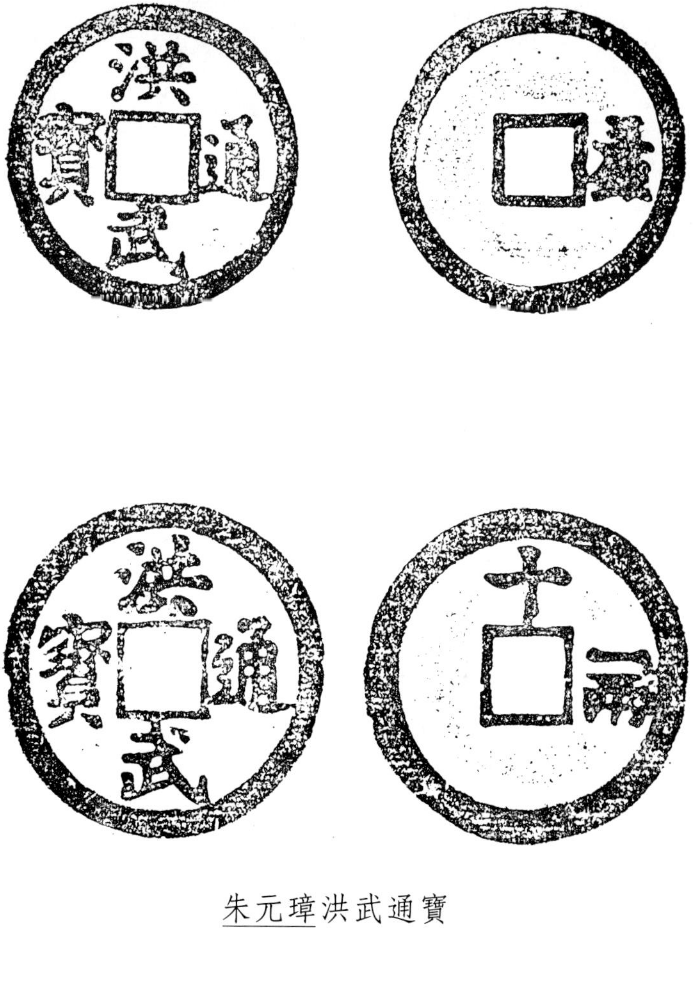

朱元璋洪武通寶

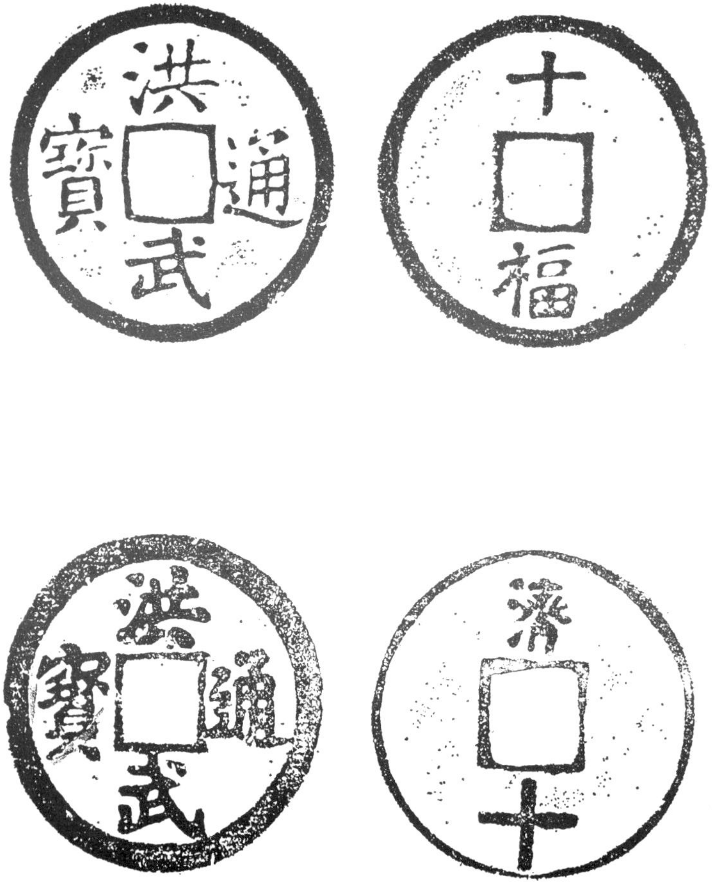

朱元璋洪武通寶

（以上均北京 故宮博物院藏）

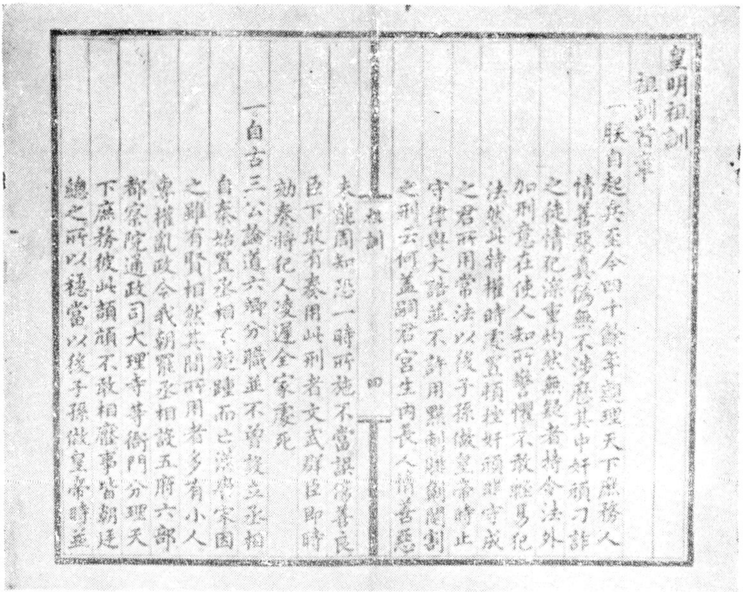

皇明祖訓

祖訓首章

一朕自起兵至今四十餘年親理天下庶務人
情善惡真偽無不涉歷其中奸頑刁詐
之徒情犯深重灼然無疑者特令法外
加刑意在使人知所警懼不敢輕易犯
法然此特權時處置頓挫奸頑非守成
之君所用常法以後子孫做皇帝時止
守律與大誥並不許用黥刺剕劓閹割
之刑云何蓋嗣君宮生內長人情善惡
未能周知恐一時所施不當誤傷善良
臣下敢有奏用此刑者文武群臣即時
劾奏將犯人凌遲全家處死

一自古三公論道六卿分職並不曾設立丞相
自秦始置丞相不旋踵而亡漢唐宋因
之雖有賢相然其間所用者多有小人
專權亂政今我朝罷丞相設五府六部
都察院通政司大理寺等衙門分理天
下庶務彼此頡頏不敢相壓事皆朝廷
總之所以穩當以後子孫做皇帝時並

祖訓　四

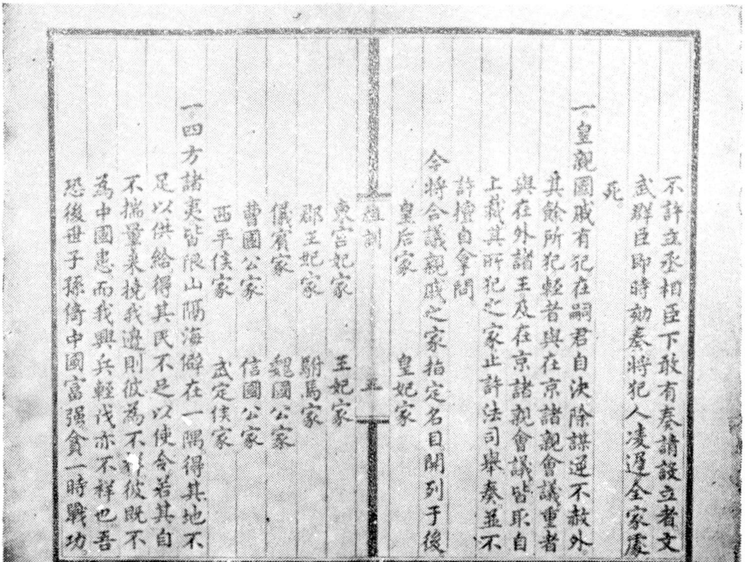

不許立丞相臣下敢有奏請設立者文
武群臣即時劾奏將犯人凌遲全家處
死

一皇親國戚有犯在嗣君自決除謀逆不赦外
其餘所犯輕者與在京諸親會議重者
與在外諸王及在京諸親會議皆取自
上裁其所犯之家止許法司舉奏並不
許擅自拿問

今將合議親戚之家指定名目開列于後

皇后家　皇妃家

東宮妃家　王妃家

郡王妃家　駙馬家

儀賓家　魏國公家

曹國公家　信國公家

西平侯家　武定侯家

一四方諸夷皆限山隔海僻在一隅得其地不
足以供給得其民不足以使令若其自
不揣量來撓我邊則彼為不祥彼既不
為中國患而我興兵輕伐亦不祥也吾
恐後世子孫倚中國富強貪一時戰功

祖訓　五

皇　明　祖　訓

洪武年間刊本　北京　故宮博物院藏

朱元璋御製文集

北京 故宮博物院藏

明嘉靖十四年刊本

□后土兮德溥何量山澤通氣兮天雨落而□□
三旬陰霾兮過美又將有傷兮或殃低窪歛而天□
兮民歌樂康老農謳歌兮陸徑而水秋朕握乾符兮
何辭但時和歲豐兮世道為良今□百齊兮大祀列
張臣僚賦諧兮鑾鏘朕將稽首兮拜謁者家給人足
兮秋收冬藏皇祇兮洋洋惟願昭格兮我將

建言格式序

嗚呼為君難而為臣不易此古人嘗戒之言且如為
臣之難惟茹太素是也洪武九年朕見災異兮端餘
無措于於是特布告臣民許言朕過告既出矣逾月

御製文集

字朕命中書郎中王敏立而誦之至字□□六千三百七
十乃云才能之士數年以來幸存者百無一二不過
應答辦集又云所任者多半迂儒俗吏言及至斯未
視五事實跡其妄言故名問之爾為刑部之官彼
刑部官吏二百有餘爾可細分迂儒俗吏乎彼乃不
答使分之而又無知其人者於是扑之次日深夜中
朕卧榻上令人誦其言直至一萬六千五百字後方
有五事實跡其五事之字止是五百有零朕聽至斯
知五事之中四事可行當日早朝敕中書都府御史
臺著蹟以行吁難哉古今上書陳言者未嘗不為國

目次

插圖

吳晗和他的朱元璋傳

徐少知

(一)

吳晗是一個爭議性很多的人物。

唸書的時候，他熱衷於歐美式的民主（注一）。抗戰後期，他參加了民主同盟，痛批蔣介石特務統治（注二）。大陸淪陷，他出任北京市副市長等要職，却參加了「三家村」，以古諷今（注三）；寫了《海瑞罷官》的劇本，藉海瑞罵皇帝，影射某人（注四）；成為文化大革命第一根毒草，首先被指名批鬥（注五）。

吳晗的《朱元璋傳》也文如其人，引發不同的議論。他在〈吳晗談研究歷史〉的訪問稿中表示，寫朱元璋是用來影射蔣介石，「指桑罵槐，強調明朝的特務統治，以攻擊蔣介石的特務統治」（注六）。但批評他的人可不這樣認為，他們痛斥作者的《朱元璋傳》是「惡毒攻擊毛澤東思想」（注七）。雖然《朱傳》在淪陷後曾三改、四改（詳見下文），儘量符合黨中央意旨，却仍難逃批判，成為他反黨反革命的罪證。

一九五〇年在〈我克服了「超階級」觀點〉的自我交心的文章裡，吳晗說他的祖父是個佃戶（注八）；攻擊他的人找到《椒山吳氏宗譜》，却說他祖父「權貿子母」，是生意人（注九）。

一九三一年吳晗致胡適信曾提到，他曾向蔣先生（廷黻）道謝，並在同信中感謝胡適的指示，說胡信「讀後恍如在無邊的曠野中，夜黑人孤，驟然得著一顆天際明星，光耀所及，四面八方都是坦途」（注十）。一九五六年左右吳晗在向組織上滙報個人歷史的《吳晗自傳》中說他「受陳寅恪的影響很大」、「受胡適、顧頡剛、傅斯年的思想影響都很大」（注十一）。可是在〈吳晗談研究歷史〉的訪問稿中，吳晗却說「我是自學的，過去自學，現在自學，沒有跟過什麼老師」、「……蔣廷黻，一個十足的洋奴，……中文不通，不能寫。」、「……陳寅恪……他研究得很細，……也沒學到什麼」（注十二）。前後變化如此之大，簡直令人眼花撩亂。

歷史事件的解釋本來就是多面的。我們同情吳晗「人在政治，身不由己」。吳晗曲折而多變化的一生，正是近代中國知識份子苦難的縮影。

是應該還吳晗「本來面目」的時候了。

要還吳晗「本來面目」，先要從吳晗的「變」與「不變」談起。

(二)

我們知道，吳晗在戀愛的時候，就知道袁震體質羸弱，但他仍毅然與之結婚，並且終身照顧她，至死不渝。堅定的愛情，是吳晗不變的一面。

相對於吳晗的愛情，他在政治上的轉變，顯然動作大得多。三十年代初，吳晗憂國，但不忘唸書（注十三）。抗戰以後，由於目睹國事益壞，與潘光旦、費孝通、羅隆基、聞一多等人組織「民主政團同盟」，思想開始靠左（注十四）。大陸淪陷，他歷任政府要職，改造思想，努力適應社會主義新中國。但他所目睹的社會主義路線，却是連連的挫敗，繼「大躍進」、「總路線」之後，「人民公社」也相繼失敗；「三面紅旗」的災禍加深擴大，成為中國人的災難。吳晗看不下去，又轉向他的矛頭，藉批判歷史人物，罵起毛澤東來（注十五）。這是吳晗「變」的一面。

但這種「變」，在當時的知識份子來說，是相當普遍的事。推翻了滿清政府，換來的不是民主富強，而是社會的亂象，人們開始把希望寄託到馬列思想，冀望透過蘇聯的紅色革命成功，帶給中國光明的未來；無奈事與願違。

因此，檢測吳晗的「變」與「不變」得知：他的「不變」是他的堅貞；他的「變」是當時趨勢使然。他雖然努力改造自己的身段，去為人民服務，但沒有改變他對集權主義、黑暗政治、民不聊生的痛恨。因此才有淪陷前寫《朱元璋傳》暗指蔣介石，淪陷後，寫《海瑞罷官》隱喻毛澤東。

吳晗的「變」，使他和太太袁震不幸死於非命；壯志未酬，殊為可憾。吳晗的「不變」，使他的《朱傳》和《罷官》更形可貴。

㈢

吳晗本名吳春晗，號辰伯。一九〇九年生於浙江義烏縣。

他出生於地主家庭，祖父從事貨殖，已如前述，但到父親時，因為不善經營，家道已然中落。父親去逝的時候，還欠了不少的債（注十六）。

吳晗六歲上學，十二歲進浙江第七中學。以後當過小學教員。一九二七年考入浙江之江大學預科。一九二九年考入上海吳淞中國公學大學部，所寫論文《西漢經濟狀況》為校長胡適介紹出版。一九三〇年暑假到北京報考北大，因為來晚了，經顧頡剛介紹，到燕大圖書館工作，讀了很多書。一九三一年插班進清華大學歷史系二年級，系主任是蔣廷黻。

吳晗因蔣廷黻的關係，專攻明史，同時在校半工半讀。

清華三年，吳晗受到包括胡適、顧頡剛、傅斯年、陳寅恪、蔣廷黻的影響，逐漸展現他的才華，在《清華學報》、《燕京學報》發表論文。但為照顧弟妹上學，並為愛人袁震治病，負擔很重。

一九三五年任清華大學歷史系教員，講明史。

一九三七～一九四〇年任雲大教授。

一九三九年十月與戀愛多年的袁震結婚。

一九四〇年起任西南聯大教授，由於經濟上的困苦，並目睹政治的腐敗，開始轉變政治態度。

一九四一年加入中國民主政團同盟（簡稱「民主同盟」或「民盟」）。一九四三年起積極從事時事評論。

自此，吳晗和聞一多一樣，走出書齋，組織座談會、公開演講並發起學生運動。

一九四六年抗戰結束，復員到清華大學歷史系。繼續從事反政府運動。

一九四八年他進入共區，發現解放區到處都是「毛主席萬歲」，心裏有點不習慣（注十七）。

一九四九年二月，他隨共軍回到北平，任清華大學歷史系教授、主任、文學院長，兼校委會副主任委員。參加第一屆政治協商會議。當選北京市副市長、全國人民代表大會代表、政協北京委員會副主席等要職。

一九五七年加入中國共產黨。

一九六五年十一月十日失勢的毛澤東吹響文化大革命的進軍號，授意姚文元在上海「文滙報」發表〈評新歷史劇《海瑞罷官》〉一文，展開對吳晗的第一波批判，並「向彭真反革命修正主義集團投出了一槍」（注十八）。接著爆出「三家村」案，吳晗、鄧拓、廖沫沙和他們的後台彭真、羅瑞卿、陸定一、楊尚昆、劉少奇先後被關臭關垮。

一九六八年初吳晗夫婦雙雙被關。袁震被當作反革命家屬關押進勞改隊廁所，以至癱瘓，一九六九年三月十七日半夜病發，送醫院遭推諉搪塞而亡。吳晗被關進監獄，滿頭白髮被揪光，大口吐血而亡，臨死前咬破舌頭醮血寫下四字「悔不當初」（注十九）。

一九七九年，中國共產黨中央為吳晗平反。

一九八五年七月一日吳晗故鄉兄弟姊妹們演出的婺劇《海瑞罷官》，在北京王府井吉祥劇院演出（注二〇）。

四

吳晗在學術上的成就是多方面的，從一九三〇年至一九六六年，他共發表過學術論文、札記、雜文六百餘篇；出版了《歷史的鏡子》、《歷史與人物》、《投槍集》、《燈下集》、《春天集》、《讀史劄記》、《學習集》、《海瑞罷官》（劇本）、《朱元璋傳》、《三家村札記》（吳南星合著）等書。並編過《朝鮮李朝實錄中的中國史料》。

這些為數甚夥的文章，很多是作者所謂「雜七雜八」的雜文，也有很嚴謹、質量很高的學術論著。但影響最大、最為人所稱道的仍是《朱元璋傳》。

吳晗寫《朱傳》始於一九四三年，那時吳晗窮困不堪，袁震又病，適有林同濟來約稿，稿酬很誘人，吳晗不能不同意。初稿從七月七日動筆，到九月九日寫完，一共才花了六十多天，由勝利出版社出版，名為《明太祖》。

初稿寫成後，吳晗才知道潘公展、印維廉主編的「中國歷代名賢故事集」，也要一本明太祖，「字數四萬到五萬字。而且，這本明太祖要往下拉，拉到鄭和七下西洋為止。還要一個內容相應的年表，稿酬是六千元！」吳晗「沒有勇氣也沒有興趣接受」。但許多朋友勸他接受。而且他太太也希望這點錢可以幫助點醫藥費。於是由太太袁震在吳晗初稿的基礎上改寫，但言明作者不是吳晗。但出版商以預告已經發出，堅不肯接受改名。最後這個「中國歷代名賢故事集」商得勝利出版社的同意，兩家同用吳的八萬字初稿，書名另用《從僧鉢到皇權》。第二本四萬多字帶年表的「明太祖」從此未見天日，連原稿也迷失了。（注二一）

吳晗對初稿「極不滿意，加之，一書兩名，更感不快，決定回北平後，多讀史料，把它作廢，重新寫過。」

一九四七年暑假吳晗有了重新寫過的機會，花了一年零一個月的時間，由原來的八萬字，擴充到十五六萬字。又增加了五百多條小注。「更重要的是有許多看法，竟和初稿完全不同」。書名題《朱元璋傳》的用意有二，「其一是為和作廢的初稿《明太祖》和《從僧鉢到皇權》有所分別」，「其二，舊時代舊史家對皇帝有太多禁忌，習慣以皇帝廟號作稱呼，今天這種禁忌已經不存在，……全書概用朱元璋來稱呼朱元璋，書名因之就題作《朱元璋傳》」（注廿二）。

新中國成立後，吳晗開始學習馬列主義。「從而感到《朱元璋傳》書中關於國家政權的概念不清楚。因為要影射攻擊蔣介石，對明太祖的評價也不太公正」。於是在一九五四～五五年，他第三次改寫，這次改寫只油印了一百本，徵求各方的意見，「覺得有些問題還是沒講清楚，準備做第四次改寫」（注廿三）。因為沒有出版，外界也很少人看過。

經過了九年的學習，吳晗覺得「有些問題比以前認識得似乎清楚一些了，特別是關於階級、階級分析、階級鬥爭和歷史人物評價問題，學習得比較用心一些，也寫了一些文章」，因此從一九六四年二月起他第四次改寫，交由三聯書店出版（注廿四）。總計作者寫《朱元璋傳》共用去了廿一個春秋，這說明作者對這本書的感情與付出的心力。

民國以來有關中外名人的傳記不知凡幾，却沒有一本像吳晗的《朱元璋傳》，一改再改，一印再印。推究原因，主要是作者的天賦和努力、良師的教誨，以及在寫作本書時所使用流暢的語言、豐富的史料、客觀的評論和帶感情的筆調所造就的。

因為個人的天賦，所以他得以在弱冠之年就嶄露頭角，並得到包括胡適等人的賞識。由於他的努力，所以在清華大學畢業時，已是很有名的明史學家。由於他使用了流暢的語言，所以家喻戶曉。由於擁有豐厚的歷史材料，所以做到無一事無出處。由於長於剪裁，所以沒有贅言。由於評論的客觀，所以表現出朱元璋的真實面貌。因為筆鋒常帶感情，所以讓讀者更能了解在明朝那個時代、那個環境的朱元璋，他的憂慮、他的苦心和他的無奈。

《朱元璋傳》的成功，也影響了後學，晚近幾本著名的傳記體著作如：《萬曆十五年》（黃仁宇著）、《陳寅恪的最後貳拾年》（陸鍵東著）都或多或少有著吳晗的影子。

(五)

我們這次重排，使用的是一九四九年第二次改正稿，原文照排。作者曾在第四次改稿時所指出的明顯錯誤，則以「里仁案」附在「小注」中說明。

我們之所以取第二次改稿本是因為第三次改稿本我們沒有看到，而第四次改稿本意識形態過濃的緣故。

第二次改正稿最末有「大明帝國初期疆域圖」，由於本圖略有訛誤，且不見一九六五年版中，疑作者亦不滿意，或認為與「明九邊七行都指揮使司及明初諸王圖」重疊。本次重排未予重製，以免傷及作者原意。

一九九七年（民國八十六年）元月十七日於台北

注一 〈報紙與輿論〉，見《歷史的鏡子》。

注二　〈吳晗自傳〉，見《吳晗自傳書信文集》。

注三　「三家村」發表的筆名「吳南星」，「吳」即吳晗，「南」即馬南邨（鄧拓筆名），「星」即繁星（廖沫沙筆名）。

注四　戚本禹，〈《海瑞罵皇帝》和《海瑞罷官》的反動本質〉，「人民日報」，一九六六年四月二日。

注五　戚本禹，〈毛主席在延安文藝座談會上的講話是無產階級文化大革命的建軍綱領〉，「人民日報」，一九六七年五月廿四日。

注六　〈吳晗談研究歷史〉，見《吳晗自傳書信文集》。

注七　洪潮，〈徹底鏟除吳晗的《朱元璋傳》這株大毒草〉，「光明日報」，一九六六年六月十五日。

注八　同注二。

注九　齊力、孟進，〈揭露吳晗的反革命眞面目〉，「人民日報」，一九六六年五月廿日轉載。

注十　吳晗致胡適（一九三一年九月廿六日），《吳晗自傳書信文集》。

注十一　同注二。

注十二　同注六。

注十三　吳晗致梁志冰，一九三二年一月廿五日，一九三二年×月廿七日，《吳晗自傳書信文集》。

注十四　同注二。

注十五　同注七。

注十六　同注二。

注十七　〈吳晗同志算個什麼進步教授〉，「北京日報」，一九六六年四月十五日。

注十八　同注五。

注十九　趙無眠，《文革大年表》。

注二〇　仇大洋，〈吳晗在我們心中〉，《吳晗自傳書信文集》附錄。

注二一　〈《明太祖》和《從僧鉢到皇權》〉，見《史事與人物》。

注廿二　《朱元璋傳》後記，香港龍門書店（一九七三年二月再版）。

注廿三　同注六。

注廿四　《朱元璋傳》自序，人民出版社（一九九一年十二月根據三聯書店一九六五年版重印）。

第一章 小流氓

(一) 小沙彌

元至正四年（公元一三四四年，元順帝妥懽帖木兒在位的第十二年），淮河流域的人民遭受了苦難。旱災，蝗災，加上瘟疫。

好幾個月沒有見過雨了，栽下的苗曬得乾癟枯黃，大地裂成了一條條的龜縫。到處在求雨祈神，老年人恭恭敬敬向龍王爺磕頭，孩子們戴著柳枝圈圈躥出躥進。正在焦急沒收成時，又來了瀰天漫地的蝗蟲，把穗上稀稀的幾顆粟粒吃得一乾二淨。地方上有年紀的人都在唉聲嘆氣，哭喪著臉，說幾十年來沒有見過這樣的年成，這日子著實過得不得了。

不料禍不單行，疫癘大起，鍾離太平鄉的人，接二連三的病倒。已經吃了多少時候的草根樹皮了①，病一起就挺不住，開頭只覺得渾身無力氣，接著是上吐下瀉，不到一晝夜便斷了氣。起初大家還不理會，到了一個村子裏一天死去了幾十個人，家家死人，天天死人的時候，明白這是上天在降罰，散布瘟疫來收人，才著了慌，不管「在數的難逃」的老話，還是逃命要緊，各村莊的人攜兒帶女，只要有親戚朋友家可投奔的，連家裏的病人都顧不得了。不過幾天功夫，太平鄉數得出的十幾個村子，便鬧得人烟寥落，雞犬聲稀，顯出一片淒涼黯淡的景象。

孤莊村②朱家，朱五四官名叫世珍的，一大家人，不過半個月，死了三口。五四六十四歲了，四月初故去，三天後，大兒子重四學名叫興隆的也死了，到二十二那一天五四的老伴陳二娘又死了。五四的二兒子重六（興盛）和小兒子元璋（原名興宗，小名重八），眼看著大人一個個倒下，請不得郎中，抓不到藥，只急得相對痛哭。③尤其爲難的是：家裏沒有一貫鈔、一錢銀子，買不了棺木，更說不上墳地。田主呢？幾年的主客，想來總該施捨佃戶一塊埋骨之地，誰知不但不理會，反而「呼叱昂昂」④。鄰舍們都覺得難受，傷心。正沒計較處，同村人劉繼祖⑤不忍心，慨然捨了一塊地，⑥兩兄弟磕頭謝了，眞是一頭有了著落。但是，衣衾呢？棺槨呢？還是沒辦法。只好將就把幾件破衣裳包裹了，抬到墳地草葬。兩兄弟一面抬，一面哭，好容易抬到了，還未動手挖坑，突然間風雨交加，雷轟電閃，整個天像塌下來似的。兩兄弟躲在樹下發抖，約夠一頓飯時，天霽雨晴，到墳地一看。大喫一驚，屍首不見了，原來山脚下土鬆，一陣大水把坡上的土沖塌了，恰好埋了屍首，薄薄的一個土饅頭，俗語叫做「天葬」。⑦三十五年後，朱元璋寫皇陵碑時，還覺得傷心：「殯無棺槨，被體惡裳，浮掩三尺，奠何殽漿！」⑧

父母的大事雖了，過日子呢？沒留下一寸土，一顆米，元璋餓了些日子，到處找零活作。誰知大戶人家都已逃荒逃瘟去了，貧民小戶自己都在挨餓，怎麼雇得起人？到處碰壁，懶洋洋地不願回家，一逕到村外給他父母上墳。蹲在新長著青草的墳邊，沉思如何來打發日子，對付肚子。

他長得軀幹魁偉，黑黑的臉，下巴比上顎長出一寸多，高高顴骨，卻又大鼻子，大耳朵，就整個臉盤看，恰像一個橫擺著立體形的山字，腦蓋上一塊奇骨隆起，像一個小山丘。粗眉毛，大眼睛。樣子雖看著叫人不喜歡，卻怪勻稱，怪威嚴而沈著。

小時候替人看牛放羊，最會出主意鬧著玩，別的同年紀的甚至大幾歲的孩子都習慣地聽他指揮。最常玩的一個遊戲是作皇帝，你看，雖然光着脚，一身藍布短衣褲全是窟窿補釘，他卻會把棕樹葉子撕成絲絲，紮在嘴上作鬍鬚，找一塊車輻版頂在頭上當平天冠，弄一條黃布包袱披在身上，土堆上一坐，自己作起皇帝來了。揀一些破木板，讓孩子們必恭必敬地雙手拿著，當作朝笏，一行行，一排排，整整齊齊地三跪九叩頭，同聲喊萬歲。

又最會作壞事。有一天，忽然餓了，時候早又不敢回家，怕田主罵。且看牛的周德興、湯和、徐達許多孩子也都嘴饞起來了。大家越說餓，眞的肚子咕嚕得越兇。這個說有一碗白米飯吃才好呢。那個又提眞想吃一頓肉，一個又說肉是財主們吃的，不知道是什麼味道。個個的嘴都說得流涎。猛然間元璋一喊有了，大家齊聲說什麼？元璋笑著說，現放著肉不吃，眞是呆鳥！大家還不明白。元璋也不再說話，牽過一條花白小牛娃，放牛繩綑住前後腿。周德興看了，趕緊抄著斫柴斧子，當頭就是一斧。湯和徐達也來幫忙剝皮割肉。別的孩子們揀爛柴樹葉子，就地生起火來。一面烤，一面吃，個個眉飛色舞，興高采烈。不一會兒，一條小牛娃只剩一張皮一堆骨一根尾巴了。這時太陽已經落山，山脚下村子裏，炊烟裊裊在半天空，是該回家的時候了。驀地一個孩子省悟了，小牛喫了如何回主人的話。大家都面面相覷，想不出主意，擔不起罪過，正在著急，互相埋怨，亂成一團的時候，小一點的孩子竟哇聲哭了出來。元璋一想，主意是自己出的，責任也該擔起來，一拍胸脯算我的事。也眞虧他想，把皮骨都埋了，把小牛尾巴插在山上石頭空縫裏，說是小牛鑽進山洞裏去了，只留下尾巴，拉了半天不出來。孩子們齊聲說好。當晚上，元璋挨了一頓毒打，被趕回家。雖然喫了苦，丟了飯碗，也深深得到孩子們的信任，大家都甘心當他作頭腦。⑨

算是十七歲，是元天曆元年（公元一三二八年）九月十八日未時生的，屬龍，扣準了還不滿十六足歲。父親是老實本分人，辛苦了一輩子，頭髮鬍子全白了，搬了一輩子家，從泗州盱眙縣遷到靈壁縣，又遷到虹縣，到五十歲時又遷到鐘離東鄉，住了十年，活不下去，再遷到西鄉，四年前才搬到這孤莊村來。⑩十個田主大戶竟有十個是黑心的，說盡好話算是佃了幾畝地，天不亮就起床，天黑了還在地裏作活，出氣力、流汗水，忙碌一年到頭，算算收成，十成裏竟有六成孝順了田主。左施肥、右戽水，把田地服侍得肥了些，正好多收一點時，田主立刻就加租，劃算一下，還是佃戶吃虧。劃不來，只好搬家另覓大戶，忍下去吧，三兩年後還是得被攆走。因之，雖然拖兒帶女，在一地方竟住不滿十年，而且，老是替新大戶開荒地，服侍熟了，就得走路。賣力氣，受欺侮了一生，到死後，連葬處都沒有，要不，怎麼會求劉繼祖捨地？

兒女都大了。大哥二哥算是娶了媳婦，說也笑話，連花轎也坐不起，喜酒也沒有一鍾，還不是一樣佃客人家的女兒。三哥重七（興祖）給人家招了上門女婿，白得一房家小，可是得給人家挖一輩子地，——也好，家裏省一張嘴。大哥有兩個小的，二哥也養了一個男孩，算是一家老小三代。大姊嫁給王七一，二姊遠了，還是在盱眙時候訂的，男人叫李貞。⑪只有自己沒成家，要是時和世泰、雨順風調的太平年頭，一家子勤勤懇懇，佃上幾十畝田地，男耕女織，餵雞養豬，上山斫柴，沿路撿糞，靠著有的是人力，縮衣節食，苦雖苦，像牛馬樣總活得下去。偏又時運不濟，二嫂三嫂先後病死，大姪兒和二房的孩子都夭折了，王家滿門死絕，嫁給李家的二姊也死了，姊夫帶著外甥保兒逃荒，不知去向。偏偏今年又鬧瘟，一家三口都被瘟神帶走，偌大一個人家，只剩大嫂王大娘和二姪文正，二哥重六和元璋自己了。

剩下四口人，糧食一顆也沒有，地裏的呢，一旱一蝗，收到的不夠交租，那來吃的！平時一家子都靠力氣血汗換飯吃，如今只好吃草根樹皮，何況也不容易找。估計大嫂還有娘家，總可以央告到一升兩升。二哥呢？這些天臉色也老是不對勁。自己食量又大，粗重活計雖幹得，卻苦於這荒年，空有氣力沒處賣。小時候雖跟蒙館老師上過幾月學，一來貪玩，二來農忙得下田，那曾好好念過一天書，雖然靠著有點記性，記得幾百個字，又苦不甚通解，做不得文墨勾當，當不得衙門裏的書手，也寫不得書信文契。父親搬到本村來，本是貪圖這一鄉荒地多、人力少，只要死命使氣力，三個壯丁加上女眷，孩子們替人放牛趕羊，也不會吃閒飯，天可憐見有兩三年好莊稼，對付著混過日子。沒想到天下烏鴉一般黑，刻薄狠心像是田主應有的德性，三節送禮，按時交租，陪著笑臉，還是掂斤播兩，嫌麥子太潮，嫌秤不夠，恨不得用兩個秤錘，扳住秤尾起不來。那一些管事的更是刁難百般，饒是肥雞大肉，大碗酒，還拍桌捶凳，臉上像繃過似的，剝不出一絲笑容。這年頭能少交一點租就是天大的人情了，還敢開口向他們借口糧？官家的賑濟呢？不敢指望。即使皇恩浩蕩，居然會有一點，還不是落在縣官的荷包裏、大戶的倉庫裏去，那兒會有窮人的份！而且，即使漏出一星星、幾顆顆，要鋪保啦，到保甲長家裏去捺手印啦，又是調查啦，登記啦，還有什麼什麼的，發下來不夠吃一頓。腿跑斷了，頭磕破了，氣受夠了，也許還挨不著，輪不到。索性斷了這個夢，倒少些麻煩。再說本家呢？伯父這一房還在泗州盱眙縣，是祖父手上打的根基，伯父名下有四房，聽說近年已衰落得不像樣，幾個哥哥姪兒先後去世，只剩一個四嫂在守寡，看光景也投奔不得。⑫

再往上，祖籍是句容，朱家巷還有許多族人。祖父在元朝初年是淘金戶，本地不出金子，官府不由分說按年照額定的數目要，只好拿穀子換錢鈔，到遠處買金子繳納。後來實在賠納不起，沒奈何，丟了房屋田地，逃到泗州盱眙縣墾荒。那邊幾代沒來往，情況不明。再老的祖藉是沛縣，如今已經隔了幾百年，越發不用說了。⑬

舅家呢？外祖父陳公那一嘴大白鬍子，慣常戴上細竹絲笠帽，仰著頭，那扣齒念咒的神氣，還依稀記得。想起來也眞怪，只知道叫他外公，連什麼名字也不知道。死的那年已經九十九歲，差一年便算人瑞，可以報官領賞，據說還有花紅表裏，縣太爺還要請酒作揖呢。母親曾翻來覆去的說外祖的故事，這話已有五十六年了！那時外祖在宋朝大將張世傑部下當親兵，韃子兵進來，宋朝的地方全被占了，連文丞相都打了敗仗，被俘虜過去。張世傑忠心耿耿，和陸丞相保著小皇帝逃到崖山，那年是己卯年（公元一二七九年）。二月間，張世傑集合了一千多條大船，和韃子兵決戰，不料崖山海口失守，斫柴取水的後路給切斷了，大家只好吃乾糧，乾得忍不住，連海水也顧不得，大口大口灌下，弄得全軍都嘔瀉病困。韃子兵乘機進攻，宋軍船大，又都聯在一起，無法轉動，三軍望絕死戰，一霎時中軍已被衝破了，陸丞相眼見得不濟事，不肯被俘，讓韃子作踐，仗劍叫妻子女兒都跳下海去，自己背著六歲的小皇帝跟著殉了國。張世傑帶了十幾條船，衝出重圍，打算重立趙家子孫，恢復國土，忠義之氣實在感動人。誰知天不保佑，船剛到平章山洋面上，一陣颶風，把船都吹翻，張世傑也淹死了，宋朝也就眞個亡了國！外祖掉在海裏，僥倖被人救起，吃了許多苦頭才得回家。爲著不肯再替敵人當兵，遷居到盱眙津里鎭。他原來會巫術，就靠當巫師，畫符念咒，看風水，定陰陽過日子。到老年常時含著一泡眼淚說這故事，惹得聽的人也聽一遍哭一遍。外祖只生了兩個女兒，大的嫁給季家，小的就是母親，過繼了季家大表兄作孫子，外祖死後，這些年也沒有和季家來往，料想這年頭，景況也不見得會過得去。⑭

元璋想來想去，竟是六親都斷，天地雖寬，無處投奔，前後左右，四面八方，無路可走。越想越悶越煩，無精打采地走回家來，蒙頭便睡。

吃了一些日子草根、樹皮、糠屑、觀音土，半飢半飽，遊魂失魄似的一籌莫展。大嫂帶著姪兒回娘家去了，二哥一樣的餓，也沒主意。常時在一起的幾個朋友周德興湯和年紀都比自己大，有氣力、有見識，又都出外謀生去了，無人可商量。從四月一直呆到九月，半個年頭了，還計較不出一條活路。

天還是吝惜雨水，蝗蟲越來越多，日子久了，連草根樹皮都吃完了，再也撐不下去，和二哥商量如何是好，二哥急得直跳，哭了半天，想想只有遠走他鄉，各奔前程找活路去。哥哥捨不得兄弟，兄弟捨不得哥哥，哭得連鄰舍也傷心了。隔壁汪老娘看著重六不放心小兄弟，提醒當年五四公不是在皇覺寺許了願，捨朱重八給高彬法師當徒弟嗎？如今何不一逕當和尚去，一來還了願，二來總有碗淡飯，不比餓死強？二哥想想也是辦法，這事就此定了局。⑮

原來元璋少時多病，才生下，三四天不會吃奶。⑯肚子脹得圓圓鼓鼓，險些不救。五四公做了一個夢，夢裏覺得孩子不濟事了，怕是命硬，也許只有佛菩薩救得下，索性捨給廟裏吧，一逕抱著孩子進一個寺，寺裏和尚一個也不在，接不著頭，又抱回來。忽然聽見孩子哭聲，夢醒了，孩子眞在哭，媽媽在餵奶，居然會吃奶了，過幾天，肚脹也好了。長大後還是三天風、四天雨，啾啾唧唧，病總不離身，父母著了慌，想起當年的夢，才眞的到寺裏許了願，給元璋捨了身。⑰

汪大娘和他的兒子汪文替元璋預備了香燭，一點禮物，央告了高彬法師。九月裏的一天，皇覺寺多了一個小沙彌，長老添了小徒弟。朱元璋剃光成葫蘆頭，披上一件師父穿爛的破衲衣，居然是佛門弟子了。掃地、上香、打鐘、擊鼓、煮飯、洗衣、念經，是日常功課，見人叫師父、師兄、施主，連稱呼也改了。早晚聽著鐘聲、鼓聲、木魚聲，想想自己，想想半年前的家，想想不知逃到那兒去的二哥，心中無限感慨。⑱

---

① 明太祖實錄卷三十九：「洪武二年三月丙申，上以旱災相仍，因念微時艱苦，乃祭告仁祖淳后曰：因念微時皇考皇妣，凶年艱食，取草之可茹者，雜米以炊，艱難困苦，何敢忘也。」

② 明太祖實錄卷一，一統肇基錄本皇陵碑，並作孤莊村。沈節甫紀錄彙編本天潢玉牒作太平鄉縣莊村。七修類稿引皇陵碑作孤莊村。

③ 明太祖實錄卷十八，潘檉章國史考異引承休端惠王統宗繩蟄錄。

④紀錄彙編本御製皇陵碑。晗按皇陵碑有二本，一危素撰，太祖實錄三十七：「洪武二年二月乙亥，詔立皇陵碑，先命翰林侍講學上危素撰文，至是文成，命左丞相宣國公李善長詣陵立碑，一太祖御製，洪武十一年四月，以皇陵碑記皆儒臣粉飾之文，特述艱難明昌運，俾世代見之。」一散文，一韻文。二文並見郎瑛七修類稿卷七，後文亦收入紀錄彙編。

⑤天潢玉牒及高岱鴻猷錄作劉繼祖，徐禎卿翦勝野聞作劉大秀。沈德符野獲編補遺義惠侯條：劉繼祖字大秀。明太祖高皇帝文集追贈劉繼祖爲義惠侯誥，略曰：「朕微時罹親喪，難於宅兆，爾發仁惠之心，以己沃壤，慨然見惠，大惠云何可忘。」

⑥皇陵碑，御製皇陵碑，天潢玉牒，翦勝野聞，鴻猷錄龍飛淮甸。

⑦徐禎卿翦勝野聞，王文祿龍興慈記，王鴻緒明史稿太祖紀。

⑧御製皇陵碑。

⑨王文祿龍興慈記。

⑩危素撰皇陵碑，天潢玉牒，明太祖實錄卷一。

⑪統宗繩蟄錄，國史考異引朱元璋朱氏世德碑，七修類稿卷七，明太祖實錄卷五十三。

⑫朱氏世德碑，統宗繩蟄錄。

⑬朱氏世德碑。

⑭明史卷三百外戚陳公傳。

⑮御製皇陵碑，危素撰皇陵碑。

⑯鴻猷錄龍飛淮甸。

⑰皇朝本紀。

⑱危素撰皇陵碑，御製皇陵碑，天潢玉牒，鴻猷錄龍飛淮甸。

(二)遊方僧

皇覺寺座落在孤莊村西南角，規模不大。照例一進門是四大金剛，橫眉怒目，韋馱菩薩杜著降魔寶杵，二進是大雄寶殿，三進是禪堂，左邊是伽藍殿，右邊是祖師殿。油漆都已剝落了，佛像金身披著灰塵，殿瓦上滿是青草，院子裏鋪的石板也已坎坷不平，顯出一副衰落樣子。八九個和尚，穿得挺寒傖，講佛理說不上三句，光會念阿彌陀佛。平時靠有限的一點常住田租米，加上替本鄉人念倒頭經、打清醮，做佛事，得一點襯錢，雖然吃不上大魚大肉，總比當租工墾田地出氣力安逸。原來那時候出家當和尚也是一門職業。有的是迷信，以爲當了和尚眞可以成佛成祖，這類人很少。有的是作了壞事，良心不安，躲進佛門醫心病。有的呢？殺人放火，怕官府刑法，一出家作佛門弟子，就像保了險似的，王法治不到。更多的呢？窮苦人家養不活，和尚吃十方，善男信女的佈施吃不完，放印子錢，多幾張嘴不在乎。而且，寺院裏多的是有錢人捨的田地，挖地墾田都要人力，多一個徒弟，強過雇長工，得力還省錢。朱元璋年青力壯，正是使氣力的時候，高彬長老便收留了他。沒有受過戒不能算和尚，照寺院規矩叫小沙彌。至於眞正要講佛學、弄經典、說道理，那是從來也沒有的事。

元璋生性潑辣陰狠，從小貪玩撒野，愛出主意，支使人。又是小兒子，父母哥嫂都寵著些，就越發自尊自大，忘其所以了。兼之有點小聰明，看事情比別人準，也來得快，打定主意要弄成什麼，一定要做到，也常常做到，伙伴們都服從調度。可是一到皇覺寺，景況便全不相同了，不說師伯師叔師父師兄，還有師娘師姊，原來高彬長老是有家小的，①個個都是長輩，得低聲下氣，成天陪笑臉侍候，就是打水煮飯的長工，也威風得很，講先來後到的規矩，支使元璋做事。這麼一來，元璋除了做和尚的徒弟之外，還兼了兩個差使，一個是長老家的小廝，一個是長工的打雜。事情多，閒氣也就多，日子久了，堆滿一肚子火氣，時刻要發作，卻又使勁按住，爲的是吃飯要緊，鬧決裂了沒去處。

對活人發作不了，只好對泥菩薩發作了。一天掃佛殿掃累了，掃到伽藍殿，已是喘吁吁的，不留神絆住伽藍神的脚，跌了一交，沒地方出氣，順手就用苕帚使勁打了伽藍神一頓。又一天，大殿上供養的大紅燭給老鼠咬壞了，長老數說了元璋一頓。伽藍神是管殿宇的，菩薩不管老鼠，害徒弟受罪，新仇舊恨，越想越氣，向師兄討了管筆，在伽藍神背上寫上「發去三千里」，罰菩薩去充軍。這兩件事都被長老看在眼裏，也不說話。②

皇覺寺是靠租米過日子的，這一年災情太大了，收不到租，師父師叔成天和佃戶吵架，恫嚇著要送官，眼看著地都曬白了，十成糧食還收不到半成。幾百年的古寺第一回鬧饑荒，師婆出主意，先打發掛單的和尚走路，接著師伯師叔也出門雲遊。不上十天，除了師父一家子，全各奔前程去了。朱元璋當沙彌才滿五十天，末了一個被打發。沒奈何，雖然念不得經典，做不得佛事，也只好學個做和尚的樣子，出門行脚。一頂箬帽，一個木魚，一個瓦缽，背上拳頭大的包袱，拜別了師父一家子，硬著頭皮，離開了家鄉。

說游方是和尚的話，俗人的呢，就是叫化——見大戶伸手要米要錢要飯吃，也叫化緣。大戶人家多半養狗看門，狗有種德性，專咬衣衫破爛的窮人。爲著不讓狗咬，離大門幾步便勁敲木魚，高唱佛號。作大戶的和狗一樣，也專打窮人的算盤，可是和狗不同，爲的是壞事作得太多，這輩子不好，要修來世，求佛菩薩保佑，死後免入地獄、上刀山、下油鍋。要讓佛菩薩說好話，就得對和尚客氣，把從佃戶搾來的血汗，勻出一星星作佈施，算是對佛菩薩的賄賂。這樣，一聽見木魚響，就明白是作好事的機會來了，一勺米，幾文錢，絕不吝惜。主人對和尚客氣，狗也落得大方了。要是主人不出來，硬賴著不走，把木魚敲得震天價響，響到鄰舍四面都聽見，這時候，不是大娘大母出來打發，就是主人出來，為的是他一向有善人名氣，吵得鄰舍都知道了，會落不信佛的壞名譽。而且，明知道和尚上門絕不肯空手走，多少總得敷衍一下。還有化緣的只要學會說謊話，明明是鐘離皇覺寺的，偏說是峨嵋山金頂寺，天台山國清寺，普陀什麼寺，反正和尚沒有籍貫，無從查對；再說一套大殿翻修，菩薩開光或者裝金，遞上化緣簿，多少是一筆財喜。積少成多，走上幾百千家，這筆錢也就夠一些時候化銷了。

朱元璋雖然只住了兩個月廟，成天聽的是這一套，見的也是這一套，不會也會了。打定主意，聽人說往西汝州一帶，年歲比較好，反正只要有飯吃，不管什麼地方都可去，也沒有規定的日子，愛走多久就多久。就往南先到合肥。轉向西，到固始、光州、息州、羅山、信陽，北轉到汝州、陳州、東返由鹿邑、亳州到穎州。遊來遊去，只揀繁富的地方，穿城越村，對著大戶人家敲木魚。③軟化硬討受盡了人生的辛苦，走遍了淮西一帶名都大邑，熟識了每一條河流，每一個山脈的地理，尤其是人情、物產、風俗，充實了豐富了經驗，鍛鍊了堅強了體力。這時期的景況。用他後來寫的皇陵碑的話。

衆各為計，雲水飄颻。我何作為，百無所長。依親自辱，仰天茫茫。既非可倚，侶影相將。突朝煙而急進，暮投古寺以趨蹌。仰窮崖崔嵬而倚碧，聽猿啼夜月而淒涼，魂悠悠而覓父母無有，志落魄而佒佯，西風鶴唳，俄淅瀝以飛霜。身如蓬逐風而不止，心滾滾乎沸湯。

文字雖然極拙劣，感情卻是很眞摯的。一直到至正八年（西元一三四八年），聽說家鄉一帶在鬧土匪強盜，很不太平，人心惶惶，不由得勾起想家的念頭，依然是一頂箬帽、一個木魚、一個瓦鉢，回到皇覺寺。

淮西在朱元璋遊方的幾年中，後來西系紅軍的開山祖師彭瑩玉正在這一帶秘密活動，傳佈彌勒佛下生的教義。彭瑩玉也是遊方和尙，朱元璋即使沒有見過彭和尙，至少也和彭和尙的黨徒接觸過。幾年後，這地方又成爲東系紅軍的根據地。在這大元帝國的火藥庫周遊了幾年，二十一歲的窮和尙，接受了新的宗教、新的看法，嗅飽了火藥氣味，當然，也加入了秘密組織。回到皇覺寺以後，開始結交朋友，物色有志氣有膽量敢作敢爲的好漢，時時進濠州城探訪消息，同時也立志多識字、多讀書。不久，便被人發覺他是一個不安份的傢伙。④

彭瑩玉秘密傳佈的宗教，是多元的，並且有外國來的成分。燒香誦偈，奉的神是彌勒佛和明王，主要的經典有彌勒降生經，大小明王出世經。彭瑩玉生於瀏陽，出家於袁州，佈教於淮西，可以說是南派。另一個系統是北派，頭目是趙州欒城（今河北欒城）的韓家。韓家幾代以來都是白蓮會會首，燒香結衆，很得一般農民的信仰，潛勢力極大，礙了官府的眼，被謫徙到廣平永年縣（今河北永年）。

到韓山童接手當會首後，宣傳天下要大亂了，彌勒佛降生，明王出世。這兩派在起兵以後，因爲目標相同，都要推翻這個政府，信仰相同，都指出有一個新的光明的前途，就混而爲一了。教徒用紅巾裹頭，時人稱之爲紅巾、紅軍。因爲燒香拜佛，又稱爲香軍；所奉的偶像是彌勒佛，也叫彌勒教；宣傳明王出世，又叫作明教。⑤

明教的來源可以往上推到唐朝。原來叫摩尼教（Manichaeism），是波斯人摩尼（Mani 216-277A.D.）所創。這個教是大雜燴，攙合了祆教、基督教、佛教、成爲新東西。主要的道理是世界有兩個不同的力量，叫作明暗二宗，明是光明，暗是黑暗，光明一到，黑暗就給消滅了。明就是善，就是理，暗是惡是欲。明教的神叫明使，也叫明尊明王。還有淨風善母二光明使，和淨氣、妙風、妙明、妙火、妙水五明使。光明必然戰勝黑暗，最後人類必然走上光明極樂的世界。⑥唐武后延載元年（公元六九四年）傳到中國，後來又傳到回鶻，回鶻朝廷和百姓極爲信奉。⑦教規不設偶像，不崇拜鬼神，吃齋禁止殺生，教徒穿白衣服戴白帽子，天黑了才吃飯。⑧回鶻當時幫唐朝打仗，援唐有功，因此，回鶻人崇信的宗教，唐朝不敢不保護。⑨到九世紀中期，回鶻內亂，爲唐軍所大敗，唐武宗會昌年間禁止佛教，明教也連帶倒霉，教堂被封閉，不許傳播。⑩從此明教便成爲秘密宗教，因爲沒有外國力量來支持，弄的一套又和中國人的習慣不大對勁，站不住脚，只好慢慢的變，吸收了佛教和道教的許多東西，加上民間的原始信仰，成爲一種雜七雜八的新宗教。

因爲明教相信黑暗就要過去，光明就要到來，所以有勇氣、有力量敢於鬧革命，當時叫做造反。五代時首先在陳州起事，武裝暴動，給政府軍打垮了，⑪僥倖逃生的人一部逃到福建。到北宋時，福建南部是明教最重要的教區，明教的經典，編進道教的道藏，安置在亳州明道宮。⑫又從福州傳到浙江，光是溫州一地就有明教齋堂四十多個。齋堂裏的長老叫行者，執事有侍者、聽者、姑婆、齋姊種種稱呼。⑬到南宋初年，已經傳遍了淮南、兩浙、江東、江西一帶地方了，⑭教徒嚴格執行在密日（日曜日）吃齋。神的畫像是摩尼和夷數（耶穌），全是高鼻子、窪眼睛、黃頭髮，鄉下人看不慣，以爲是魔鬼，以此，這教在教外人說起來是「吃菜事魔」，吃菜指的是吃齋，事魔呢？拜魔神。又叫作魔教。爲了深入農村，適應農村的環境，明教提倡素食，薄葬，節省消費，使貧苦農民可以稍爲過得好點。同教的人互相幫助，大家湊錢來幫忙新參加的和窮苦的教友。每逢初一十五出四十九文銅錢，給教頭燒香，彙齊後交給教主作教裏的經費。一家有事，同教人齊心合力，有錢出錢，有力出力。有人被捉去坐牢，大家出錢幫著打官司，⑮充分發揮互助合作的精神。中國的農民向來只有被政府剝削、被官吏虐待、被地主紳士奴役的人份兒，從來沒有人關心過，救濟過，甚至於憐憫過。沒有組織，不能團結，當然也沒有力量來保護自己，反抗壓迫。如今，有了這麼一羣和自己一樣的人，穿一樣衣服、說一樣話的力量在招手，好處多，而且日後還有大好處，不再受人欺侮，又怎麼肯不參加？農民入教的愈來愈多，明教的教區跟著越發擴大，反抗政府的行動，自然也就越來越多了。從北宋末年起，睦州、台州、衢州、東陽（以上都屬現在的浙江省）、信州（江西）、涇縣（安徽）都曾發生明教徒的武裝革命。⑯

明教又和彌勒教，白蓮社兩種宗教混合。彌勒教和白蓮教都出於佛教的淨土宗，一個叫彌勒淨土，一個叫彌陀淨土。彌勒佛是佛教裏的著名人物，傳說在釋迦牟尼滅度（死）後，世界就變壞了，種種壞事，全都出現，不但氣候壞，莊稼收成壞，連人心也壞了，人的生活苦到不能再苦。幸得釋迦牟尼佛在滅度前留下一句話，說再過若干年，會有彌勒佛出世，這個佛爺一出世，你看這世界立刻變了：地面又寬又大又乾淨，刺人的荊棘不見了，青的山、綠油油的水，滿地鋪著金沙；到處是清汪汪的水池，碧森森的樹林，燦爛的花，綿芊的草，還有各種無名的寶貝，像在比賽誰更美些。人心也慈善了，搶著做好事，好事做多了，壽命也長了，泰泰平平過日子。人口一天天加多，城市越來越稠密了。種的稻麥，下一次種有七次的收成，用不著拔草翻土，自會長大。⑰這樣美麗的遠景，又誰不想望呢？何況是吃夠了苦，流盡了汗，受盡了氣的窮苦農民！自從有了這個故事以後，成千萬的農民伸長了脖子等待著、期望著這一天的到來，十年、百年、幾百年都過去了，依然在等待，在期望。一聽見什麼地方有彌勒佛出世的話，十傳百，百傳千，搶著去跟隨。從隋唐到宋元，這一悠長的世代中，歷史上寫滿了彌勒佛教徒「造反」的紀錄。說起關於彌勒佛的若干部經典的翻譯，是兩晉時候才開頭的，到南北朝時代就已發生大影響。舉例說，那時代興的風氣，在岩壁上挖洞刻佛像，一個洞有幾十個大佛，一個山有好多石洞，往往要幾十年甚至幾百年才能刻成。刻像最多的就是彌勒佛和阿彌陀佛。傳說的煽動，經典的傳佈，佛像的禮拜，加上無數次彌勒降生的革命號召，使得這一神秘親切的名字為每一個窮人所熟習，所歡迎，深深種根在農民的心坎中，甚至魂夢中了。信彌勒佛的人也穿白衣服，戴白帽子，也燒香，⑱也相信世界上有明和暗、好和壞兩種力量，大體上和後起的明教很相像，結果這兩個教就混合在一起，再也分不清。

白蓮社供養的是阿彌陀佛，勸人念佛修行，多做好事，死後到西方淨土白蓮地上，過快活日子。這團體創始於五世紀初年，到十二世紀前期，又加進了天台宗的格言，忌葱乳、不殺、不飲酒，衍變成白蓮教，因為儀式和戒條都和明教彌勒教相近，所以三教也就合流了。⑲

明教和彌勒教都以為目前的現狀不好，都不滿意現在。都相信不久以後會有而且必然地有更好的或最好的世界來到。這理想世界的實現有一個顯明的標識，就是「明王」或「彌勒佛」的出世。聽從他的號召，用人民大衆的力量來實現這理想，由宗教的預言成為現實的政治革命。以此，從隋唐以來，凡是現實政治最使人民失望的時候，「明王」「彌勒」出世的宣傳就自然而然地出現，跟著是竹竿鋤頭隊伍農民軍的起義。雖然都被有組織的正規軍所壓制、掃蕩、屠殺，以至消滅，但是，農民永不會屈服，跌倒了，舐乾淨血跡，再爬起來，再反抗，永遠反抗下去，一直到實現這個理想才罷休。人人的心目中，都憧憬著美麗而又肯定的遠景，相信總有一天，「明王」或「彌勒」會來解放他們，滿足他們。

「明王」和「彌勒」這兩個名詞，在中國歷史上，可以讀作衡量政治的尺度。

遠在朱元璋出生前三年，元泰定二年（公元一三二五年）六月，息州人趙丑廝郭菩薩就宣傳彌勒佛要來治理天下了。⑳十二年後，陳州人捧胡（閏兒）又說彌勒佛已經降生了，燒香會齊教友，在汝寧府信陽州起事，打下歸德府鹿邑，燒了陳州（陳州正是四百多年前明教徒起義的根據地）。㉑這年朱元璋已經十歲，懂人事了。第二年周子旺在袁州起事，——周子旺是袁州慈化寺和尚彭瑩玉又叫彭翼，諢號妖彭的徒弟——勸人念彌勒佛號，每晚點著火把，燒香禮拜，口宣佛偈，跟從的人極多。約定用寅年寅月寅日寅時起兵，參加的人背心上寫一個佛字，刀兵不能傷。至元四年（公元一三三八年）戊寅是寅年，年月日時都湊齊，周子旺自稱周王，改了年號，帶五千人動手，這一支未經組織訓練的烏合之衆，雖然有信心，打仗卻不中用，剛一點火，就被撲滅了。彭瑩玉僥倖逃脫，躲在淮西民家秘密傳教，準備再幹。㉒

朱元璋這幾年內所到的地方，息州、陳州、信陽和整個淮西流域，前三個是彌勒教徒起事失敗的場所，後一個是彭瑩玉的教區。㉓

跌倒了，舐舐血，爬起來，再幹。

①皇朝本紀：「時師且有室家，所用勿濟。」談遷棗林雜俎僧娶妻室條：「鳳陽大龍興寺，即皇覺寺，一曰於皇寺。太祖勅僧律：『有妻室僧人，除前輩老僧，蓋因元末兵亂，流移他方，彼時皆有妻室，今已年老無論外，其後進僧人，有妻室者，雖在長上輩比肩，及在下諸人，皆得凌辱，亦無罪責。』今僧俱婚娶亦無差累。」草木子雜俎篇：「中原河北僧皆有妻，公然居佛殿兩廡，赴齋稱師娘，病則於佛前首諏，許披袈裟三日，殆與常人無異，特無髮耳。」

②龍興慈記。

③危素撰皇陵碑，太祖實錄。

④天潢玉牒，皇朝本紀。

⑤陸深平胡錄，元史順帝紀，高岱鴻猷錄七宋事始末，何喬遠名山藏天因記，錢謙益國初羣雄事略一。

⑥北平圖書館藏摩尼教殘經。

⑦李文田和林金石錄九姓回鶻可汗碑。

⑧志磐佛祖統紀四十一。冊府元龜九十九。

⑨唐會要十九。

⑩新唐書二一七下。
⑪舊五代史梁書末帝紀，佛祖統記四十一。
⑫徐鉉稽神錄，何喬遠圖書七方域志，洪邁夷堅志。
⑬宋會要稿刑法。
⑭陸遊渭南文集五。
⑮莊季裕雞肋編中，李心傳：建炎以來，繫年要錄七十六。
⑯建炎以來繫年要錄卷三十二，三十六，六十三，一三八，一五一，一七六。
⑰大阿羅漢難提密多羅所說法住記。
⑱隋書煬帝記，五行志。
⑲佛祖統記四十七，重松俊章著初期之白蓮教。
⑳元史泰定帝記。
㉑元史順帝記。
㉒葉子奇草木子克謹篇，明太祖實錄八，陸深平胡錄，元史順帝紀，權衡庚申外史。
㉓參看清華學報十三卷一期吳晗「大明帝國與明教」。

㈢ 逼上梁山

大地在撼動，狂風、暴雨、電光、雷聲交織在一起，火藥庫爆炸了。

元順帝至正十一年（公元一二五一年）五月，滿身傷痕血跡的農民羣，不約而同地，頭包紅布，作爲標識，扛著竹竿鋤頭，長槍板斧，吶喊一聲，殺向吸血的元帝國政府，這就是歷史上的著名事件——紅軍起義。

經過多年的醞釀、組織、敎育，犧牲了多少優秀的領導人才，從血泊裏鍛鍊出來的堅強的革命細胞，散佈在各個受苦難的區域。大家一條心，推翻這個壞政府；一個目標，趕走害人的韃子。正像放焰火樣，開頭在東南角射出一支紅色的火箭，眩眼的光芒照耀半天空。信號一發出，西面南面，四方八面都投射出一樣顏色的光，十條、百條、千條，交織在天空，像無數條火龍，夭矯蜿蜒，熱生出光，造成了力量，照得大地一色，黑暗被消滅了，跟著來的是光明世界。

紅軍的隊伍，數不清，說不完。揀重要著名的說吧：東系在穎州（今安徽阜陽）發動的，頭目是杜遵道，奉韓山童的號令，佔領了朱皐，擁有元朝米倉，開倉散米，一下子就團結了幾十萬人，攻下汝寧（今河南汝南）、光州（今河南潢川）、息州（今河南息縣）、信陽（今河南信陽）。西系起於蘄（今湖北蘄春）、黃（今湖北黃崗），由彭瑩玉和尚領導，推徐貞逸（壽輝）作頭目，攻下德安（今湖南安陸）、沔陽（今湖北沔陽）、安陸（今湖北鍾祥）、武昌（今湖北武昌）、江陵（今湖北江陵）、江西（今江西九江南昌一帶）諸郡。起於湘水漢水流域的，推布王三孟海馬爲頭目。布王三的隊伍叫北瑣紅軍，佔領了唐（今河南泌陽）、鄧（今河南鄧縣）、南陽（今河南南陽）、嵩（今河南嵩縣）、汝（今河南臨汝）、河南府（今河南洛陽）；孟海馬率領南瑣紅軍，佔領了均（今湖北均縣）、房（今湖北房縣）、襄陽（今湖北襄陽）、荊門（今湖北荊門）、歸峽（今湖北秭歸）。起於豐沛的，是芝麻李的隊伍，控制了徐州（今江蘇銅山）、近縣和宿州（今安徽宿縣）、五河（今安徽五河）、虹縣（今安徽泗縣）、豐（今江蘇豐縣）、沛（今江蘇沛縣）、靈璧（今安徽靈璧），南邊到安豐（今安徽壽縣）、濠（今安徽鳳陽）、泗（今安徽臨淮）。前後不過幾個月功夫，東西兩系紅軍，東邊從淮水流域，西邊到漢水流域，像腰斬似的把大元帝國攔腰切作兩段。從此南北隔絕，北邊顧不到南邊，南邊的糧食也不能接濟北邊，死是死定了，只等著嚥氣。①

大元帝國的崩潰，有遠因，也有近因。②

遠因是趙宋三百二十年的統治，相當寬大，拿定養雞吃蛋的主意，對百姓說不上怎樣好法，倒也不到剝盡刮乾的地步。後期的幾個君主雖然孱頭孱腦，好事作不了，無論如何，總安不上「荒淫無道」的罪名。突然被穿羊裘喝酪漿拖小辮子的外族征服了，生活習慣甚至想法都完全不同的新的統治，激起人民反感。尤其蒙古和色目人③的殘暴屠殺，動不動就屠城，把一個城子裏的人民，除去工匠以外的壯丁老弱掃數殺光，剩下的少女少男，作爲俘虜，叫作驅口，就是奴隸，子子孫孫不能翻身。加上姦淫虜掠，無惡不作，種種想像不到的血腥的事實，種下了民族間的深仇大恨。

在這外族統治下的社會組織，是畸形的不健全的。論文化，蒙古族非常落後幼稚。論人口，蒙古族統共不過幾十萬人。光憑了優越的武力來統治壓迫被征服的幾千萬人民，由蒙古皇室、貴族、僧侶、官僚、地主、商人所組成的統治集團，和用以維持這個政權的大量軍隊，吃的、喝的、穿的、用的一切費用，都由漢人南人④負擔。漢人南人的生命財產卻沒有保障，隨時會被打、被搶劫、被沒收、甚至被逮捕、被誅殺，無處申冤，也不許申冤。政治地位呢？朝廷和地方機關的長官，必須是蒙古人或者色目人，漢人南人只能擔任不重要的職務，用人的標準是種族而不是能力和學識。至於被抑勒作驅口的，就更慘了，簡直不被當作人，在主人的心眼中，驅口只是一種活的工具，或者是可以賣錢的牲口。這個統治集團同時也是大地主，土地的來源是搶劫、佔領，說不上買賣，乾脆一句話，沒收。全國最大部分的最好的土地，經由這種方法，轉移到少數的腦滿腸肥的外族手裏，漢人南人除了一小部分甘心作順民，作走狗的以外，被迫失去了土地，成爲貧農和佃戶。最大規模的商業也被控制在回回人手裏，他們替蒙古貴族經營財產，放高利貸、印子錢，也叫作羊羔兒息⑤，來搾取漢人南人的血汗。

就連蒙古色目人算在一起，在中國也還是少數民族，有一天被征服的人民組織起來，有了力量，他們就得被清算。加上所作的壞事也實在太多了，明知漢人南人決不心服，有機會就會反抗，報仇。這一切，蒙古貴族心裏明白、害怕，臉上雖然擺出一副狠相，骨子裏正在怕得發抖。怕什麼呢？怕人民有組織，怕人民有團結，一句話害怕人民有力量。

爲了鎭壓人民，掐住人民的脖子，元朝政府採了幾種惡毒的辦法：一種是駐兵，以嫡系的蒙古軍駐防在河洛山東，據全國軍事要害，以漢軍、探馬赤軍⑥駐防在淮水長江之南，帶著一部新附軍。蒙古軍駐防是帶家眷的，按一定時候換防。總計江南三行省建立了六十三處駐兵區。⑦在必要時就用武力來消滅任何反抗或者不服從的行動。一種是繳械，從元世祖至元十三年（公元一二七六年）征服了南宋的首都臨安時起，就開始收繳民間的武器和馬匹，定下極嚴厲的刑罰，強迫人民交出可以作殺傷用的武器，並且明令禁止漢人南人高麗人執弓矢兵仗。以後列朝都三番四覆，重申這辦法。⑧這樣，一面是全副武裝，威風凛凛，正規編制，千兵萬馬的征服軍；另一面呢，是個別的窮困的被包圍的被作踐的被剝削的，而且是手無寸鐵的人民。照理，蒙古族可以安心了，晚上可以睡得安穩了，但是，決不，他們還是在害怕，害怕人民在暗地裏集會，產生組織，害怕人民的反抗思想，日漸傳播，成爲心腹的威脅。於是，另外一套又來了，叫作里甲。要點第一是編民戶二十家爲一甲，每甲派一個蒙古人作甲主，甲主有充分的權力，隨時偵察甲民活動，除了寫報告以外，有執行之權，他要衣服得給，要飮食得給，要童男呢？送上，要少女呢？趕緊送上，一有不是，立刻有滅門之禍。

⑨第二是戒嚴，夜間禁止通行：「一更三點鐘聲絕禁人行，五更三點鐘聲動聽人行。」⑩在這期間，老百姓被關在房子裏，政府的軍官軍人和甲主是可以隨便通行，半夜裏也可以進民居訪問以至調查的。第三禁止夜間點燈，在戒嚴期間絕對禁止，禁鐘以前和解嚴以後，也只許小販和儒生點燈。⑪第四禁止集會祠禱，祈賽神社，集場買賣，不管是宗教的迷信的以至商業性的集會，凡是羣衆性的，有多人集合在一起的，一概禁止。⑫第五禁止漢人田獵和學習武藝，禁止漢人學習蒙古色目文字，⑬不會武藝就不能打仗了，不懂政府所用的文字，就無法和使用這種文字的人相接觸。這三整套辦法互相配合，構成了天羅地網，銅牆鐵壁，沒有一點漏洞，透不出一點氣，沒有聲音，連耳語也不敢，沒有文字的抗議，連數說歷史都是犯法的。出遠門要有通行證，每一個地方都被孤立了，成爲無量數的孤島。沒有消息。好的沒有，壞的也沒有。蒙古人的統治，把這個國度造成一個死海。

但是，雖然是死海，還不時有波浪，壓力越大，反抗也越利害。嚴格的說，從南宋亡國的一天起，一直到紅軍大起義，這七十年中，漢人南人的反抗，一直沒有停止過。從可歌可泣的崖山之役，張世傑陸秀夫壯烈殉國後，起兵復國，幾次失敗，百折不回的文丞相（天祥）終於在至元十九年（公元一二八二年）十二月被殺於燕京，成仁取義。這兩件事發揮了民族正氣，感動了也號召了全民族和後代子孫，使他們明白，祇有「驅逐韃虜，恢復中華」才有好日子過，才對得起先烈，對得起民族。文丞相死的第二年，建寧路總管黃華起義，用宋祥興年號。至元二十三年，西川趙和尚自稱宋福王了，在廣州起事。後至元三年（公元一三三七年）合州大足縣民韓法師反，自稱南朝趙王，都用恢復趙宋來號召。此外如至元二十年廣州的羅平國，二十年漳、邕、賓、梧、韶、衡諸州（福建、廣西、廣東、湖南）的農民暴動，二十三年婺州（浙江金華）永康縣民陳巽四之亂，二十五年廣東浙江之亂，二十七年的江西之亂，成宗元貞二年（公元一二九六年）的贛州之亂，以至至元三年（公元一三三七年）廣州的大金國之亂，至正八年（公元一三四八年）遼東鎖火奴自稱大金子孫之亂。前面跌倒了，後面的接著上去，倒了一個兩個，起來了百個千個。這一連串的反抗運動，起因雖不完全相同，目標卻只有一個，推翻這個壞政府！至正十一年（公元一三五一年）的紅軍大起義，正是這一連串反抗運動的延續和發展。

近因是蒙古皇室和政府的腐爛，像一所房子，長了白蟻，把椽子棟樑都蛀蝕空了，一陣風便把整所的房子颳倒，當然，白蟻也壓死很多。

白蟻一開頭就把帝國給蛀蝕空了。大元帝國是由幾個汗國組織成功的，以蒙古大汗的宮廷作中心。自從忽必烈大汗（元世祖）作了中國皇帝之後，破壞了大汗繼承的規矩，以後的大汗都由實力派擁立，宮廷裏的暗殺，戰場上的火併，鬧個無休無歇。成吉思汗位下的許多大王，分裂成幾派，打了多少年仗。西北幾個汗國各自獨立，脫離了母國，大元帝國分裂了，蒙古大汗兼中國皇帝的統治權開始動搖了。

這一窩的白蟻王是忽必烈大汗自己，他建立了這個窩，也蛀蝕了這個窩。他是一個貪得無厭的君主，爲了積累更多的財富，發動了長期的廣泛的海洋侵略。軍費的負擔無限擴大，增加國內財政困難，只好任命一批作買賣的刮錢好手作大臣，專門搜括財富，剝削人民，造成了貪污刻薄而又無能的政治風氣，鬧成對外打仗失敗對內民窮財盡的局面。

軍費之外，還有諸王的定期巨量賞賜，僧侶的宗教費用和宮廷的浪費。一年的收入還不夠幾個月的用度，沒辦法，只好加緊印鈔票。元朝的鈔票原來有很好的制度，發行有定額，可以隨時兌現，和物價有一定的比例，通行全帝國，信譽極好。到了政府財政無辦法，支用完鈔票的準備金，變成不兌現紙幣，加上無限制發行，發得愈多，幣值愈跌，相對的物價愈高。到了十四世紀中期，整車整船運鈔到前方，已經不濟事了，一張鈔還抵不上同樣的廢紙，不值一錢。國家財政和國民經濟總崩潰了。

政治的情況也和經濟一樣，從元武宗以來，唱戲的，殺豬賣酒的，和尚道士，只要有門路，得到大汗歡心，就可作大官，有作到中書左丞、平章參政的。國公、司徒，多到無法計算。貴族諸王隨便殺人，隨便薦人作官。地土豪民犯法該殺的，只要買通僧侶，就可以得到大汗特赦。後來索性賣官鬻爵，賄賂公行了。尤其是蒙古色目的官吏，根本不知道有廉恥這回事，問人討錢，各有名目，例如下屬來拜見有「拜見錢」，無事白要叫「撒花錢」，逢節送「節錢」，過生日要「生日錢」，管事要「常例錢」，送迎有「人情錢」，發傳票拘票要「齎發錢」，打官司要「公事錢」。弄得錢多說是「得手」，除得州美說是「好地分」，補得職近說是「好窠窟」。甚至臺憲官都可以用錢買，像拍賣似的錢多得缺。肅政廉訪司官巡察州縣，各帶庫子，檢鈔秤銀，爭多論少，簡直在作買賣，⑭大官吃小官，小官呢？當然吃百姓。民間有詩嘲官道：「解賊一金並一鼓，迎官兩鼓一聲鑼，金鼓看來都一樣，官人與賊不爭多。」⑮溫州台州一帶的老百姓，給官府榨苦了，在村子邊樹起旗子，上面寫著：「天高皇帝遠，民少相公多，一日三遍打，不反待如何？」⑯

軍隊呢？自從平宋之後，太平了多年，忘記了怎樣打仗。駐防在內地繁華都市，日子久了，生活整個兒腐化，也不願意打仗了。軍官們大都是世襲的公子哥兒，懂吃，懂喝，懂玩，會發脾氣，會尅扣軍糧，會奴役虐待士兵，更會劫掠百姓，就是不懂和不會打仗。蒙古起初時，那種縱橫歐亞，叱咤風雲的沙漠中健兒的子孫，到這時已經完全不是軍人了，他們比老百姓更膽小，怕事。⑰

這個幾十個家族奴役中國人民的政權，一靠官僚，二靠武力支持。官僚弄錢，武力嚇人。如今，全不行了，千瘡百孔，到處發霉發爛了。從頂到脚，都蛀蝕得空空，自然經不起紅軍雷霆萬鈞的一擊。

紅軍爆發的導火線是蒙古政府對漢人南人加重壓迫和歧視。

元順帝從廣西進京作皇帝，河南行省平章伯顏率領部下蒙古漢軍護送，因功作了丞相。伯顏仗著功勞大，擅權貪污。養著西番師婆叫畀畀，常問她來年好歹，又問身後事如何，畀畀說當死於南人之手。伯顏因此深恨南人。至元三年（公元一三三七年）廣州朱光卿反，稱大金國，捧胡反於汝寧信陽州，伯顏假借題目，四月間下詔書禁漢人南人不得執持軍器，凡有馬的都拘收入官。五月間又說汝寧捧胡，廣東朱光卿等都是漢人，漢人有在政府作官的，應該講究誅捕造反漢人的方案，呈報上來。接著又要提出殺張王劉李趙五姓的漢人南人，因爲這五姓都是大族，人數最多，漢人南人殺了大半，自然不能造反了。五年四月又重申漢、南、高麗人執持軍器的禁令。還規定一條法令，蒙古色目人毆打漢人南人，漢人南人只許挨打，不許還手。伯顏貶死，他的兄弟馬札兒台作丞相，又禁民間藏兵器，馬札兒台辭位，子脫脫作丞相。紅軍起事，中書省官員把報告案卷加標題「謀反事」，脫脫看了，改題作「河南漢人謀反事」，把河南全部漢人都看作叛徒了。⑱伯顏脫脫一家人接連作首相，家族的看法也就代表皇室和貴族的看法。這一連串作爲，使漢人南人不由得不恐慌、不著急，反抗也許還有生路，不反抗只有等死，有人一號召，自然是全國響應了。點上導火線的是丞相脫脫。當時黃河在白茅口決口，有人建議堵口，脫脫派工部尚書成遵勘察，成遵回來報告：河工太大開不得，而且南陽安豐盜賊成群，集合了幾十萬伕子，萬一被人煽動，無法收拾。脫脫不聽，另用賈魯爲工部尚書兼河防使，至正十一年（公元一三五一年）四月二十二日，發汴梁大名十三路民夫十五萬，廬州等地戍軍二萬，從黃陵岡南到白茅口、西到陽青村，開河二百八十里，把黃河勒回舊道。

韓山童得了這個消息，生出主意，叫人四處散佈童謠說：「石人一隻眼，挑動黃河天下反。」暗地裏鑿了一個石人，面門上只有一隻眼睛，偷偷埋在黃陵岡當路處。朝廷發的修河經費，被河官中飽了，修河夫吃不飽，正在怨恨。⑲韓山童又分發幾百個黨徒去做工，宣傳天下要大亂了，彌勒佛已經降生了，十人傳百，百人傳千，河南江淮一帶的老百姓全信了。韓山童和親信劉福通、杜遵道計較，光是老百姓不夠，還得念書作官的一起幹，至少也要做到讓士大夫同情這運動。劉福通說有辦法，韃子不得人心，我們上一兩代都是宋朝的老百姓，只要提出復宋的旗號，讀書人沒有不贊成的。河夫開河開到黃陵岡，果然在當路處挖出一眼的石人，幾萬伕子駭得目瞪口呆，一時人心騷動，三個一堆，五個一羣，紛紛議論，大家心裏明白，是動手的時候了。

劉福通聚了三千人在白鹿莊，斬白馬烏牛，祭告天地，宣稱韓山童是宋徽宗八世孫，當爲中國主。福通是宋朝大將劉光世的後人，該幫舊主起義，恢復天下。大家齊心推奉山童作「明王」，尅定日子起兵。⑳四處派人通知，同時發動，以頭裹紅布爲符號。正在歃血立誓，分配任務，舉杯慶祝，興高采烈的時候，不料消息走漏了，永年縣的縣官帶領馬快兵役，冷不防團團圍住白鹿莊，韓山童脫身不及被擒去殺了。山童妻楊氏帶著兒子林兒趁著慌亂，逃出重圍，躲入武安山中（在永年縣境），隱姓埋名，等候外邊消息。劉福通見事已破露，等不到預定日子，整頓部隊，出其不意，攻佔潁州、羅山、上蔡、正陽、霍山，分兵進攻舞陽葉縣等處。黃陵岡的河伕得了信號，吶喊一聲，殺了監工的河官，頭上包一塊紅布，漫山遍野一片紅，和部隊會合在一起，不上一個月，紅軍已是五六萬人的大隊伍了。兩淮江東西的窮苦百姓，等了多少年月，連夜起早趕來參加，眞是「從亂如歸」，聲勢一日比一日浩大。接著又佔領了汝寧、光、息，人數增加到十幾萬。㉑各地方的紅軍聞風響應，芝麻李、彭大、趙均用起豐沛，徐壽輝起蘄黃，布王三、孟海馬起湘漢；半個中國照耀著紅光，㉒各別攻城佔地，開倉庫，救窮人，嚴守教規，不殺平民，不姦淫，不搶劫，越發得到人民擁護。㉓當時民間流傳著一闋醉太平小令，也不知道是誰寫的，從大都一直到江南；人人會念，詞道：「堂堂大元，奸佞當權，開河變鈔禍根源，惹紅巾萬千。官法濫，刑法重，黎民怨。人喫人，鈔買鈔，何曾見？賊做官，官做賊，混賢愚，哀哉可憐！」㉔

朱元璋在寺裏接連不斷的得到外邊的消息：前些日子佔襄陽，元兵死了多少；某日又佔了南康，元軍不戰而逃；芝麻李八個人裝作挑河夫，一晚上佔了徐州。㉕說的人津津有味，聽的人心花怒放。紅軍檄文指斥元朝罪狀，最精采的話是「貧極江南，富誇塞北」。㉖蒙古色目人飽得脹死，漢人南人卻餓得要死。什麼好東西，財帛糧食，括空了運到北邊。做活出氣力的是一種人，籠著手在享用的又是一種人。眞把幾十年來多少人心裏悶著的全給說出來了。又聽說徐壽輝已在蘄水建都，作了皇帝，國號天完，年號治平，拜鄒普勝作太師，一支軍隊已進了江西。元兵到處打敗仗，好容易調了六千綠睛回回阿速軍，幫著漢軍來攻潁州。阿速軍以精悍著名，擅長射騎，只是紀律不好；將軍呢，又光會喝酒玩女人。剛打住陣，看見紅軍陣勢大，主將就揚鞭連說「阿卜，阿卜！」阿卜是走的意思，一霎時全軍退卻，淮西人當作笑話，傳來傳去。㉗又調御史大夫也先帖木兒統三十萬大軍收復汝寧，才到城下，尚未交鋒，便躍馬後退，地方官急了，挽住馬韁不放，也先帖木兒也急了，拔刀便斫，說：「我的不是性命！」飛馬先逃，三十萬大軍跟著潰散。㉘蒙古色目漢軍都不能打，眞正和紅軍作戰的是各地官吏地主募集的義兵和民兵，這些人有的怕紅軍不放過，有的要保家產，爲著自己的身家才肯拼命。到十二年二月底，又聽說濠州也給紅軍佔了，頭目是郭子興、孫德崖、張天佑幾個人。

郭子興是定遠縣有名的豪傑，原是曹州人，他父親到定遠賣卦相命，很積了一點錢。有一家大財主的閨女，長得體面，可惜是瞎子，嫁不出去。他父親娶了，得了一份大財喜，生下三個兒子，子興是老二。子興一來家財豐厚，二來素性慷慨，平日交結賓客，接納壯士，焚香密會，盤算做一番大事業。紅軍起事以後，鍾離定遠的農民，拋去鋤頭，拿起兵器，一鬨就團聚成幾萬人的一股。地方官平時只會貪贓枉法，到這時便毫無辦法了，張一隻眼，閉一隻眼，只裝不知道，惹不起也犯不著多事。二月二十七日，郭子興帶了幾千人趁黑夜先後偷入濠州，半夜裏一聲號砲，闖入州衙，殺了州官，在先有過杜遵道的號令，五個頭目都稱濠州節制元帥。㉙元將徹里不花遠遠的隔濠州幾十里紮住營，伯紅軍厲害，不敢攻城，成天派兵到各村莊騷擾，把老百姓捉去，包上紅布，算是俘虜，向上官請賞。濠州紅軍見官軍不來搗亂，樂得安閒，關起城門享福，兩下裏「互不侵犯」。只是苦透了一般老百姓，官軍硬派作紅軍，隨便捉殺，紅軍呢，又怕是官軍的奸細，要盤問防範，竟是左右做人難。又得供應糧秣伕子，紅軍要了，官軍又要，鬧得實在沒法子活下去。有錢有地的大戶怕事，都投到官軍這邊；無錢無地的窮人，不消說，只有一條路，揣塊紅布，呼親喚舊，投奔濠州，拼上這條命，也不受官府大戶的氣。㉚

朱元璋劃算了又劃算，雖然相信彭瑩玉的話，韃子一定得趕走，漢人南人一定得翻身，眼前就是窮人的好日子來了。可是，還得仔細計較，揀便宜省事有好處的路走。擺在前面有三條路：投官軍呢，犯不著。官軍的紀律他知道得太多，去了是自投死路。再則韃子殺人放火，奸淫擄掠的一本血帳，提起來誰都痛恨。外祖父說的崖山的故事，還記得清清楚楚，男子漢縱然不能做什麼大好事，也萬萬不可喪心病狂到替敵人作走狗，來殘害自己的兄弟姊妹！投紅軍呢？聽說濠州有五個元帥，一字並肩，沒有頭腦，誰也不服誰，誰也支使不了誰，鬧得亂烘烘，不成個體統。伯沒有大出息，成不了事。留在寺裏過安閒日子呢？遲早給官軍捉去拿賞號，死得更是不明不白。想了又想，三條路都走得，又都有難處。㉛

一天，有人從濠州捎來一封信，是孩子時的伙伴寫的，勸他到紅軍隊伍裏來。背地裏讀了，越發一肚皮心事，在大殿上踱過來，踱過去，以口問心、以心問口、反覆計較。猛然省悟，把信就長明燈燒了。還是下不定決斷。過不了幾天，同房的師兄偷偷告訴，前日那信有人知道了，要向官軍告發，好漢不吃眼前虧，還是趕快上濠州吧。元璋急得無法，到村子裏找湯和，討一個主意，湯和推敲了半天，說不出道理，勸向菩薩討一個卦。元璋心裏忐忑不定，慢慢走回寺裏，還不到山門，就嗅到一股煙焰的氣味，再走過去，只見東一堆瓦石，西一堆冒煙的木料，大殿只剩下半邊，僧房齋堂全燒光了，只剩伽藍殿，隔著一片空地，還完整。滿院子馬糞、破衲衣、爛傢俱。僧衆星散，不知去向，冷清清只剩了幾尊搬不動燒不著的泥菩薩。原來官軍認爲僧寺裏有彌勒佛，紅軍裏有許多和尙，念彌勒佛號，怕在寺的和尙和紅軍有勾搭，把附近的寺都燒光了，皇覺寺自然不能例外。元璋呆了一陣，走到伽藍神前，磕了頭，拿起聖珓，默祝菩薩：許出境避難，賞陽珓；守破寺，一陰一陽。一擲兩珓全陰，兩擲三擲還是全陰。不許走也不許留，只有投紅軍去了。再祝投紅軍給陰的，一擲果然是陰的，大吃一驚。三次默祝，投紅軍實在害怕，還是求菩薩指點，逃往他鄉，另求生路。閉著眼睛把珓擲出，一看一個是陰珓，投紅軍，一個呢，不陰不陽，端正地豎在地面。菩薩也勸元璋造反了，還有什麼可說的！㉜後來他在皇陵碑裏描寫這時候的心情道：

> 住（皇覺寺）方三載，而又雄者跳梁。初起汝潁，次及鳳陽之南廂。未幾陷城，深高城隍，拒守不去，號令彰彰。友人寄書，云及趨降，既憂且懼，無可籌詳。旁有覺者，將欲聲揚。當

此之際，逼迫而無已，誠與知者相商。乃告之曰，果束手以待罪，亦奮臂而相戕。知者為我畫計，且禱陰以默相。如其言，往卜去守之何詳，神乃陰陰乎有警，其氣郁郁乎洋洋，卜逃卜守則不告，將就兇而不妨。

第二天，他離開皇覺寺，投奔紅軍去了。

①權衡庚申外史。

②清華學報十一卷二期吳晗「元帝國之崩潰與明之建國」

③色目人指蒙古人最初征服的欽察回回，康里，波斯等民族。在元代其社會地位僅次於蒙古人。

④元代的漢人指金的國民和高麗契丹女眞等民族，南人指宋治下的人民。

⑤徐霆黑韃事略，柯紹忞新元史食貨志斡脫官錢。

⑥元史兵志：「蒙古軍皆國人，探馬赤軍則諸部族也。既平中原，發民爲卒，是爲漢軍。」

⑦元文類四十一經世大典序錄政典總序。

⑧元史一六八陳天祥傳，世祖紀，順帝紀。

⑨ 徐大焯燼餘錄。
⑩ 元典章五十七禁夜。
⑪ 元史刑法志禁令。
⑫ 元史刑法志禁令，元典章五十七禁聚衆。
⑬ 元世祖紀，順帝紀。
⑭ 草木子四雜俎篇。
⑮ 同上談藪篇。
⑯ 黃溥閒中今古錄。
⑰ 草木子克勤篇。
⑱ 權衡庚申外史。
⑲ 草木子克謹篇，庚申外史。
⑳ 何喬遠名山藏天因記。
㉑ 明史韓林兒傳，庚申外史，錢謙益國初羣雄事略宋小明王，鴻猷錄宋事始末，陸深平胡錄。
㉒ 陸深豫章漫鈔。
㉓ 陶宗儀輟耕錄二十八，國初羣雄事略。

㉔輟耕錄二十三。
㉕庚申外史。
㉖草木子克勤篇。
㉗庚申外史。
㉘草木子克勤篇。
㉙張來儀敕賜滁陽王廟碑，俞本皇明記事錄，國初羣雄事略滁陽王。
㉚明太祖御製紀夢。
㉛明太祖御製紀夢。
㉜同上，皇朝本紀，天潢玉牒。

第二章 紅軍大帥

(一) 小親兵

至正十二年(公元一三五二年)閏三月初一，元璋到了濠州城下。這時元軍仍在濠州附近，雖然沒有動作，紅軍還是不敢大意，城牆上佈滿警戒部隊，弓滿弦，刀出鞘，巡邏哨探的川流不絕。城門的守兵擋住一個醜和尚，穿得極破爛，頭裹紅巾，堂堂皇皇走進來，毫不害怕。盤問來蹤去跡，卻只說來見郭元帥，更無別話，不由得起了疑心，以爲是元軍的奸細。三言兩語，就鬧翻了，不由分說，一索子綑了，派人報告郭元帥，請令旗行刑。郭子興一想很怪，若是奸細，怎能這般從容?口說求見，亦許是來投順的好漢，不要枉殺了好人。要知道究竟，騎一匹快馬，趕到城門。遠遠看見四五十個兵圍著，人頭攢動，指手畫脚在呵斥。連忙喝退衆兵，只見一個軀幹脩偉，長得極怪的醜和尚，五花大綁，綑在拴馬樁上，相貌雖不整齊，看著有一種威嚴的神采，綁著等殺頭，並不害怕求饒，眼睛裏充滿著火氣，臉上的肌肉痙攣表情，也告訴在憤恨。子興心裏已有點喜歡，下馬上前問明底細，叫人鬆開綁，收爲步卒。①

元璋入了伍，參見了隊長，逐日跟弟兄們上操，練武藝。體格好，記性又強，不上半個月已是隊裏頂尖頂上的脚色，幾次出城哨探，態度安詳，計謀多，有決斷，同隊的都聽調度。每次出去，總是立了功，不損傷一人一卒，喜歡得連隊長也遇事和他商量了。不知不覺過了兩個多月，一日郭元帥帶了親兵出來巡察，經過元璋的營房，全隊排成一字向主帥行禮，元璋個子高大，恰好排在隊頭。子興見了，記起那天的事，喚隊長問這投效的心地和能耐如何？隊長極口說好，誇是千中選一的人才。子興也覺得喜歡，就吩咐升元璋作親兵十夫長，調回帥府當差。②

元璋遇事小心勤快，卻又敢作敢爲。得了命令，執行很快，辦理得好。打起仗總是領頭向前，一定打勝仗，也一定完成預期的戰果。得到戰利品，不管是衣服，是銀子，是牲口糧食，總是掃數獻給元帥。得到賞賜，又推說功勞是大家的，公公平平分給同伴的戰友。說話不多，句句有斤兩，又認得一些字，雖不甚通，一有文墨上的事情，譬如元帥的命令，杜遵道劉福通的文告，以至戰友們的書信，伙伴總找他解說。幾個月後，不但在軍中有了好名譽，勇敢、能幹、大方、有見識、講義氣，一大堆好話算在名下，甚至連郭元帥也看作心腹，逐漸言聽計從了。

郭元帥的第二夫人張氏，撫養了一個孤女，原是子興的老友馬公臨死時託付的，已經成年，甚是賢德。子興愛重元璋，要他出死力，和張夫人商量招贅作上門女婿。張夫人也聽說元璋才能出衆，子興勇猛憨直，和同事的合不來，得有個細心能幹的身邊體己人幫看些，一力攛掇，就擇日替兩口子成婚。元璋平白地作了元帥嬌客，前程多一層靠山，更何況是元帥主婚，自然滿口應承。從此軍中就改稱元璋爲朱公子，有了身份了，起一個官名叫元璋，字叫國瑞。③

孫德崖一伙四個元帥，都是粗人，說話作事沒板眼。處得日子久了，子興有些看不上眼，商量事情也沒有好聲氣，兩下裏面和心不和。孫德崖一面多嘴雜，鬧了幾次，子興索性閒在家裏，不和他們照面，勉強三五日見面一次，也是話不投機半句多。有時候等子興不來，事情辦了，也不通知，子興越發不快，鼈了一肚子氣要發作。本來五個元帥一樣大，誰也管不了誰，誰也不服誰，齊心還好辦事，一鬧彆扭，各自發號施令，沒有個通盤的調度，佔了濠州大半年了，各人只管帶領部下，向四鄉要糧要牲口，竟不能出濠州一步，不像個局面。子興幾次拿話開導，無人理睬，越想越氣悶，也就心灰意懶了。元璋看出情勢不妙，借個方便勸子興打起精神，照常和四帥會議辦事，假如老閒在私宅，他們四帥合起來，對付一個，這個虧吃了可沒說處。子興聽了，勉強出去三四日，又鬧脾氣了。兩邊的感情越來越壞，都怕對方下毒手，又在盤算如何收拾人。元璋勸不動子興，背地裏向孫德崖賠小心，說好話，著意聯絡，以免眞個決裂。④

九月間，元相脫脫統番、漢兵數十萬攻徐州，招募當地鹽丁和趫勇健兒三萬人，黃衣黃帽，號爲黃軍。大軍在後，督令黃軍攻城，一口氣把徐州攻下，見人便殺，見屋便燒，芝麻李落荒逃走，被元兵逮住殺害了。⑤部下彭大趙均用率領殘兵投奔濠州。⑥徐州濠州都是紅軍，原是一家人，徐州的兵多，佔的地方也大，到了濠州以後，竟反客爲主，濠州五帥倒要聽客人的調度了。彭大有見識，也懂事，和郭子興相處得很好，孫德崖怕吃虧，使手段拉攏趙均用，兩邊明爭暗鬥，心裏都不服氣。孫德崖又把話來挑撥趙均用，說郭子興眼皮淺，只認得彭將軍，百般趨奉，對將軍卻白眼相待，瞧不起人。均用大怒，帶領親兵逕來火併，冷不防把子興俘虜了，帶到孫家，鎖閉在一間空房子裏。這時朱元璋正好出差，得信奔回，郭家大小正在忙亂，要派兵搶救，他連忙止住，叫出子興二子天叙天爵，一逕去找彭大。彭大聽了，勃然大怒說：他們太胡鬧了，有我在，誰敢害你元帥！即時喊左右點兵，元璋也全身盔甲，團團圍住孫家，掀開屋瓦，救出子興，只見子興項枷脚銬，渾身打得稀爛，當下打開枷銬，背回私宅。趙均用知道彭大出頭，怕傷了和氣，隱忍著了事。⑦

脫脫趁連下徐州汝寧的兵威，分兵派賈魯追擊彭大趙均用，進圍濠州。大敵當頭，紅軍的頭腦們才著慌，大家和好，一心一意的堅守城池。元璋深得軍心，成天成夜在城牆上指揮防守。從這年冬天，一直到第二年春天，整整被圍了五個月，幸得城池堅固，糧食豐足，沒有出事。一日元將賈魯病死，元軍圍疲了，料著再打下去也不見得有把握，兼之軍無鬥志，只好解圍他去。圍雖解了，紅軍也折損了不少人馬，吃了大虧。

彭大趙均用興高采烈，彭大自稱魯淮王，均用自稱永義王，作起王爺來了。郭子興和孫德崖五人仍然是元帥。⑧

㈡ 小軍官

濠州經過長期圍攻，不但糧秣缺乏，兵力也衰減得多。元璋想辦法，弄了幾引鹽，到懷遠換了十石米，獻給子興。⑨細想二王和諸帥，胸襟太窄，眼光太短，怕成不了什麼氣候，要作一番事業，得憑自己有隊伍，才有力量。打定主意，請准了假，回到鍾離，豎起招兵大旗。少年伙伴徐達湯和等幾十個人，聽說元璋作了紅軍頭目，都來投效。不過十天功夫，招募了七百人，子興大喜。至正十三年（公元一三五三年）六月，派元璋作鎮撫，從此，就一躍成爲帶兵官了。⑩一年後，又以軍功升作總督。⑪

彭趙二王管軍無紀律，隨便作壞事，不聽勸，也不能改。子興又兵力單弱，作不了主張。元璋認爲一起混下去，會出毛病，不如自己單鎗匹馬，向外找出路，把新兵交代了，稟准了主將，帶領貼身伙伴徐達湯和等二十四人，南遊定遠。使個計策，招降了張家堡驢牌寨三千民兵。向東半夜裏襲擊元將老張，收降民兵男女七萬口，挑揀得兩萬壯士，成爲浩浩蕩蕩的一支隊伍。用朱元璋自己的話來形容，眞是：「赤幟蔽野而盈岡」。⑫

元璋得到大量的生力軍，立刻重新編制，加緊訓練。他最看重紀律，在檢閱新軍時，特別指出這一點，懇切的訓誡將士說：「你們原來是很大的隊，可是毫不費事就到我這邊來了。原因在那裏呢？一是將官沒有紀律，二是士卒缺乏訓練。現在我們得建立嚴格紀律，做到嚴格的訓練，才能建功立業，大家有好處。」三軍聽了，無不喜歡。⑬

定遠人馮國用國勝（後改名勝）兩兄弟，原來是地主，天下大亂後，團結地方上的佃戶和鄉民，建立堡砦自衛，聽說元璋軍隊的紀律不錯，帶領部隊來投效。元璋端詳這兩兄弟，裝束很像讀書人。行動說話都和一般老百姓不同，就問如今該怎麼辦。國用以爲建康（元集慶路，今南京）這地方，形勢極好，書上有「龍蟠虎踞」的話，是多少代帝王的都城，先佔了這地方作根本，站穩了逐步發展，擴充地盤，不貪子女玉帛，多做好事，得到人民的支持，建功立業不是難事。元璋聽了極高興，留下作幕府參謀，把兩家部隊合併編制，南下攻滁州（今安徽滁縣）。⑭

在進軍滁州的路上，定遠人李善長到軍門求見。善長頭腦清楚，有智謀，善於料事，學的是法家的學問，和元璋談得極爲投機。元璋問什麼時候才能太平呢？善長勸他學漢高祖，以爲漢高祖也是平民出生的，氣量大，看得遠，也看得寬，會用人，又不亂殺人，五年功夫，便打平了天下；元朝政治一團糟，已到土崩瓦解地步，濠州和沛相去不遠，如能學學這位同鄉，天下太平也就快了。元璋連聲叫好，留下作掌書記，同時囑咐：「如今羣雄四起，天下糜爛，仗要打好，要緊的是參謀人才。我看羣雄中，掌書記和作參謀的幕僚，總說將士的壞話，將士無法施展，自然打不了勝仗。你要作一個橋樑，調和將士，不要學他們的榜樣。」從這時候起，元璋心目中時時有個老百姓出身作皇帝的同鄉在，說話、辦事、打仗，事事都刻心刻意的學習。⑮善長呢，也一心一意作橋樑，溝通將士和主將，以及將士間的意見，盡心盡力，提拔有能力和有功的，讓大家能安心做事。⑯

滁州守軍力量單弱，元璋的前鋒黑將軍花雲單騎衝破敵陣，戰鼓打得震天價響，大軍跟著推進，一霎時便佔領了這所名城。元璋親姪文正，姐夫李貞帶著外甥保兒（後改名文忠）得到消息，奔來投靠，才知道二哥三哥也已去世了。大家哭了一場，又傷心又歡喜，傷心的是一家人只剩了這幾口，歡喜的是這樣亂世，還能團聚：「一時會聚如再生，牽衣訴昔以難當。」⑰定遠人沐英父母都已死去，孤苦可憐。元璋把這三個孩子都收養作義子，改姓為朱。原來收養義子是當時流行的風氣，帶兵的將領要培養心腹幹部人才，歡喜把俊秀勇猛的青年收養，不但打仗時肯拚命，在要緊關頭，還用來監視諸將。沐英在軍中稱為周舍，又叫沐舍，舍是舍人簡稱（文武官員的兒子叫舍人）。元璋義子除文正文忠沐英以外，還有二十幾個。後來所佔城池，專用義子作心腹和將官同守，如得鎭江用周舍，得宣州用道舍，得徽州用王駙馬，得嚴州用保兒，得婺州用馬兒，得處州用柴舍、眞童，得徽州用金剛奴、也先，此外還有買驢、潑兒、老兒、保兒、朱文遜等人。柴舍即朱文剛，在處州死難；道舍即何文輝，馬兒即徐司馬，保兒即平安；朱文遜小名失傳，在太平陣亡。王駙馬、眞童、金剛奴、也先、買驢、潑兒、老兒，復姓後的姓名可惜都失傳了。⑱至正十八年（公元一三五八年）胡大海李文忠佔領嚴州後，兩人鬧意見不和，元璋批示帳前都指揮使司首領郭彥仁，派他說合兩人說：「保指揮我之親男，胡大海我之心腹，前者曾聞二人不和。且保指揮我親身也，胡院判（大海官銜樞密院判官的簡稱）即我心腹也。身包其心，心得其安；心若定，身自然而定。汝必於我男處丁寧說知，將胡院判以真心待之，節制以守之，使我之所圖易成，只此。」李文忠代表元璋親身監視大將胡大海，並有節制之權，這一個例子說明了義子的作用，也說明了元璋對大將的不放心情形。⑲

單是用義子監督，還怕諸將靠不住，另一辦法是留將士的家眷作抵押。這法子在剛渡江時便實行了。元璋統兵取集慶，馬夫人和諸將家屬留在和州（今安徽和縣），⑳到取下集慶以後定下規矩：「與我取城子的總兵官，妻子俱要在京住坐，不許搬取出外。」「將官正妻留於京城居住，聽於外處娶妾。」規定極嚴格。將官顧慮妻子安全，自然不敢投敵以至反叛，平時徵調差遣，也不敢不聽話了。㉑

此外，還提防將官和讀書人勾結，規定「所克城池，令將官守之，勿令儒者在左右議論古今。止設一吏，管辦文書，有差失，單獨坐吏。」凡是元朝官吏和儒士，都要由朝廷選用，逃者處死，不許將官擅用。㉒這是因爲讀書人談今說古，拿歷史上的事情和現今一比，將官省悟了難免生是非，左思右想，不是好事的緣故。

當元璋進攻滁州時，濠州的紅軍主力由彭大趙均用率領，放下了盱眙泗州，兩人脾氣不對勁，爲郭子興的事結下怨，竟鬧翻了。均用和孫德崖四個合成一氣，彭大抵不過，事事不趁心，手下得力的人，也逐漸被均用收買過去，氣悶不過，發病死了。兒子早住接著也稱魯淮王，年青，比均用矮一輩，又會敷衍說好話，均用沒把他看在眼裏，倒也相安無事。接著，是郭子興代替了彭大作出氣孔，左也不對，右也不對，做一事，說一句話都被挑眼，幾次借題目要害子興，礙著元璋在滁陽有幾萬人的部隊，做決裂了怕壞事，於是出主意下令牌調元璋來守盱眙，一箭雙鵰，一窩子收拾掉。元璋明白這道理，委婉的推辭移防，說有軍事情報，部隊動不得。又使錢買通王府的人，拿話勸均用，不要聽小人挑撥，自剪羽翼，惹人笑話，萬一火併了，他部下不服，也不得安穩。針鋒相對，均用擺布不得。說話的人又勸好好地待子興，讓他出氣力佔地方，保疆上。成天有人說項求情，均用軟了，竟放子興帶原來人馬　萬多人回滁陽。元璋把兵權交出，三萬多兵強馬壯的隊伍，旗幟鮮明，軍容整肅，子興大喜。㉓

至正十四年（公元一三五四年）十一月，元丞相脫脫統兵大敗張士誠於高郵，分兵圍六合。

張士誠小字九四，泰州白駒場人，和弟士義士德士信一家子都靠運官鹽販私鹽過活。販私鹽賺大錢，和伙伴們大碗酒大塊肉，呼么喝六，過得極舒服，入伙的人日漸加多，都聽士誠調度。販私鹽是犯法的，當時賣鹽給大戶，大戶吃住是私貨，不但說閒話挖苦，有時還賴著不給錢，弓兵邱義尤其作踐他們。士誠氣忿不過，趁天下大亂，帶著兄弟和李伯昇潘原明呂珍等十八壯士，殺了邱義和仇家大戶們，一把火燒了房子，招兵買馬，攻下泰州高郵，佔了三十六鹽場，自稱誠王，國號大

周，改年號爲天祐，這是至正十三年五月間的事。㉔

元兵圍六合，六合主將到郭子興處求救。六合在滁州東面，萬一失守，次一被攻擊的目標便是滁州，要保滁州，就非守住六合不可。郭子興和六合主將有仇恨，元璋費盡唇舌才說服了。元兵號稱百萬，無人敢去，推稱求神不許，元璋只好討了令箭，統兵出救。元兵排山倒海似地進攻，城防工事全被摧毀，拚死地抵住，趕修了堡壘，又給打平了，眼看守不住，只好把六合的老弱婦孺撤退，掩護撤退到滁州。元兵乘勝進攻，元璋在中途埋伏，打了一個勝仗，得到好多馬匹。卻顧慮到孤城無援，元兵如添兵包圍，不困死也得餓死。忍氣打點牛酒，派地方父老把馬匹送還，哀求說全是良民，不敢作反，團結守護爲爲了自衛，情願供給大軍軍需給養，請併力去打高郵，饒饒老百姓。元兵信以爲眞，引兵他去，滁州算是保全了。㉕

元兵一退，郭子興喜歡極了，打主意要在滁州稱王。元璋勸說：滁州山城，交通不便，形勢不好，一稱王目標大了，元兵再來怕保不住。子興才放棄了王爺的念頭。㉖

脫脫大軍用全力攻高郵，城中支持不住，想投降又怕朝廷不肯赦罪。正在兩難間，外城又被攻破了，張士誠急得團團轉，準備城破時突圍下海。突然元順帝頒下詔旨，責備脫脫，說他「往年征徐州，僅復一城，不久又丟掉了。這次再當統帥，勞師費財，過了三個月，還無功效。可削去兵柄，安置淮安路，弟御史大夫也先帖木兒安置寧夏路。如膽敢不接受命令，即時處死。」宣讀後全軍忿恨大哭，一時四散，大部分投到紅軍，紅軍越發強大。張士誠趁機出擊，不但轉危爲安，而且從此基礎穩固，再也不能動搖了。

脫脫奉命交出兵權，被押送西行，鴆死於吐番境上。元朝唯一有作爲有威名的大將一死，元朝的命運也就決定了。㉗

這一變化，簡單說起來，是個人傾軋，政權的爭奪。脫脫忠於元朝，元順帝也極信任他，付以軍政大權。從滁州平定後，脫脫威權日盛，元順帝也以爲天下太平了，該好好享樂。奸臣哈麻巴結皇帝，背地介紹西天僧，會房中運氣之術，能使人身之氣，或消或漲，或伸或縮，號演揲兒法，也叫秘密佛法，多修法。順帝大喜，封爲司徒大元國師。國師又了十個皇親貴族會這佛法的，叫作十倚納，裏邊有皇舅和皇弟。君臣共被，互易妻室，名爲些郎兀該，意即事事無礙。上都穆清閣連延數百間，千門萬戶，充滿了婦女，作大喜樂禪定，朝朝宴會，夜夜笙歌，君臣都玩昏了。哈麻忌脫脫正派，挑唆順帝，擠出去總兵打仗。又怕脫脫功成回朝，多管閒事，當脫脫全軍苦戰，正要成功時，哈麻又使人彈劾，勞師費財，罷其兵權，還不甘心，索性把他毒死。順帝糊裏糊塗，也有些忌憚脫脫，哈麻如此安排，正中下懷，毫不在意。㉘

脫脫使心眼擠走伯父伯顏，在對漢人南人的看法這一點上，卻和伯顏一樣，當紅軍初起時凡議軍事，不許漢人南人參與。有一次脫脫進內廷奏章，中書官（中書省的屬官，相當於現在的機要秘書）

兩人照例隨後跟來，因為這兩人是漢人，忙叫禁衛喝住，不許入內。又上奏本說，如今河南漢人反，該出佈告，一概剿捕漢人；諸蒙古色目犯罪罷貶謫在外的，都召回來，免得喫漢人殺害。這榜文一出，不但河南，連河北的漢人也不能不參加紅軍，來保全自己生命了。紅軍聲勢，因之日益浩大。㉙

脫脫死後，順帝越發無忌憚。這時東南產米區常州、平江（蘇州）、湖州（浙江吳興）一帶都被張士誠佔領，浙東沿海地區被方國珍佔領，往北運河線在紅軍控制下，海運和內河運輸線全被切斷。另一補給區湖廣（湖南北）也早已失去。南方的糧食不能北運，大都的百萬軍民，立刻缺糧鬧飢荒。加上中原連年鬧蝗災旱災兵災，老百姓拿蝗蟲作食料，大都軍民連蝗蟲都沒有，餓死的每天成千上萬，又鬧瘟疫，慘到眞有人吃人的事，甚至連一家人都吃起來了。㉚在這樣境況中，元順帝卻在內苑造龍舟，親自打圖樣，長一百二十尺，寬二十尺。前瓦簾棚穿簾兩暖閣，後五殿樓子龍身並殿宇，用五采金裝，前有兩爪，水手二十四人，身衣紫衫，金荔支帶，四個帶頭巾，於船兩旁下各執篙一。從後宮到前宮山下海子內往來遊戲，駛動時龍的頭眼口爪尾都跟著動。內有機關，龍爪自會撥水。順帝每登龍舟，用綵女盛粧，兩岸牽挽。㉛又自製宮漏，約高六七尺，寬三四尺，造木為櫃，陰藏諸壺其中，運水上下。櫃上有西方三聖殿，櫃腰立玉女捧時刻籌，到時候自然浮水而上。左右站兩金甲神，一懸鐘，一懸鉦，到夜金甲神會按時敲打，不差分毫。當鐘鉦敲響時，兩傍的獅子鳳凰會飛舞配合。櫃的東西面有月宮，飛僊六人在宮前，到子午時飛僊排隊度僊橋到三聖殿，又退回原處。精巧準確，的確是空前的製品。㉜又喜歡建築，自畫屋樣。愛造宮殿模型，高尺餘，棟樑楹檻，樣樣具備。匠人按式倣造，京師人叫作魯班天子。內侍們想弄新殿的金珠裝飾，一造好就批評不夠漂亮，比某家的還差，馬上拆毀重造，內侍們都發了財。㉝成天搞這樣，修那樣，政事也懶得管了；成天遊船擺酒，打仗的事也不在意了。還想出新辦法。宮女十六人按舞，名爲十六天魔，新奇打扮，頭垂髮數辮，戴象牙佛冠，身被纓絡，著大紅銷金長短裙，金雜襖，雲肩合袖天衣，綬帶鞋襪，唱金字經，舞雁兒舞，各執加巴剌盤之器，內一人執鈴杵奏樂。又宮女十一人練槌髻勒帕常服，或用唐帽窄衫，所奏樂用龍笛頭管小鼓箏纂琵琶笙胡琴響板拍板，以宦者管領，遇宮中讚佛，按舞奏樂。宮官除受秘密戒的以外不得參與。㉞照舊例五天一移宮，還覺得不暢快，在宮中掘地道，隨時往來，和十倚納一起，以晝作夜，行大喜樂法，跟天魔舞女混成一團。國庫的存糧全運到女寵家裏，百宮俸祿只好折支一點茶紙雜物。宮裏充滿了繁華昇平的氣象。㉟

滁州在戰亂後，突然增加幾萬大兵，糧食不夠吃，軍心恐慌。元璋建議南居和州（今安徽和縣），

移兵就食。虹縣人胡大海長身鐵面，智力過人，帶全家來歸附，就用作前鋒。至正十五年正月，子興得到佔領和州的捷報，派元璋作總兵官鎮守。

元璋在子興諸將中，名位不高，年紀又輕，奉命總兵，怕諸將不服。尋思了半天，想出主意。

原來諸將會議軍事，大廳上排有公座，按官位年齡就座，前一晚元璋叫人把公座撤去，只擺一排木凳子。次日五鼓，諸將先到，當時座位蒙古人辦法以右首爲尊，元璋後到，一看只留下左末一席，不作聲坐下。到談論公事時，諸將單會衝鋒陷陣，殺人放火，要判斷敵情，決定大事，卻一句話也說不出來，像木偶般面面相覷。元璋隨事提出辦法，合情合理，有分寸，又會說話，諸將纔稍稍心服。末後議定分工修理城池，各人認定地位丈尺，限三天完工。到期會同諸將查看工程，只有元璋派定的一段作完，其餘的全未修好。元璋放下臉，面南坐下，拿出子興檄文，對諸將說：「奉主帥令總兵，責任重大。修城要事，原先各人認定，竟不齊心，如何能辦事？從今說明白，再有不遵命令的，軍法從事，可顧不得情分了！」一來確是子興的令牌，和州軍事由元璋作主，二來也確是自己不爭氣，誤了軍機，諸將作聲不得，只好謝罪求饒。雖然如此，還仗著是子興老部下，面子上認輸，肚子裏仍然唧唧咕咕。只有湯和小心謹愼，最聽話服從。李善長從旁調和，左勸右說，元璋的地位才算穩定。這樣，元璋又從總管成爲總兵官，從帶領幾千人的小軍官變成鎭守一方的將軍了。㊱

一天，元璋出外，有一小兒在路旁獨自啼哭，元璋問你父親呢，說是與官人餵馬。母親呢？也在官人處。原來紅軍攻破城池，各將領大搶一頓之後，又把滿城男婦虜獲，鬧得老百姓妻離子散，家破人亡。元璋省悟不是久長的道理，召集諸將，說明「大軍從滁州來此，人皆隻身，並無妻小。

今城破，凡有所得婦人女子，惟無夫未嫁者許之，有夫婦人不許擅有。」第二天闔城婦女男子都從軍營裏放出，在衙前會齊，讓他（她）們自己認親，一時夫認妻、妻認夫、子認父、父認女，鬧哄哄擠成一團，有哭的，有笑的，有先哭後笑的，也有又哭又笑的，一霎時有多少家庭團圓，也有多少孤兒寡婦在啜泣。原來慘慘淒淒路上無人行的景象，稍稍有了生氣，不光是有駐軍的城子，也是有人民的城子了。㊲

孫德崖因濠州缺糧，一逕率領部隊到和州就食，將領兵士携妻挈子，不由分說，佔住和州四鄉民家。德崖帶了親兵，說要進城住一些時候，人多勢大，元璋阻攔不住，也無法推脫，正在苦惱發愁。郭子興聽得消息，也從滁州趕來，兩個對頭擠在一處，苦煞了元璋這個小頭目。

原來子興人雖剛直，耳朵軟，容易聽人閒話。開頭有人報告，元璋多取婦女，強要三軍財物，已然冒火，再聽說孫德崖和元璋合伙去了，越發怒氣沖天。也不通知日子，黑夜裏突然來到，元璋來不及迎接。一進門，子興滿面怒容，好半晌不說話。元璋跪在下面，籌思答話。突然子興發問：「是誰？」元璋答說：「總管朱元璋。」子興大喊：「你知罪嗎？你逃得到那裏去？」元璋放低了聲氣：「兒女有罪，又逃得到那裏去？家裏的事遲早好說，外面的事要緊，得馬上辦。」子興忙問：「是什麼事？」元璋站起來，小聲說：「孫德崖在此地，上回的事結了深仇，目前他的人多，怕會出事。大人得當心，安排一下。」子興還帶信不信，把元璋喝退，獨自喝酒解悶。

天還不亮，孫德崖派人來說：「你丈人來了，我得走了。」元璋知道不妙，連忙去告訴郭子興，又來勸孫德崖：「何必這樣匆忙呢？」德崖說：「和你丈人相處不了。」元璋看德崖的神色，似乎不打算動武，就勸：兩軍在一城，提防兩下裏有小衝突，最好讓部隊先出發，元帥殿後好鎮壓。德崖答應了，元璋放下心，出來替孫軍送行，越送越遠，正要回來，後軍傳過話來，說是城裏兩軍打起來了，死了許多人。元璋著急，連忙喊隨從壯士耿炳文吳禎靠近，飛馬奔回。孫軍抽刀攔住去路，揪住馬銜，簇擁向前，見了許多將官，都是舊友，大家訴說，以為城內火併，元璋一定知情。元璋急忙分辯，邊說邊走，趁大家不注意，勒馬就逃。孫軍的軍官幾十人策馬追趕，搶箭齊下，僥倖衣內被了連環甲，傷不甚重。逃了十幾里，馬力乏了，被趕上擒住。這回可是俘虜了，鐵索鎖住脖子，有人就要殺害，有人主張孫元帥現在城裏，如此時殺了朱元璋，孫元帥也活不了，不如派人進城看明日再作道理。立時就有一軍官飛馬進城，見孫德崖正鎖著脖子，和郭子興對面喝酒呢。郭子興聽得元璋被俘，也急了，情願走馬換將，可是兩家都不肯先放，末後挑定折衷辦法，郭子興先派徐達到孫軍作抵押，換回元璋，元璋回到城裏，才解開鎖放回孫德崖，孫德崖回去了，再放還徐達。綜計元璋被孫軍拘囚了三天，幾次險遭毒手，虧得有熟人保護，才能平安脫身回來。㊳

元至正十五年（宋龍鳳元年）二月，紅軍統帥劉福通派人在碭山（今江蘇碭山）夾河訪得韓林兒，接到亳州（今安徽亳縣），立為皇帝，又號小明王，臣民稱為主公。建國為宋，年號龍鳳。拆鹿邑太清宮木材，建立宮殿。小明王尊母楊氏爲皇太后，以杜遵道盛文郁爲丞相，劉福通羅文素爲平章政事，福通弟劉六爲知樞密院事。軍旗上寫著鮮明的聯語：「虎賁三千，直抵幽燕之地。龍飛九五，重開大宋之天。」遵道得寵擅權，福通不服氣，暗地裏埋伏甲士，撾殺遵道，自爲丞相。不久又改爲太保，東系紅軍政大權全在他手裏。㊴

郭子興深恨孫德崖，爲著交換元璋，受了驚嚇，又忍著氣，成天憤恨發脾氣，得了重病，三月間不治死去，葬在滁州。軍中軍務由子興子天敍，婦弟張天祐和元璋共同商議，擔心著主帥新死，萬一元兵來攻，孤軍無援，怕站不住脚。正好杜遵道派人來計較統一指揮，大家公推張天祐到亳都面議，不久帶回杜遵道文憑，委任郭天敍爲都元帥，張天祐爲右副元帥，朱元璋爲左副元帥，軍中文告都用龍鳳年號。㊵

---

① 皇陵碑，紀夢，滁陽王廟碑，明太祖實錄一，天潢玉牒。

② 御製紀夢，滁陽王廟碑，皇朝本紀。

③ 滁陽王廟碑，明太祖實錄一，談遷國榷。

④ 明太祖實錄一，皇朝本紀。

⑤庚申外史，元史脫脫、也速傳，皇明紀事錄。
⑥龍飛紀略。
⑦皇朝本紀，明太祖實錄一。
⑧元史賈魯傳，國初羣雄事略二滁陽王。
⑨皇朝本紀。
⑩御製紀夢，明太祖實錄一。
⑪俞本紀事錄。
⑫紀夢，御製閱江樓記，皇朝本紀，御製皇陵碑。
⑬明太祖實錄一。
⑭明史一二九馮勝傳。
⑮明史一三五孔克仁傳。
⑯明史一二七李善長傳。
⑰御製皇陵碑，明太祖實錄一，明史一二六李文忠傳。
⑱劉辰國初事蹟，明史一二六沐英傳，一三四何文輝傳，一四四平安傳，王世貞詔令雜考（弇山堂別集），孫宜洞庭集，大明初略三。

⑲國初事蹟。
⑳明史高皇后傳，一二五常遇春傳，一三〇康茂才傳，宋濂宋文憲公集，四開平王神道碑銘，蘄國武義康公神道碑銘。
㉑國初事蹟，孫宜洞庭集。
㉒同上。
㉓明太祖實錄一，國初羣雄事略滁陽王，錢謙益太祖實錄辯證一。
㉔明史張士誠傳，輟耕錄二十九，國初羣雄事略七。
㉕明太祖實錄一，皇朝本紀。
㉖明太祖實錄一。
㉗兪本紀事錄，元史脫脫傳，庚申外史，輟耕錄。
㉘庚申外史紀。
㉙庚申外史。
㉚草木子三克謹篇。
㉛元史順帝紀至正十四年，庚申外史。
㉜元史順帝紀至正十四年。

㉝ 庚申外史。
㉞ 元史順帝紀至正十四年，庚申外史。
㉟ 庚申外史。
㊱ 明太祖實錄二。
㊲ 皇朝本紀。
㊳ 明太祖實錄二。皇朝本紀。
㊴ 輟耕錄二十一，皇明紀事錄，元順帝本紀，陸深平胡錄。
㊵ 皇明紀事錄，皇朝本紀，陸深平胡錄。

㈢ 大元帥、大丞相

都元帥府三個元帥，依地位說，郭天敍是主將，張天祐和朱元璋是偏裨，一切軍務都應該由都元帥發號施令。可是一來郭天敍沒有軍事經驗，張天祐一勇之夫，逢事無決斷；二來朱元璋會籠絡人，不但有大批勇猛善戰的貼身伙伴，徐達湯和等一批將領，更重要的是他有自己系統的軍隊，這一部份軍隊由他招降、訓練、組織、指揮，佔郭系軍隊裏很重的份量；第三，朱元璋陰險刻毒，打定主意要獨吞郭系軍隊，對郭張兩帥事事使心計，又有李善長馮國用弄文墨的作幫手，越發做得開。

以此，元璋雖然只坐第三把交椅，卻作得主，辦得事，儼然是事實上的主帥。①

虹縣人鄧愈，十六歲就跟父兄起兵，父母都陣亡了，鄧愈帶著部隊，每戰總是挺身當前，打勝仗，軍中都服他果決。懷遠人常遇春，膂力絕人，勇冠三軍，性情剛直，又有智謀，做了些時強盜，看那些首領們打家劫舍，沒出息，決心自找出路。兩人都來投降。鄧愈有隊伍，作管軍總管，常遇春作前鋒。②

和州東南靠長江，城子小，屯駐的軍隊多。元兵圍攻幾次以後，又鬧糧荒了。過長江，貼對面是太平（今安徽當塗）。太平南靠蕪湖，東北達集慶（今南京），東倚丹陽湖。湖周圍的丹陽鎮、高淳、宣城都是產米區。發愁的是眼看著對岸有成倉成庫的米糧，被長江隔斷了，浪花起伏，怒濤洶湧，沒船隻如何過得去？船少了不濟事，總得上千條才行，一時又怎麼打造得起來？即使有了夠用的船隻了，沒有水手又怎麼駛得過去？

事有湊巧，巢湖水軍頭目李扒頭（國勝）的代表來了。原來從大亂以來，巢湖一帶的豪族俞家——俞廷玉、通海、通原、通淵父子，廖家永安、永忠兄弟，趙仲中、庸兄弟，糾集地方武力，推舉李扒頭作大頭目，雙刀趙（普勝）坐二把交椅，屯泊巢湖，連結水砦，有千多條大小船隻，萬多人的水軍。和廬州（今安徽合肥）的紅軍左君弼結下仇，吃了好多回敗仗，勢力孤單，派人來求救兵。元璋喜極，親自到巢湖連絡，苦勸與其死守挨打，不如結伙渡江，正好五月間霉雨季，連下二十天，河坑都淹平了，毫不費事，大小船隻掃數到達和州。③

六月初一，水陸大軍乘風渡江，直達采石，常遇春跳上岸，奮戈奔向元軍，諸軍鼓勇續進，元兵驚潰，緣江堡壘，一齊歸附。紅軍餓了多日，一見糧食牲口，眼都花了，搶著搬運，打算運回和州慢慢享用。元璋看出軍士意思，和徐達商量，乘勝直取太平。把船纜都斫斷了，推入急流，霎時間順流東下，江面上空洞洞片帆不見，諸軍慌亂叫苦。元璋下令，前面是太平府，子女玉帛無所不有，打下了任意搬運回家。軍士無法，兼之聽說可以隨意行動，都動了心，飽餐後逕奔太平城下，攻進城放開手大殺大搶。元璋事先叫李善長寫了禁約，不許虜掠，違令按軍法處置，四處張貼，調一排執法隊沿街巡察。軍士看了詫異，都住了手。有一小兵不聽，立時斬首，太平一路的百姓才免了此劫。又怕軍心不穩，叫當地大財主獻出些金銀財帛，即時分賞將士，將士得了采頭，小兵自然不敢說話了。④

從和州渡江是巢湖水軍的功勞，元璋在船上擺酒慶功，把李扒頭灌醉，綑住手脚，丟在江裏。雙刀趙不服，逃歸徐貞逸。扒頭部下諸將，無主將，也無船隻，只好投降，元璋從此又有了水軍。⑤

太平地方儒士李習陶安首先來見元璋，元璋問：「有何道教之？」安說：「如今羣雄並起，不過搶子女玉帛。將軍若能反羣雄之志，不殺人，不擄掠，不燒房屋，東取集慶，可以作一番大事業。」

元璋很以爲然，留在元帥府作令史。改太平路爲太平府，以李習爲知府。置太平興國翼元帥府，元璋作大元帥，以李善長爲帥府都事，汪廣洋爲帥府令史，潘庭堅爲帥府教授。點鄉下老百姓作民兵。居民蓄積，掃數運進城來，準備固守。⑥

元兵分兩路包圍太平：水路以大船封鎖采石，堵住紅軍的歸路，陸路由民兵元帥陳埜先率軍數萬進攻，形勢急迫。元璋親自領死士拼命抵住。新討的二夫人孫氏，勸把府軍中的金銀抬到城上，分給有功將士。別出一軍，繞到敵人背後，前後夾擊。元兵大敗，生擒陳埜先。元璋勸他投降，宰白馬烏牛，祭告天地，結爲兄弟。第二天，埜先全軍歸降。約好一同攻取集慶。

埜先的妻子被留在太平作質，部下被張天祐領去攻集慶。他是大地主，極恨紅軍，暗地裏囑付部下，只裝做打仗的樣子，千萬別認眞打，三兩日自己脫了身，就回來打紅軍。這話給元璋的心腹檢校⑦探到了，元璋心裏明白，也不告訴張天祐。到集慶城下，元朝守將福壽力戰，張天祐只有小半人在打，大半人在看，吃了大敗仗，回來好生沒趣。

元璋索性放了陳埜先，讓他帶領舊部，和郭天敍張天祐合軍再攻集慶。埜先早已和元將福壽約好城內外表裏夾攻，邀天敍吃酒，席間殺了，生擒張天祐，送給福壽也即時殺死。元軍會師總反攻，紅軍大敗，死了兩萬多人。陳埜先追擊到溧陽，馬乏落後，當地民兵不明底細，聽說他投降了紅軍，設埋伏也把他殺了。部隊由從子兆先接管。⑧

元璋借刀殺人，郭張二帥一死，郭子興的舊部全歸元璋指揮，成爲名實一致的都元帥，小明王麾下一員大將了。子興次子天爵，小明王命爲中書右丞，在元璋底下作官，沒有兵，更沒有權，眼睜睜看著郭家的基業改了姓，忍不住背地裏發牢騷，給元璋結果了。子興的小女兒孤苦伶仃，無可倚靠，元璋收作第三房小妾，侍候他父親當年的親兵。⑨

元璋率領大軍渡江，馬夫人和將士的家眷仍留在和州。和州是後方基地，得有親人鎭守，而且將士家眷有人看管，也可以使將士安心作戰。和州和太平的交通只有水路，雖然七八個月來陸續佔領了溧水、溧陽、句容、蕪湖一些城子，集慶孤立，三面包圍，可是水路卻被元軍切斷了，消息不通。一直到龍鳳二年（至正十六年，公元一三五六年）二月，元璋大敗元水軍，盡俘其舟艦以後，兩地的來往才完全暢通，有了信息，軍心也安定了。

三月初一，水陸大軍並進，三攻集慶，城外屯兵陳兆先戰敗投降，得兵三萬六千人。集慶城破，守將福壽戰死，元帥康茂才和軍民五十餘萬歸降。元璋入城後，召集了一次官吏和民衆的大會，剴切宣告：「元朝這個壞政府，政治腐爛，到處在打仗，百姓吃夠了苦。我是來替你們除亂的，大家只要安心作事，不要害怕。好人我用他，壞事替你們除掉。作官的不要亂來，叫百姓吃苦。」幾句話安定了人心，恢復了秩序。當下收集慶路爲應天府，設天興建康翼統軍大元帥府，以廖永安爲統軍元帥。以趙忠爲興國翼元帥，守太平。儒士夏煜、孫炎、楊憲等十幾人進見，先後錄用。小明王

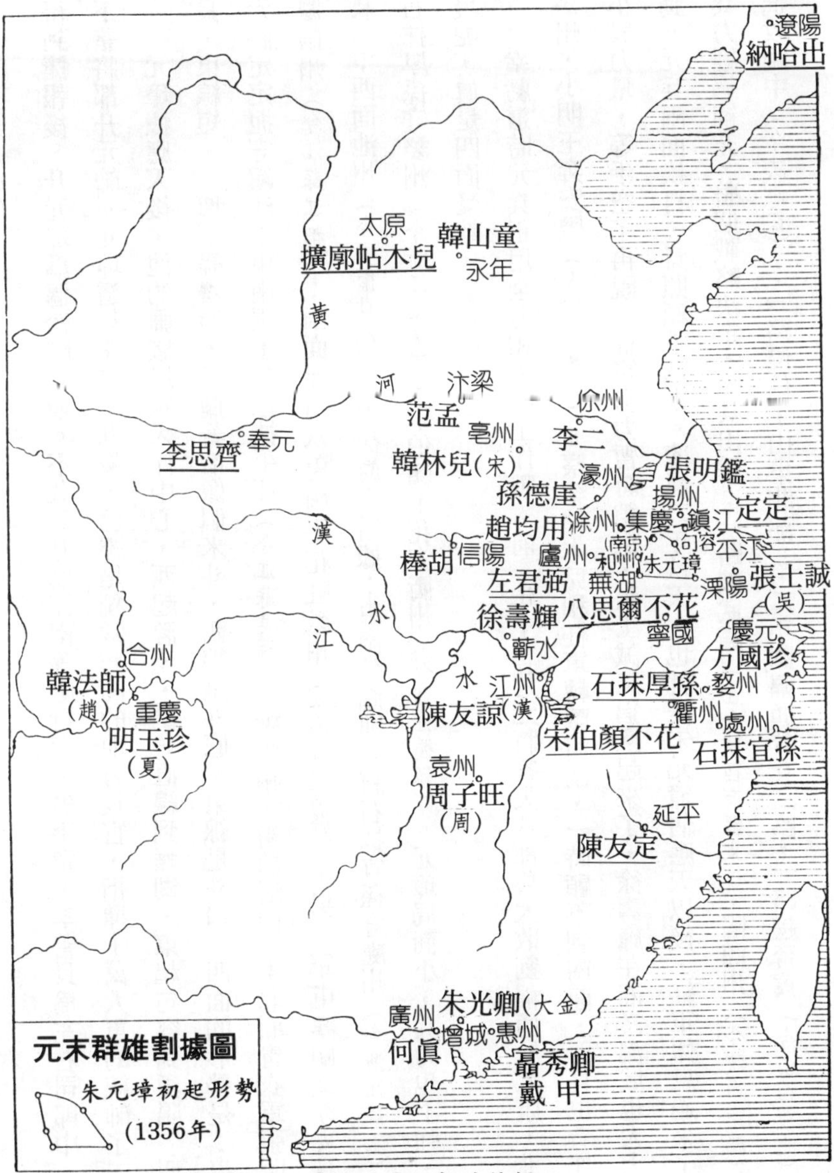

註：人名下有——符號的是元朝的將領

得到捷報後，升元璋爲樞密院同僉。不久又升爲江南等處行中書省平章，李善長爲左右司郎中，以下諸將都升元帥。元璋這年才二十九歲，已經是獨當一面的地方長官，指揮十萬大軍的統帥了。⑩

元璋據應天後，他的疆域以應天作中心，西起滁州，劃一直線到蕪湖，東起句容到溧陽。西邊長，東線短，一塊不等邊形，橫擺著恰像個米斗，西線是斗底，東線是斗口。四面的形勢是：東邊元將定定扼守鎮江；東南張士誠已據平江（今江蘇吳縣），破常州，轉掠浙西。東北面青衣軍張明鑑據揚州（今江蘇江都）；南面元將八思爾不花駐徽州（今安徽歙縣），另一軍屯寧國（今安徽宣城）；西面池州（今安徽貴池）已爲徐眞逸所據；東南外圍則元將石抹宜孫守處州（今浙江麗水），石抹厚孫守婺州（今浙江金華），宋伯顏不花守衢州（今浙江衢縣）。元璋局面小，兵力也不強，處境呢，眞是四面受敵。

幸虧這時元兵正用全力和小明王作戰。前一年十二月元將答失八都魯大敗劉福通於太康，進圍亳州，小明王奔安豐（今安徽壽縣）。察罕帖木兒和紅軍轉戰河南，一時顧不到南面，而且也看作是小股力量，等手空了再說。紅軍勢力暫時銷沉，張士誠又猖獗起來了，徐壽輝在湘漢流域也大大活動。元兵兩面挨打，竟照顧不過來。龍鳳二年秋天，也就是朱元璋佔應天以後，紅軍休息過來了。兵力經過補充，整個戰略決定，分兵出擊：一路破武關（在今陝西商縣東），陷商州（今陝西商縣），進攻關中（今陝西省）；一路侵佔了山東北部。第二年劉福通分兵三路，一路趨晉冀（今山西河北），一路攻關中，一路由山東北犯。第一路軍又分兩路，一出絳州（今山西新絳縣），一出沁州（今山西沁縣），過太行山，破遼潞（今山西遼縣長治縣），陷冀寧（今山西太原），攻保定（今河北清苑），下完州（今河北完縣），掠大同興和（今山西大同察哈爾張北縣）塞外部落，攻下上都（今察哈爾多倫縣東南），轉掠遼陽（今遼寧遼陽），直到高麗。從西北折回到東北，兜了一個大圈子。第二路軍陷鳳翔（今陝西鳳翔），興元（今陝西南鄭），南進四川；別部又陷寧夏，掠靈武（今寧夏靈武）諸邊地。第三路軍盡佔山東西北部河北南部，北取薊州（今河北薊縣），犯漷州（河北通縣南四十五里），略柳林（今河北通縣南故漷縣西），逼大都（今北平）。福通自己統軍佔山東西南角和河南北部，出沒河南北。龍鳳四年五月，攻下汴梁（今河南開封），建作都城，接小明王來定都。⑪紅軍所到的地方：攻無不取，戰無不勝，元朝地方官吏嚇破了膽，一聽有紅軍來攻，抹回頭就跑。當時有童謠形容道：

滿城都是火，府官四散躲，城裏無一人，紅軍府上座。⑫

五六年間，紅軍長驅深入，來回的繞彎子，元朝軍隊使盡方法抵抗和進攻，大敵當前，顧不到這個新起來的小頭目。便宜了朱元璋，在這期間，逐漸鞏固地盤，擴充實力，逐漸消滅羣雄，開闢疆土。而且，更有利的是地理位置，他和元朝大軍中間，恰好隔著三個政權，東邊是張士誠，北面是小明王，西邊是徐壽輝，這二個大衞星保護著，使他無從受到元軍的主力攻擊。等到小明王軍力已被元朝消滅的時候，兩敗俱傷，元朝的軍力也被久戰削弱了。朱元璋呢，相反的已經土廣民衆，成爲最強大的有組織有訓練有經驗的實力者，可以和元軍打硬仗，比一比高下了。

在這斗形地帶所受到的軍事威脅，東邊鎮江如落在張士誠手裏，可以直搗應天，刨根挖窩；南邊寧國如給徐壽輝（眞逸）佔了，背上挿一把尖刀，也不得安穩。要確保應天，就非取得這兩個據點不可。元璋在應天纔安頓停當，即派徐達統兵攻下鎮江，分兵佔領金壇丹陽等縣，向東線出一個觸鬚。到六月又派鄧愈攻下廣德路，堵住後門。在出兵時，元璋自己留守老家，怕諸將還是過去那一套，殺人放火，姦淫搶劫，和人民作對，失盡了民心，和徐達說通了，故意找出徐達錯處，綁了請工命牌要殺，李善長和一羣幕僚再三求情，說好說歹，才放了綁，當面分付，這次出兵，取下城子，不燒房子，不搶東西，不殺百姓，才准將功折罪，徐達叩謝了。破鎮江時，百姓安安靜靜，照常做事作買賣。別的城子聽說朱元璋的軍隊不殺人，軍紀比韃子好，放了心，不肯拚命抵抗。這名氣傳遍了，元璋軍事上的成功有了保障，地盤跟著一天天擴大，力量也跟著一天天澎漲了。⑬接著分遣諸將攻克長興常州，親自攻下寧國，又先後佔領江陰常熟池州徽州揚州。在龍鳳三年（至正十七年，公元一三五七年）這一年中，把應天周圍的軍略據點全數取下，作爲向外進攻的前哨基地。在戰略上；北起江陰，沿太湖南到長興，劃一條直線，構成防線，堵住張士誠西犯的門路；寧國徽州屯聚大兵，安排進入浙東；西線和天完（徐壽輝國號）接境，以守爲攻；北面是友軍，不必操心。看準了周圍情況，先伸出南面的鉗子，呑併和本部完全隔絕，孤立無援的浙東元軍。形勢已經和一年前大大不同了。

元璋明白讀書的好處，苦於自己讀書不多，許多事說不出道理，以此，很尊敬有學問的讀書人。也明白讀書人能講道理，替人出主意，很可怕，誰對他們客氣，給面子，養得好，吃得飽，就替誰出力作事。這種辦法叫作「養士」，養什麼似乎不大好聽，不過只要養之養之，被養的也就不大在乎了。養士是件好事，而且，你不養，跑到敵人那兒或者被別人養去了，卻會壞事。爲了這個，他禁止部下將官和儒士交結，不許別人養士，卻自己來包辦，養所有肯被養的士。並且，還有一個大好處，士多半在地方上有名氣，老百姓怕他也服他，把士養了，老百姓也就大部份跟過來了。費得不多，賺頭極大，眞是划算的買賣。因之，每逢新佔領一個地方，必定訪求這地方的讀書人，軟硬都來，羅致在幕府裏作秘書，作顧問，作參謀。徽州的老儒朱升，告訴元璋三句話：「高築牆，廣積糧，緩稱王。」對元璋後來的事業極有影響。⑭

從渡江以後，還是遭遇到糧食的困難。幾年來到處戰亂，農村壯丁大部分從軍去了，土地上的勞動力大大缺乏，加上戰爭蹂躪，糧食收成減少。各處軍隊的給養，形式上書押大榜，招安鄉村百姓繳納糧草，叫作寨糧，其實還不是等於搶劫。生產減少，消費量相對增加，百姓餓死多，軍隊更加吃不飽。⑮揚州的青衣軍甚至拿人作糧食。⑯在行軍的時候，出征軍士概不支糧，按照元璋軍令：「凡入敵境，聽從稍糧。若攻城而彼抗拒，任從將士檢刮，聽爲己物。若降，即令安民，一無所取。

如此則人人奮力向前，攻無不取，戰無不勝。」⑰稍糧說雅一點是徵糧，老實一點呢？搶糧。檢刮這一詞的來源，是同時候苗軍創的。苗軍打仗，靠檢刮供給，檢刮的意思是抄掠，不過比較上分量還重一點，重到刮乾淨不留一點兒的地步。⑱這種辦法，不打長遠算盤的時候，倒也方便。局面一開展，計算一下，政權的鞏固靠老百姓服從，要糧要稅都出在老百姓身上，全刮乾了，下次向誰要？而且，把老百姓逼到無路可走，他們也會反抗，不是自找麻煩嗎？常遇春和胡大海都打報告，以為寨糧這辦法要不得。元璋想了又想，要立下一份好基業得另想辦法：與其向老百姓搶，不如自己來生產。古書上有過屯田的例子，龍鳳四年（至正十八年，公元一三五八年）二月以康茂才為都水營田使，耑門負責修築河隄，興建水利工程，恢復農田生產，供給軍需；又分派諸將在各處開荒墾地，立下規矩，用生產量的多少來定賞罰。且耕且戰，幾年工夫就成績顯著，倉庫都滿了，軍食也夠了。才明令禁止徵收寨糧，人民負擔減輕，足食足兵，兩方面全顧到。這年十一月又立管領民兵萬戶府，抽點民間壯丁，編制作民兵，農時則耕，閒時練習戰鬥，作為維持地方安寧的力量，抽出正規軍耑門進攻作戰。這樣，把作戰力量和生產力量合而為一，不但加強了戰鬥力，也同樣加強了生產力。這一番作為，說明了為什麼當時群雄都先後失敗，惟獨這個新起的小頭目所以成功的原因。⑲

外圍的威脅解除，內部的生產有了辦法之後，元璋的眼光立刻轉移到浙東西的穀倉。步驟上先取皖南諸縣，鞏固後方基礎，再由徽州進取建德路，改為嚴州府，先頭部隊東達浦江，構成側面包圍婺州的形勢。十二月元璋親自統率十萬大軍，軍旗上掛著金牌，刻著「奉天都統中華」字樣。攻下婺州，置中書浙東行省。於省門建二大黃旗，上面寫著：「山河奄有中華地，日月重開大宋天。」兩傍立兩個木牌，寫著：「九天日月開黃道，宋國江山復寶圖。」⑳婺州是兩百多年來的理學中心，號爲小鄒魯，經過多年戰亂，學校關門，儒生四散，沒有人講究這一套不急之務。元璋一進城，立刻聘請當地著名學者十三人替他分別講解經書歷史，建立郡學，請學者當五經師和學正訓導，內中最著名的是宋濂。他開始和儒學接觸了，受宋儒的影響了。這一政治上的作爲，固然是收拾人心——尤其是讀書人——的最好方法。同時，一個紅軍頭目，宣傳明王出世的明教徒，卻請人講孔孟的經典，在思想上已經開始轉變了，雖然作的是小明王的官，喊的是復宋的口號。㉑

婺州攻克以後，分兵取浙東諸地。龍鳳五年（元至正十九年，公元一三五九年）五月，小明王升元璋爲儀同三司江南等處行中書省左丞相。㉒八月，元將察罕帖木兒攻陷汴梁，劉福通奉小明王退保安豐。元璋的浙東駐軍先後佔領諸暨和衢州處州，東南被孤立的元朝據點，次第消滅。他的領土遂成爲東面北面鄰張士誠，西鄰陳友諒，東南鄰方國珍，南鄰陳有定的局面。四鄰的敵國，比較起來，張士誠最富，陳友諒最強。方國珍陳有定志在保土割據，並無遠大企圖。因之，元璋在整個軍事計劃裏，又改變重點，採取對東南取守勢，西北線取攻勢的策略。拿張士誠和陳友諒比起來，士誠顧慮多，疑心重，友諒野心大，慾望高：一個保守，一個進取。以此，在東西兩面的攻勢又分先後緩急。對士誠是以守爲攻，扼住江陰常州長興幾個據點，使士誠不能向西進一步。對友諒則以攻爲守，使友諒分兵守衛假定被攻擊的要塞，軍力分散，不能集中運用。

第二年正月初一，元璋親自寫一副春聯：「六龍時遇千官覲，五虎功成上將封。」貼在中書行省大門。論官是大宋的丞相，可以代表皇帝任官發令，論軍職是上將，可以便宜征討殺罰，好不得意。㉓

浙東雖已大部平定，地方上有名望的幾家豪族，尤其是劉基葉琛章溢這幾個名士，原先在元將石抹宜孫幕府裏的，產業大，學問好，計謀多，能號召人，地方上什麼事都得聽這些人的話。元璋在這區域建立了新政權，他們嫌紅軍氣味不對，躲在山裏不肯出來。元璋派代表禮請，也用好話辭謝。處州總制孫炎再使人威逼，不出來怕不得安穩，才勉強於三月間到應天。元璋大喜，大鬧排場，蓋了一所禮賢館，作爲賢士的住處。㉔這幾個人思想上繼承宋儒的傳統，身份是地主，社會地位是豪紳上室，而且都曾作過元朝的官，平時對紅軍沒好話，不是罵「妖寇」，便是「紅寇」，「紅賊」，㉕爲了元朝地方政權抵抗不了紅軍，自動辦民兵，建堡砦，保衛身家產業和地方。元璋千方百計逼他們出來，不單是博一個禮賢下士的好名譽，也不單是怕他們和部下將官勾結玩花樣，同時也爲了取得他們的幫助後，地方上人民沒了頭腦，自然安定無事，是個擒賊擒王的意思。這些儒生都是遵守禮法慣了的，頭腦也是保守慣了的，和紅軍那一套殺官長，打地主，捧明王，唸彌勒佛號的宗教情緒，完全不合調。既然舊主子垮了，扶不起來，無法施展才能，新主子又並不嫌棄，不算舊賬，也就改變主張，利用朱元璋的雄厚軍力，幫助建立新朝代，在新政權下繼續維持幾千年來的傳統秩序和習慣、文化，以貴人役使賤人，富人剝削窮人，有知識的和有武力的結合起來統治不識字的和種田地的人，來保持豪紳巨室們的既得利益。結果，自然而然，和出自明教諸將，成爲地主與貧民、儒生和武將的對立局面。元璋也存心利用豪紳巨室的合作，孔孟儒術的理論粉飾，來建立自己的基業。他在紅軍實力還在，對元朝的強大軍力進攻還得靠紅軍掩護牽制的時候，是小明王的臣下，發令辦事都有「皇帝聖旨」，開口大宋，閉口聖宋，像煞是宋家的忠臣良將；一到小明王軍力完全被元軍消滅以後，就公開傾向儒生這一邊，開口「妖寇」閉口「妖賊」，好像從來沒有當過「妖寇」「妖賊」似的。談孔說孟，引經據典，自命爲恢復舊秩序、保存舊文化的衛道者了。從此以後，他受了這批儒生的影響，思想作風和「大宋」日益疏遠，和儒家日益接近。㉖

一個紅軍小頭目的親兵，十年前還是紅布包頭，穿著戰裙戰襖，手執大刀，聽戰鼓一擂，就得衝鋒砍殺的，如今居然長袍大袖，八字步走路，斯斯文文，滿嘴三皇五帝，四書五經，談今說古，寫對聯，發手令，成爲繼承堯舜禹湯文武周公孔子道統的說教人了。這變化有多大！

①皇朝本紀，俞本紀事錄。
②明史一二五常遇春傳，一二六鄧愈傳。
③明太祖實錄二。皇朝本紀，高岱鴻猷錄龍飛淮甸，明史一三三廖永安傳，俞通海傳。
④皇朝本紀。
⑤劉辰國初事蹟。
⑥國初事蹟，明太祖實錄二。
⑦元璋的秘密諜報人員，峕門偵探將士的私事。
⑧俞本紀事錄，皇朝本紀，明太祖實錄三，錢謙益國初羣雄事略二，國初事蹟。
⑨明太祖實錄二，明史郭子興傳。
⑩俞本記事錄，國初事蹟，明太祖實錄四。
⑪權衡庚申外史，陸深平胡錄，國初羣雄事略一宋小明王，明史韓林兒傳。
⑫陶宗儀輟耕錄九。
⑬皇朝本紀，明太祖實錄四。

⑭明史一三六朱升傳。

⑮國初事蹟。

⑯輟耕錄九，明太祖實錄五。

⑰國初事紀。

⑱輟耕錄八。

⑲明太祖實錄六。

⑳俞本記事錄。按國初事蹟作「於南城上豎立大旗，上寫山河奄有中華地，日月重開大統天。」大宋作大統。大統無意義，顯然是後來竄改的。

㉑明太祖實錄六。

㉒國初事紀，俞本記事錄。

㉓俞本記事錄。

㉔明太祖實錄八，國初禮賢錄，明史一二七劉基傳，宋濂傳，葉琛傳，章溢傳。

㉕徐勉保越錄，陳基夷白齋稿精忠廟碑，王逢梧溪集。

㉖清華學報十三卷一期吳晗「明教與大明帝國」。

第三章　從吳國公到吳王

㈠ 鄱陽湖決戰

彌勒教徒彭瑩玉從元至正四年（公元一三三八年）袁州起義失敗以後，秘密在淮西一帶傳佈教義，組織民衆。這人信仰堅定，有魄力，膽子大，又會說老百姓自己的話，給苦難的人以希望和信心，深深得到農民的敬愛。辛辛苦苦工作了十四年，成千成萬人的指望到底開花結果了。至正十一年（公元一三五一年）和鐵工麻城鄒普勝，漁人黃陂倪文俊發動號召，組織西系紅軍，舉起革命的旗幟。

彭瑩玉可以說是典型的職業革命家，革命是一生志業，勤勤懇懇播種、施肥、澆水、拔草。失敗了，研究失敗的教訓，從頭做起；決不居功；決不肯佔有所播種的果實。第一次起義稱王的是周子旺，第二次作皇帝的是徐壽輝，雖然誰都知道西系紅軍是彭和尚搞的，彭祖師的名字會嚇破元朝官吏的膽，但是，起義成功以後，就煙一樣的消失了，回到人民中間去了，任何場所以至記載上，再找不到這個人的名字了。①十五年後，羅田還有人假借他的名義，鑄印章，設官吏，結衆起事，可見影響入人之深。

徐壽輝是羅田的布販子，又名貞逸，貞一。生得魁梧奇偉，一臉福相。彭瑩玉推爲首領。這年九月間起兵，佔領蘄水和黃州路。建蘄水作都城，取意於西方靜土蓮臺，號爲蓮臺省。②立壽輝爲皇帝，國號天完，年號治平。不久，疆域就擴充到湖南江西，東邊一直到杭州。天完軍隊紀律極好，不殺百姓，不姦淫擄掠，口念彌勒佛號。歸附的人民登記姓名，單運走政府官庫裏的金帛，極得人民擁護。相反的，元軍軍紀壞到極點，打勝仗搶一陣，打敗仗更搶，克復城子，大殺大搶大燒，尤其厲害的是從湖廣調來的苗軍，無惡不作，搶得乾淨，殺得盡興，見女人不管老少貴賤有夫無夫都不放手，駐防過的地方比經過戰爭還慘。③民間有民謠形容道：「死不怨泰州張（士誠），生不謝寶慶楊（完者，苗軍統帥）。」④軍隊如此腐敗，政治呢？蒙古政府恨漢人、南人，尤其是南人不肯服從，時常反抗，有意壓迫。民間地主爲了保身家產業，組織義軍。保衛地方，反抗革命勢力的，即使立了功，即使守住了地方，甚至全家戰死，因爲是南人，不提賞功作官的事，連安慰激勵的話也沒有一句。也有地主帶了盤纏到大都去鑽一官半職的，不但落個沒趣回來，還被挖苦奚落，給起外號叫「臘雞」，臘雞是南邊土產，帶到北邊作人事的。一心一意幫元朝的，冷落得寒透了心。⑤眞眞作反叛亂的像方國珍、張士誠，政府軍打不過，招降安撫，許作大官，照樣帶兵，反一次，官爵便高一次，不用幾年便到極品了。一面是種族的歧視，一面又欺軟怕硬。窮苦人早已參加反抗，這樣的措施，又使一些只知有身家財產，甘心作屠殺人民的劊子手的地主們，也學方平章張丞相的榜樣了。東一叢，西一股，像火燒荒山一樣，到處都是。

徐壽輝忠厚老實，無見識，也沒有整個的計劃。所佔的地方雖大，卻守不住，打過來，打過去，拉鋸戰只苦了老百姓。蘄水位置不夠好，遷都到漢陽，丞相倪蠻子（文俊）兵權在手，壽輝給制住了，動彈不得。治平七年（元至正十七年，公元一三五七年）九月，文俊謀殺壽輝不成功，出奔黃州。部將沔陽人陳友諒，家世打漁營生，在縣裏當貼書，不甘心埋沒，投奔紅軍，立了戰功，作領兵元帥，懷著一肚子野心，沒處施展。文俊逃到黃州，正是他的防區，用計殺了文俊，奪過軍隊，自稱平章，向東侵佔安慶池州南昌諸地，和朱元璋接境。兩軍常起戰事，互有勝負。龍鳳六年（元至正二十年）五月攻下太平，大軍進駐采石，以爲尅日可以佔領應天，使部將殺了壽輝。急性子人，也等不及擇日子，揀地方，就以采石五通廟作行殿，暴風雨裏，即皇帝位。國號漢，改年號爲大義，盡有江西湖廣之地。⑥

羣雄中陳友諒的軍隊最精鋭，疆土最廣，野心最大。朱元璋在應天，友諒看來是碗裏的肉，伸手就拿到。使人和張士誠相約，東西夾攻，親自帶領水陸大軍從江州（今江西九江）順流東下。水軍大艦名爲混江龍、塞斷江、撞倒山、江海鰲等，共一百多艘，戰舸幾百條，眞是「投戈斷流，舳艫千里」。消息一傳到應天，大家都嚇慌了，有人主張投降爲上策，有人說不如放棄應天，躲過風頭再看，主戰的提出主動出擊太平，牽制友諒兵力，七嘴八舌，亂成一團。膽子小的竟背地收拾細軟，盤算城破後的去處了。⑦

元璋沈住氣，單獨和劉基在臥室內決策。投降不是辦法，逃走更不是辦法，目前的出路只有抵抗。抵抗有兩種戰略，一種是兩線同時作戰，東西兼顧，兵力一分，必敗無疑。一種是迅速集中全力看準敵人弱點，作致命的一擊，然後再回師來對付另一線，——這還是兩線作戰，不過有個先後緩急。問題焦點在於爭取主動。第一種打法很現成，等著就是了，不過很吃虧。第二種打法當然好，可是第一，先打誰？第二，如何抓住有利機會來打？第三才是如何打。一句話，是要爭取主動。研究兩線形勢，主敵是陳友諒，張士誠是配角。兵力陳強張弱，士氣陳驕張餒，水軍陳多張少，那末，就看得出來，只要有辦法先打擊陳軍，造成一次大勝利，張軍勢孤，連進攻都不可能了。⑧

如何使陳友諒先來進攻呢？元璋部將康茂才和陳友諒相熟，茂才的老門房也侍候過陳友諒。茂才受命使老門房偷跑到友諒軍中，帶了茂才的親筆降書，告訴許多軍事情報，自願裏應外合，勸友諒分兵三路取應天。友諒喜極，問康將軍現在何處，說現守江東橋，問是石橋還是木橋，答是木橋。約好友諒親自進軍江東橋，以喊「老康」作信號。⑨

陳友諒的進軍路線明白了，軍力分配也清楚了。元璋一面調胡大海進取廣信（今江西上饒），搗友諒的後路，一面按友諒進軍路線，設下埋伏。連夜把江東木橋改成石橋，一切準備停當，只等友諒自投羅網。

元璋親自在山頂指揮，規定信號，發見敵人舉紅旗，伏兵出擊舉黃旗。友諒興匆匆趕到江東橋，一看是大石橋，就覺得不對頭，再使勁連喊「老康」，嗓子都啞了無人答應。山上黃旗招展，四周伏兵齊聲吶喊，團團圍住，在山上打，在水裏打，這一仗把友諒的主力全部殲滅，殺死淹死不計其數，單俘虜就是兩萬多。元璋軍乘勝收復太平下安慶，取信州（上饒）袁州（宜春）。⑩

龍鳳七年（元至正二十一年，公元一三六一年）正月，小明王封元璋爲吳國公。⑪

友諒吃了敗仗，不服輸，七月間又遣將攻下安慶。元璋氣極，開了一個軍事會議，決定溯江西伐。龍驤巨艦上建立大旗，寫著「吊民伐罪，納順招降」八個大字。

友諒爲人忌能護短，從殺徐壽輝後，壽輝的將帥不服，紛紛投降元璋。部下驍將雙刀趙（普勝）又被元璋使反間計，友諒一怒把他殺了，其他將官兎死狐悲，不肯出死力作戰。元璋研究敵情，斷定趁友諒將帥不安，軍心離散，大舉進攻，要比等著被攻有利。於是親自統軍順風溯流，一鼓攻下安慶江州，守將丁普郎傅友德全軍歸附。友諒逃奔武昌，江西州縣和湖北東南角，都屬元璋版圖。一個擴大，一個縮小，幾年來的局面，完全倒轉過來，元璋的兵力已經可以和友諒一決雌雄了。⑫

當江南朱陳兩軍血戰正酣的時候，江北的軍事局面也起了極大的變化，紅軍接連失敗，形勢很危急。元朝大將察罕帖木兒收復關隴，平定山東，招降紅軍丞相花馬王田豐，軍威極盛——幾年來山東在宋朝大帥毛貴管下，禮賢下士，開闢田土，治績斐然。原來在濠州的趙均用和彭早住，駐軍淮泗一帶，早住病死，均用北上和毛貴合夥。二人作風不同，大鬧意見，均用殺了毛貴，毛貴部將又殺了均用。殺來殺去，軍力衰滅，造成察罕的勝利機會。——山東失去後，不惟小明王的都城安豐保不住，連元璋的根本重地應天也岌岌可危。元璋幾年來的安定和發展，全靠小明王大軍在北邊掩護，隔離元朝主力，如今局面突變，要直接和元朝大軍接觸，估計軍力對比，相差太遠，實在抵擋不住。兩次派代表去見察罕，送上重禮和親筆信，要求通好，預伏一筆，以爲將來地步。這時察罕正在圍攻益都（今山東益都），紅軍奮死抵抗，元璋料益都一時不致失陷，察罕在肅清山東之前還沒有餘力來進攻安豐，才敢趁這間隙，西攻陳友諒。察罕的代表戶部尚書張昶帶了御酒，八寶頂帽，和任命元璋爲榮祿大夫江西等處行中書省平章攻事的宣命詔書，於龍鳳八年，（元至正二十二年，公元一三六二年）十二月由江西到應天。其時察罕已被田豐刺殺，子擴廓帖木兒繼爲統帥。不久又得到情報，擴廓和另一大將孛羅帖木兒在搶地盤，打得正熱鬧，眼見得元軍不會南伐了，越發定下心，斷了投降的念頭，仍然作宋朝的吳國公。⑬

當察罕的代表帶著元朝官誥到應天的時候，甯海人葉兌寫信給元璋，勸不要受元朝官爵，自創局面，立基業，並且指出軍略步驟說：

愚聞取天下者必有一定之規模，韓信初見高祖，畫楚、漢成敗，孔明臥草廬，與先主論三分形勢是也。今之規模，宜北絕李察罕，南併張九四，撫溫台，取閩越，定都建康，拓地江廣，進則越兩淮以北征，退則畫長江而自守。夫金陵古稱龍蟠虎踞，帝王之都，藉其兵力資財，以攻則克，以守則固，百察罕能如吾何哉！江之所備，莫急上流，今義師已克江州，足蔽全吳，況自滁和至廣陵（今江蘇江都），皆吾所有，匪直守江，兼可守淮也。張氏傾覆，可坐而待，淮東諸郡，亦將來歸。北略中原，李氏可併也。今聞察罕妄自尊大，致書明公，如曹操之招孫權，竊以元運將終，人心不屬，而察罕欲效操所為，事勢不侔。宜如魯肅計，定鼎江東，以觀天下之釁。此其大綱也。

至其目有三：張九四（士誠），之地，南包杭紹，北跨通泰，而以平江（今江蘇吳縣），為巢穴。今欲攻之，莫若聲言掩取杭紹湖秀，而大兵直搗平江。城固難以驟拔，則以銷城法困之：於城外矢石不到之地，別築長圍，分命將卒，四面立營，屯田固守，斷其出入之路；分兵略定屬邑，收其稅糧以贍軍中。彼坐守空城，安得不困？平江既下，巢穴已傾，杭越必歸，餘郡解體，此上計也。張氏重鎮在紹興，紹興懸隔江海，所以數攻而不克者，以彼糧道在三江斗門也。若一軍攻平江，斷其糧道，一軍攻杭州，斷其援兵，紹興必拔。所攻在蘇杭，所取在紹興，所謂多方以誤之者也。紹興既拔，杭城勢孤，湖秀風靡，然後進攻平江，犂其心腹，江北餘孽隨而瓦解，此次計也。

方國珍狼子野心，不可馴狎。往年大兵取婺州，彼即奉書納款。後遣夏煜陳顯道招諭，彼復狐疑不從。顧顯使從海道報元，謂江東委之納款，誘令張昶齎詔而來，且遣韓叔義為說客，欲說明公奉詔。彼既降我而反欲招我降元，其反覆狡獪如是，宜興師問罪。然彼以水為命，一聞兵至，挈家航海，中原步騎，無如之何。夫上兵攻心，——彼言甯越（即婺州）既平，即當納土，不過欲款我師耳。——攻之之術，宜限以日期，責之歸順。彼自方國璋之沒，自知兵不可用。又叔義還稱義師之盛，氣已先挫。今因陳顯道以自通，正可脅之而從也。事宜速，不宜緩。宣諭之後，更置官吏，拘其舟艦，潛收其兵權，以消未然之變，三郡可不勞而定。

福建本浙江一道，兵脆城陋，兩浙既平，必圖歸附，下之一辯士力耳。如復稽遲，則大兵自溫處入，奇兵自海道入，福州必克。福州下，旁郡迎刃解矣。威聲已震，然後進取兩廣，猶反掌也。⑭

葉兌指出張昶齎詔，是方國珍假托元璋名義請來，斥爲「反覆狡獪」，其實是冤枉的。千眞萬確，請張昶來的是元璋自己，「反覆狡獪」的不是別人，恰恰是葉兌叫作明公的朱元璋。不過他所計劃的攻取計略，倒是面面都到，確有見識，元璋心服，要請作官，推卻不肯，辭回家鄉。後來幾年平定東南和兩廣的規模次第，果然和他所說的差不多。

小明王從稱帝以後，凡事由劉太保作主張。領兵在外的大將，原來都是福通的同伴平輩，不大聽調度，軍隊數量雖多，軍令不一。佔的地方雖大，不久又被元軍收復。有的大將打了敗仗，不願受處分，索性投降敵人，翻臉打紅軍；有的前進太遠太突出了，完全被敵人消滅；其餘又被察罕帖木兒和孛羅帖木兒兩支地主軍打垮了。只剩下山東一部軍力，作安豐的掩護。到益都被擴廓包圍以後，劉福通親自率軍救援，大敗逃回。益都陷落後，安豐孤立。龍鳳九年二月，張士誠的大將呂珍乘機攻圍安豐，城裏糧食吃完，糧道斷絕，不但人吃人，甚至吃腐爛的屍首，和人油炸泥丸子。劉大保情勢危急，派人到元璋處徵兵解圍。

在元璋出兵之前，劉基極力阻止，以爲大兵不宜輕出，如果救駕出來，作何安置？不如讓呂珍解決了，借刀殺人，落得省事。而且陳友諒在背後，萬一乘虛來攻，便進退無路。元璋則以安豐失守，應天失去屏蔽，從軍事觀點說，不能不救，遂親自統兵出發。劉太保趁黑夜大雨突圍逃出，元璋擺設鑾駕繖扇，迎小明王暫住滁州，臨時創造宮殿，把皇宮裏的左右宦侍都換上自己人，供養極厚，防護極嚴。小明王名爲皇帝，其實是俘虜，受元璋的保護。⑮

三月十四日，小明王內降制書，封贈元璋三代：曾祖九四資德大夫江西等處行中書省右丞上護軍司空吳國公，曾祖母侯氏吳國大人；祖初一光祿大夫江南等處行中書省平章政事上柱國司徒吳國公，祖母王氏吳國夫人；考五四開府儀同三司上柱國軍國重事中書右丞相太尉吳國公，妣陳氏吳國夫人。⑯

當元璋出兵安豐的時候，陳友諒果然乘機進攻，以大兵包圍洪都（今江西南昌），佔領吉安、臨江、無為州。這回倒真正是兩線夾攻，雖然張士誠還不明白。漢軍規模比上次更大：友諒看著疆土日漸減小，氣忿不過，特造大艦，高幾丈，簇新的丹漆，上下三層，每層有走馬棚，上下層說話都聽不見，載著家小百官，空國而來，號稱六十萬。洪都守將朱文正死守，友諒用盡攻城的方法，文正也用盡防禦的方法。八十五天的激戰，城牆攻破了幾次，敵兵湧進，都被火銃擊退，連夜趕修工事，攻城守城的人都踩著屍首作戰。一直到七月，元璋親統二十萬大軍來救，友諒才解圍，掉過頭來，到鄱陽湖迎戰。

這一次水戰，也許是中國有史以來規模最大的一次。兩軍主力苦戰到三十六天之久。這一戰的結局，決定了兩雄的命運。

在會戰開始前四天，元璋留下伏兵，把鄱陽湖到長江的出口封鎖，堵住敵人的歸路，關起門來打。兩軍的形勢，一邊號稱六十萬，一邊是二十萬。水軍船艦，友諒的又高又大，聯舟佈陣，一連串十幾里。元璋的都是小船，要仰著頭才能望見敵人，兩下一比較，就顯得渺小可憐。論實力和配備，都是元璋方面居劣勢。但是，他也有便宜處。就士氣說，友諒大軍在南昌頓挫了三個月，寸步進不得，動搖了必勝的信心。元璋方面則千里救危城，生死關頭決於一戰，情緒大不相同。就船艦說，數十條大艦聯在一起，轉動不便；小船進退自如，運用靈活，在體積方面是劣勢，運動方面卻佔優勢。就指揮而論，元璋有經驗豐富的幕僚，作戰勇敢的將帥，上下一心，友諒性情暴躁多疑，將士不敢貢獻意見，發生內部裂痕。更重要的是補給，元璋軍隊數量少，有洪都和後方源源接濟；友諒軍的後路被切斷了，糧盡士疲，失去鬥志。

元璋軍的主要戰術是火攻，用火炮焚燒敵方的大艦，用火藥和蘆葦裝滿幾條船，敢死隊駛著，衝入敵陣，點起火來，和敵方幾百條戰艦同歸於盡。接戰時分水軍爲十二隊，火銃長弓大弩分作幾層，先發火銃，再射弓弩，最後是白刃戰。短兵相接，喊殺震天，從這船跳到那船，頭頂上火箭炮石交飛，眼睛裏一片火光，一團刀影，湖面上是漂流著的屍首，在掙扎著的傷兵，耳朵裏是轟隆的石炮聲，劈拍的火銃聲。友諒船紅色，元璋船白色，一會兒幾十條白船圍著紅船，一會兒又是紅船圍著白船，一會兒紅船白船間雜追趕。有幾天白船像是佔了上風，又幾天紅船又得優勢。元璋激勵將士苦戰，多少次身邊的衛士都戰死了，坐艦被炮石打碎，換了船擱淺動不得，險些被俘。一直打到最後幾天，友諒軍已經絕糧，右金吾將軍建議燒掉船，全軍登陸，直走湖南，左金吾將軍主張再戰，友諒同意走陸路的辦法。左金吾將軍怕得罪，領軍來降，右金吾將軍看情形撐不住了，也跟著投降。友諒軍力益加減削，決定退兵，打算衝出湖口，不料迎面又是白船，前後受敵。友諒正要親白看明情勢，決一死戰，頭才伸出船窗外，被飛箭射死，全軍潰敗。部將保著友諒屍首和太子陳理，連夜逃回武昌。⑰

戰事的勝利，取決於最後一分鐘，造成陳軍潰敗的是友諒的戰死。元璋雖然勝利，可是也險極了，始終弄不清是誰射死友諒的。第二天，元璋焚香拜天，慰勞將士，答應將來天下一家，和巴都兒⑱們共享富貴。作大官。⑲後來又對劉基說：「我眞不該到安豐去，假如友諒趁我遠出，應天空虛，順流而下，我進無所據，退無所依，大事去矣。幸而他不直攻應天，反而去圍南昌，南昌守了三個月，給我充分時間和機會。這一仗雖然打勝，可是眞夠僥倖的了。」⑳

運氣特別照顧元璋，他怕察罕帖木兒的兵威，正接洽投降，察罕被刺殺了。擴廓準備南征，又和孛羅帖木兒搶地盤，打得難解難分。陳友諒第一次約張士誠夾攻，張士誠遲疑誤了事。第二次張士誠圍安豐，陳友諒不取應天而圍南昌，又被流矢射死。上天眞是太眷顧了！他這樣想著，越想越有理，再發展下去，就想成「天命有歸了」，從此一心一意秉承上天的付託，作長遠的廣大的計劃。㉑計劃的第一步是稱王，稱王是不成問題的，小明王在保護之下，寫一道聖旨派人送去蓋印就成。問題是在稱什麼王呢，張士誠在九月間已經自立爲吳王了，應天正是孫權吳國的都城，而且幾年前民間就有一個童謠說：「富漢莫起樓，貧漢莫起屋，但看羊兒年，便是吳家國。」㉒爲著這句話，非稱吳王不可。龍鳳十年（元至正二十四年，公元一三六四年）正月，元璋自立爲吳王，設置百官，以李善長爲右相國，徐達爲左相國，常遇春俞通海爲平章政事，立長子標爲世子。㉓發佈號令，用「皇帝聖旨，吳王令旨」的名義。㉔同時有兩個吳王，民間叫士誠作東吳，元璋作西吳。㉕軍隊服裝原先只是用紅布作記號，穿的五顏六色，也給畫一了。規定將士戰襖戰裙和戰旗都用紅色，頭戴闊簷紅皮壯帽，插猛烈二字小旗。攻城繫拖地棉裙，取其虛胖，箭射不進去。箭鏃開頭是銅作的，現在疆土廣了，有了鐵礦，改用鐵的。並且大批製造鐵甲、火藥、火銃、石礮，武器越發犀利耐用。㉖

二月，元璋親率水陸大軍征武昌，陳理請降，立湖廣行中書省。到年底，友諒疆土，漢水以南，贛州（今江西贛縣）以西，韶州（今廣東曲江）以北，辰州（今湖南沅陵）以東，都爲元璋所有，夠得上說是「廣土衆民」了。㉗

---

① 權衡庚申外史，葉子奇草木子，俞本紀事錄，明太祖實錄七十五。（里仁案：作者在第四修時已改正爲彭瑩玉打到杭州，由於軍力孤單，大敗戰死。）

② 草木子克謹篇。

③ 陶宗儀輟耕錄二十八。

④ 姚桐壽樂郊私語。

⑤ 草木子克謹篇。
⑥ 錢謙益國初羣雄事略三，天完徐壽輝，明史陳友諒傳。
⑦ 明太祖實錄八。
⑧ 宋濂平漢錄，國初禮賢錄。
⑨ 宋濂平漢錄，明太祖實錄八。
⑩ 宋濂平漢錄，國初禮賢錄。
⑪ 俞本紀事錄。
⑫ 明太祖實錄九。
⑬ 劉辰國初事蹟，記事錄，明太祖實錄九，國初羣雄事略一宋小明王。
⑭ 明史一三五葉兌傳。
⑮ 國初事蹟，記事錄。
⑯ 國初羣雄事略一引龍鳳事蹟。郎瑛七修類稿七引朱氏世德碑，作「淮南等處中書省左丞相」，「江西等處中書省右丞相」「錄軍國重事平章右丞相」。餘同。
⑰ 明太祖實錄十二，宋濂平漢錄，國初羣雄事略四漢陳友諒，明史一二三陳友諒傳。
⑱ 即拔都，巴圖魯，蒙古話勇士的意思。

⑲俞本紀事錄。
⑳國初事蹟。
㉑同上。
㉒庚申外史上，元史五十一五行志二，錢謙益太祖實錄辨證一。
㉓明太祖實錄十四。
㉔陶安陶學士文集，祝允明九朝野記。
㉕國初羣雄事略七引月山叢談。
㉖國初事蹟。
㉗明太祖實錄十四。

(二) 取東吳

陳友諒兵強地廣，雄踞長江上流，用獅子搏兔全力，要吞併朱元璋，結果反被消滅。西線無戰事了，元璋的第二個目標，便是東吳張士誠。

元末羣雄，分作兩個系統：一是紅軍系，一是非紅軍系。紅軍系分東西兩支，東支以淮水流域作中心，小明王是東支的共主，郭子興是濠泗滁和一帶的頭目，子興死，朱元璋代起，日漸強大。

西支以漢水流域作中心，從徐壽輝到陳友諒，以及壽輝部將割據川陝的明玉珍。非紅軍系如東吳張士誠，浙東方國珍。紅軍系有政治目標，有民族思想，和蒙古政府無法妥協，勢不兩立。（當然，這只是指領導的集團而說，朱元璋的動搖、投機，乃由於他不但不是領導集團的人，而且根本對革命沒有明確的認識。）非紅軍系便不同了，起事的動機是個人的，無原則，也無終極的目標，蒙古政府招撫的條件合適就投降，不滿意再背叛，每反覆一次，地位就更高，地盤更擴大，向蒙古政府討價錢的資本也愈大。

張士誠反反覆覆，元至正十三年（公元一三五三年）請降，元淮南江北行省授以民職，不久，又反。十四年自稱誠王，國號大周。十七年八月又降元朝，授官太尉。元朝招降士誠，是爲了糧運，大都缺食，支持不下去。幾年來元江浙右丞相達識帖木兒，千方百計派人勸士誠歸附，一直到士誠西線連失長興常州江陰常熟等重要軍略據點，弟士德爲元璋所擒（士德有勇有謀，禮賢下士，幫助士誠創基立業，被俘後，秘密帶話，勸士誠降元，被殺），東邊苗軍楊完者在嘉興，也不好惹，士誠兩面受敵，才不得已受元朝官爵。①達識帖木兒作主，士誠出糧，方國珍出船，接濟大都。兩人心裏都懷著鬼胎，一個怕方國珍吞沒糧食，一個怕船出海去了，張士誠乘虛進攻，互相猜疑。達識兩面解釋，費了多少事，從二十年到二十三年算是每年運了十幾萬石。楊完者軍隊紀律極壞，仗著有兵，不聽達識約束，達識和士誠暗地定計，攻殺完者，苗軍將士大部投降元璋。完者一死，達識沒有軍隊支持，政權也跟著失去了，事事受士誠挾制。士誠名雖爲元，一意擴充地盤，接收苗軍防區，逐出稱雄淮西的趙均用，六七年功夫，疆域南到杭州紹興，北到濟寧（今山東濟寧），西達汝潁濠泗，東邊到海，有地二千餘里。二十三年九月又自立爲吳王，毒殺達識，元朝徵糧，再也不肯答應了。②

士誠所佔地方是糧食產地，又有魚鹽之利，人口衆多，最爲富庶。他生性遲重，不多說話，待人誠懇寬大，沒有一定主見，大將大臣們都是當年兄弟，有福同享，作錯事打敗仗，不忍心十分責備。大家都蓋大房子，修園池，養女優，搜古董，成天宴會歌舞，懶得管事。甚至出兵時，也帶著妓女清客解悶，損兵失地，反正落不到什麼罪過。從龍鳳二年（公元一三五六年，元至正十六年）起和元璋接境，便互相攻伐，士誠要搶回失地，元璋進攻杭州紹興，都佔不到便宜，邊境上沒有一時安閒。直到朱元璋從武昌凱旋以後，集中軍力，進攻東吳，局面才發生變化。③

元璋對士誠的攻勢，分作三個步驟：第一步攻勢起於龍鳳十一年十月，攻擊目標是東吳北境淮水流域。到十二年四月間，半年工夫完成預定任務，使東吳的軍力跼躅於長江之南。

第二步攻勢起於十二年八月，分兵兩路進攻湖州杭州，切斷東吳的兩隻臂膀。到十一月間湖杭守軍投降，造成北西南三面包圍平江的局勢。

第三步攻勢是平江的攻圍戰。從十二年十二月到吳元年九月，前後一共十個月，才攻下平江，俘執士誠，結束了十年來的拉鋸戰。

除掉戰場上刀槍的廝殺，還有筆墨的戰爭。元璋於盡佔淮水各城之後，龍鳳十二年五月，以檄文列舉士誠罪狀，罵敵人如何如何不好。照古例總是二十四或十大罪狀，這裏勉勉強強湊成八條，而且有七條是罵不忠於元、詐降、不貢錢糧、害達識丞相和楊完者，只有第八條才是正文，「誘我叛將，掠我邊民。」其實西吳對東吳，豈止誘叛將，掠邊民而已，還派遣過大批間諜詐降，圖謀裏應外合呢。④元璋數說的罪狀，不看上下文，讀者一定會誤解爲元朝政府的討伐令。更有意思的是：替敵人罵敵人的敵人倒也罷了，檄文中還詳細說元末形勢，和自己起兵經過，這裏不但攻擊元朝政府，連他自己的紅軍也破口大罵，指斥爲妖術、妖言，否定彌勒佛，打擊燒香黨了。檄文說：⑤

> 皇帝聖旨：吳王令旨：⑥總兵官准中書省咨：敬奉令旨：蓋聞⑦伐罪救民，王者之師，考之往古，世代昭然。軒轅氏誅蚩尤，殷湯⑧征葛伯，文王伐崇，三聖人之起兵也，非富天下，本為救民。近覩有元之末，主居深宮，臣操威福，官以賄成⑨，罪以情免，憲台⑩舉親而劾讐，有司差貧而優富。廟堂不以為慮⑪，方添冗官，又改鈔法，役數十萬民⑫，湮塞黃河，死者枕籍於道，哀苦聲聞於天。致使愚民⑬誤中妖術，不解偈言⑭之妄誕，酷信彌勒之真有，冀其治也，以甦困苦⑮，聚為⑯燒香之黨，根據汝穎，蔓延河洛。妖言既行，兇謀遂逞，焚蕩城郭，殺戮士夫，荼毒生靈，千端⑰萬狀。元以天下兵馬錢糧大勢而討之，⑱略無功效，愈見猖獗，然而終不

能濟世安民。⑲是以有志之士，旁觀熟慮，乘勢而起，⑳或假元氏為名，或託香軍㉑為號，或以孤兵自立，㉒皆欲自為。由是天下土崩瓦解。

予㉓本濠梁之民，初列行伍，漸至提兵。灼見妖言，不能成事，㉔又度胡運，難與立功㉕，遂引兵㉖渡江。賴天地祖宗之靈，及將帥㉗之力，一鼓而有江左，再戰而定浙東。陳氏㉘稱號，據我上游，㉙爰㉚興問罪之師。彭蠡交兵，元惡授首。父子兄弟㉛，面縛輿櫬，既待以㉜不死，又封以列爵㉝。將相皆置於朝班，民庶各安於田里。荊襄湖廣，盡入版圖。雖德化未及，而政令頗脩。

惟茲姑蘇張士誠，為民則私販鹽貨，行劫於江湖，兵興㉞則首聚兇徒，負固於海島，其罪一也。又恐海隅一區，難抗天下全勢，詐降於元，坑其參政趙璉，囚其待制孫撝，其罪二也。厥後掩襲浙西，兵不滿萬數，地不足千里，僭號改元，其罪三也。初寇我邊，一戰生擒其親弟，再犯浙省，楊矛㉟直擣其近郊，首尾畏縮，乃又詐降於元，其罪四也。陽受元朝之名，陰行假王之令，挾制達丞相，謀害楊左丞，其罪五也。㊱占據江浙㊲錢糧，十年不貢，其罪六也。知元綱已墜，公然害其丞相㊳達識帖木兒、南台大夫普化帖木兒：其罪七也。恃其地險食足，㊴誘我叛將，掠我邊民，其罪八也。凡此八罪，有甚於㊵蚩尤葛伯崇侯，雖黃帝湯文與之同世，亦所不容，理宜征討，以靖天下，以濟斯民。㊶爰命中書左丞相徐達率領馬步官軍舟師，水陸並進，㊷攻取浙西諸處城池。已行戒飭將軍[43]，征討所到，殲厥渠魁，脇從罔治，備有條章[44]。凡我[45]逋逃居民，被陷軍士，悔悟來歸[46]，咸宥其罪。其爾張氏臣寮，果能明識天時，[47]或全城附順，或棄刃投降，名爵賞賜，予所不吝。[48]凡爾百姓，果能安業不動，即我良民，舊有田產房舍，仍前為主[49]，依額納糧，[50]餘無科取，使汝等永保鄉里，以全室家。此興師之故也。敢有千百相聚，旅拒王師者，即當移兵剿滅，遷徙宗族於五溪兩廣，永離鄉土，以禦邊戎[51]。凡予之言，信如皎日，咨爾臣庶，毋或自疑。故此[52]，除敬遵外，咨請施行。准此，合行備出文牓曉諭，故依令旨事意施行。所有文牓，須議出給者。[53]

龍鳳十二年五月二十二日本州判官許士傑齎到[54]。

和這篇著名的檄文同時，還有性質相同的一道宣諭徐州吏民的告文說：

近自胡元失政，兵起汝穎，天下之人以為豪傑奮興，太平可致。而彼惟以妖言惑衆，不能上順天意，下悅民心，是用自底滅亡。及元兵雲集，其老將舊臣，雖有握兵之權，皆無戡亂之略，師行之地，甚於羣盜，致使中原板蕩，城郭丘墟，十有餘年，亂禍極矣。[55]

綜合說來，一筆抹殺紅軍的革命意義，罵他們「兇謀」，「放火」，「殺人」，尤其是殺戮士大夫，千條萬條罪狀，簡直是罪大惡極。正式聲明對紅軍的看法，鄭重否定自己今天以前的全部事業，更引經據典，拿軒轅成湯文王來比附，解釋起兵是爲了救民，戴上爲人民的帽子。——就這而論，朱元璋眞正不愧是明敎的叛徒。從對元朝的態度說，惋惜元軍戡亂之略無功效；倒過來，元朝以天下兵馬錢糧大勢，再加上有戡亂之略的老將舊臣，上順天意，下悅民心，他是會替胡元「立功」，共同戡亂的。——就這點而論，文字上的輕重抑揚，留下一個地步，萬一情況不利，胡運復興，借這由頭倒到蒙古大汗脚下，還可不失富貴，表現了他是不折不扣的騎牆主義者。兩篇文字，充滿了儒家的色彩，可以明白看出這是劉基宋濂等人的策略，甚至可能出於他們的手筆。這一地主儒生羣幾年來的作用，到這時才具體化，紅軍的將領都已死亡，軍隊沒有了，小明王成爲應天的傀儡，甚至被拘囚了，自然應該一脚踢開紅軍招牌，自己建立新系統，來爭取地主巨紳的支持，士大夫的同情擁護。這兩篇文字把元璋的一生切作兩截，前半截是貧農和窮人的頭目，此刻則搖身一變，成爲地主巨紳的保護人，儒家的護法，過去要破壞現存秩序，此後則一轉而爲最保守最頑強的現狀維持派了。

這年年底，元璋派大將廖永忠到滁州迎接小明王劉太保，到瓜州渡江，在江心把船鑿沉，永忠逕回應天覆命，小明王、劉福通死，宋亡。㊻從此以後，元璋不再提龍鳳的話，連當年鎭江西城的打敗東吳紀功碑，因爲有龍鳳年號，也搥毀了。㊼文書上的龍鳳史料，更是是消毀得一乾二淨。元璋死後所編的明太祖實錄，不提元璋和龍鳳臣屬關係一字。這一段歷史被湮滅，被曲改了幾百年，成為最有啓發性的歷史公案。

元璋對東吳的第二步攻勢，動員了二十萬大軍。統帥是大將軍徐達，副將軍常遇春。在出師前商討戰略，常遇春堅決主張直取平江，以為巢穴既破，其餘諸郡可以不費力氣佔領。元璋卻決定採用葉兌的次策，指出：「士誠出身鹽梟，和湖杭諸郡守將都是愍不畏死之徒，同甘共苦。如先攻平江，湖杭守軍必然齊心併力，來救老家，軍力集中，不易取勝。不如想法分散他的兵力，先取湖杭，士誠無法援救，個別擊破，枝葉一去，根本動搖，使士誠來回兜圈，疲於奔命，必然可以成功。」遂分兵攻圍湖州杭州，元璋親自誓師，丁寧囑付，攻進城時不要燒房子，不要殺掠，不要挖墳，尤其是張士誠母親的墳，千萬不可侵毀，免得刺激東吳人民，增加抵抗心理。㊿58

第三步攻勢，應用葉兌的鎖城法，築長圍把平江圍困住，用火銃襄陽炮成日夜轟擊。士誠外無救兵，內無糧草，突圍又失敗了，元璋送信招降，再使說客勸告，一概不理。城破時親自率兵巷戰，看到實在無辦法了，一把火燒死妻子眷屬，飲酖自殺，被侍者勸阻。西吳兵已到府中，俘送應天。在船上閉眼不說話，不肯進食。元璋問話不理，李善長問話，挨了罵。元璋氣極，一頓亂棍打死，連屍首都燒成灰。59

李伯昇是士誠十八兄弟之一，同時起事，官為司徒，平江危急，使說客說降的是他，首先投降

的是他，把士誠交給常遇春的也是他。平江人記住這個故事，凡是出賣朋友的就叫作「李司徒」。⑥⓪

士誠晚年不大管事，國事全由其弟丞相士信主持。士信荒淫無見識，信用姓王姓蔡姓葉的三個參謀，弄權舞弊，政治軍事弄得一團糟。元璋聽得這情形，對人說：「我一向無一事不經心，尚被人欺。張九四一年到頭不出門理事，豈有不敗的道理！」東吳的百姓有一個民謠道：「丞相做事業，專靠黃蔡葉，一朝西風起，乾癟！」⑥①

平江合圍後，元璋又遣將攻討方國珍。

方國珍在羣雄中最先起事，最後被解決，在浙東稱雄了二十年。

台州黃岩（今浙江黃岩），靠近海邊，人多地少，田主極神氣，佃戶碰見田主，連作揖都不敢，讓路站在旁邊，等田主走過來才敢行動。貴賤等分一點也不能錯過。方國珍四兄弟，父親是佃戶，看父親對田主必恭必謹的樣子，非常氣忿。到長大了，就問父親：「田主也是人呀！爲什麼要怕他，恭謹到這步田地！」父親告訴他們：「靠了田主的田，才能養活你們。怎麼敢失禮？」國珍很不服氣。父親死後，靠著人力興旺，成天勞作，漂海販鹽，家道日漸寬裕。釀好酒等田主來討租米，一天，果然田主帶著一羣管事的來了，國珍殷勤管待，大碗酒，大塊肉，把客人灌醉了，亂刀切成肉醬，胡亂丟在酒甔裏。日子久了，露出風聲，官府派人來拘捕，把來人掃數殺光。地方官急了，親日領人來拿，索性把地方官也殺了。闖下大禍，一家子逃入大海，結集了幾千人，四處搶劫。⑥2打敗官軍，連將官都俘虜了。受招安作定海尉，不久又反，俘獲元朝大將，又投降作大官。如此時降時反，到至正十七年（公元一三五七年），一直做到浙東行省參知政事海道運糧萬戶，以慶元（今浙江寧波）爲根據地，兼領溫州台州，佔有浙東沿海一帶，水軍千艘，靠著漁鹽的豐富資源，兄弟子姪全作大官，心滿意足，只想保住這份產業。⑥3

元璋攻取婺州後，和國珍鄰境相望。國珍兵力弱小，北有張士誠，南有陳有定，都不大和洽，兒元璋兵盛，不敢得罪，送金銀送綢緞，受官誥，送兒子作質，願獻出三郡，只是不肯奉龍鳳正朔。同時又替元朝運糧，兩面討好。到朱元璋得杭州後，國珍更加害怕，北通擴廓帖木兒，南聯陳有定，打算結成犄角的形勢，來抵抗元璋。萬一敵不過，好在有多數的海船，載著金銀財寶，奔入大海，也還夠一輩子享用。

元璋的攻勢分水陸兩路，陸路軍進佔台州溫州，直取慶元。國珍逃入海中，爲水軍所敗。走頭無路，哀辭求降。從進攻到凱旋，前後不過三個多月。⑥4

這一年，韓林兒已死，不能再用龍鳳年號，也犯不著用元至正二十七年來紀年。照甲子說是丁未年，未年屬羊，童謠不是說「但看羊兒年，便是吳家國」嗎?東吳已在包圍中了，爲著再一次應童謠，元璋創立了一個新辦法，下令以吳紀年，叫這年爲吳元年。

①陶宗儀輟耕錄二十九，元史達識帖木兒傳，忠義傳。

②輟耕錄八，明太祖實錄卷二十，吳寬平吳錄。

③明太祖實錄卷二十，平吳錄，逸名農田餘話。

④俞本紀事錄：「龍鳳五年，上選衞士三十侍左右，選得十三人，佯稱得罪於上，私降張氏，士誠配以妻，撫之甚厚。不逾月同行周海首之，俱斬于虎丘山下。吳元年克蘇州，擒海歸，凌遲以降方德成等十三人。」

⑤檄文全文見吳寬平吳錄，祝允明前聞記，野記卷一，陸深續停驂錄四書。明太祖實錄和明史太祖本紀都不載。前聞記和平吳錄的文字不同處很多，有事後改竄的，如元璋在發此檄文時爲吳王，皇帝指小明王，前聞記元璋自稱朕，平吳錄稱予稱我，顯然平吳錄是比較可靠的。也有些地方如紅軍，前聞記作香軍，平吳錄作鄉軍，今據前聞記。各本異文，並校註於後，以便參考。

⑥平吳錄續停驂錄無此二句。

⑦續停驂錄、野記作「予聞」。平吳錄無此二字。

⑧續停驂錄作「成湯」。

⑨野記作「賄求」。

⑩野記、續停驂錄、平吳錄作「台憲」。

⑪續停驂錄作「憂」。

⑫平吳錄作「役四十萬人」，野記作「役數十萬人」。

⑬野記、前聞記作「不幸小民」。

⑭野記、前聞記作「其言」。

⑮續停驂錄作「以蘇其苦」，平民錄作「以甦其苦」。

⑯野記作「聚其」。

⑰續停驂錄、野記、平吳錄作「無端」。

⑱續停驂錄作「錢糧兵馬」，平吳錄作「元以天下錢糧兵馬而討之」。

⑲續停驂錄無「然而」二字，野記、前聞記作「然事終不能濟世安民」。

⑳平吳錄無此四字。

㉑野記、平吳錄作「鄉軍」。

㉒續停驂錄作「孤軍獨立」，平吳錄作「孤兵獨立」。

㉓前聞記作「朕」。續停驂錄作「余」。

㉔平吳錄作「終不能成事」。

㉕平吳錄作「成功」。
㉖平吳錄作「令兵」。
㉗平吳錄作「將帥」，其他三本作「將相」。
㉘前聞記作「陳氏」。
㉙野記作「爰據上游」。
㉚續停驂錄無「爰」字。
㉛續停驂錄、平吳錄作「其父子兄弟」。
㉜前聞記作「待之」。
㉝平吳錄作「官爵」。
㉞續停驂錄作「興兵」。
㉟續停驂錄、野記作「楊苗」。
㊱平吳錄此款作第六罪，下條作第五罪。
㊲續停驂錄、平吳錄作「浙江」。
㊳平吳錄作「江浙丞相」。
㊴平吳錄無此句。

㊵續停驂錄作「尤甚於」，野記作「又甚於」。
㊶續停驂錄作「以安斯民」，平吳錄作「以拯天下」，野記作「以濟生民」。
㊷前節記、野記作「左相國」，續停驂錄、前聞記作「總率馬步舟師，分道並進」。
㊸平吳錄作「嘗戒軍士」。
㊹平吳錄無此四字。
㊺前聞記、野記作「凡有」。
㊻平吳錄無此四字。
㊼續停驂錄作「明哲識時」。
㊽自其爾至不吝一段，平吳錄無，但在下文「以禦邊戎」後，作「果有賢哲，或全城歸附，或棄職來降，予賚賞賜，非所敢吝。」
㊾續停驂錄作「爲生」。
㊿平吳錄作「其爾人民，果能復業，即我良民，舊有房舍田土依額納糧」。
51平吳錄作「邊疆」。
52野記作「欽此」，是後來人刪改的。平吳錄作「故榜」。
53這一段，續停驂錄作「除敬遵外，合備榜曉諭通知，須至榜者」。

54 平吳錄、續停驂錄無此。

55 明太祖實錄十六。

56 權衡庚申外史、朱權通鑑博論，高岱鴻猷錄宋事始末，潘檉章國史考異十六。

57 劉辰國初事蹟。

58 明太祖實錄卷十六。

59 俞本紀事錄，明太祖實錄二十，吳寬平吳錄。

60 錢謙益國初羣雄事略七引治城客論。

61 明太祖實錄二十，吳寬平吳錄，明史卷三十五行志。實錄文字有不同：「黃蔡葉，作齒頰，一夜西風來，乾厭。」

62 黃溥閒中今古錄。

63 國初羣雄事略八方國珍。

64 葉子奇草木子克謹篇，國初事蹟，明史一二三方國珍傳。

㈢ 南征北伐

朱元璋出軍征服方國珍，同時決定了南征和北伐的大計。

吳元年（元至正二十七年，公元一三六七年）九月間，元璋保有的疆土，大體上據有現在的湖北、湖南、河南東南部和江西、安徽、江蘇、浙江，包括漢水流域和長江下游，是全中國最富庶繁盛，人口密度最高的區域。

南部除元璋以外，分作幾個軍事單位。以四川爲中心的是夏國明玉珍。玉珍本來是西系紅軍徐壽輝的部將，奉命入川略地，壽輝被弒，自立爲隴蜀王，以兵守瞿塘，和陳友諒斷絕來往。至正二十二年（公元一三六二年）即皇帝位於重慶，建國爲夏，年號天統。二十六年病死，子明昇繼位。①雲南有元宗室梁王鎮守。兩廣也是元朝的勢力。福建陳有定雖然跋扈，仍然向元朝效忠。元璋見夏國主幼兵弱，雲南太遠，暫時可以放開。最近的目標是福建和兩廣。

北部在表面上屬於元朝，情形更複雜。粗枝大葉地分析，山東是王宣的防地，河南屬擴廓帖木兒，關內隴右則有李思齊張良弼諸軍。擴廓和李張二將不和，元璋用兵江浙，元朝幾個大將正在起勁內鬨，拚個你死我活。道理說不上，無非是爭軍權，搶地盤。打得發昏，誰也管不到大局，再夾上宮廷陰謀政變，越發糾纏不淸。雙方都在打算先安內而後攘外，勢均力敵，誰也得不到便宜。得便宜的是他們的公敵朱元璋，正應了古人「鷸蚌相爭，漁翁得利」的話。元璋趁元朝內部打得火熱，他便東征西討，擴大地盤，充實軍力。等到元璋北伐大軍兵臨城下，這幾個英雄才肯放手，停止互相殘殺，卻又不肯也不甘心合作，眼看著友軍一個個被個別擊破，終之是同歸於盡，大家完事。

元軍內閧的故事可以追溯到幾年以前。

紅軍起事後，元朝正規軍隊完全無用。眞正肯打仗的是義軍，是由地主巨紳所組織的保衞私家財產生命的地方民兵。義軍中最強大的有兩支，一支是起自沈丘（今河南沈邱）的察罕帖木兒和李思齊，幾年來連敗紅軍，重佔河北關陝，克汴梁，定河南，號令達江浙，屯重兵太行山，正預備大舉攻取山東時，和另一支義軍發生了衝突。②

另一支是以義丁和劉福通作戰有功，重佔襄陽亳州的答失八都魯。答失八都魯死，子孛羅帖木兒代其掌兵，移鎭大同。山西晉冀之地都由察罕帖木兒平定，察罕東征，孛羅帖木兒強佔晉冀，兩軍交戰幾年，元政府著急，屢次派人調停講和，到至正二十一年（公元一三六一年）雙方才答應停戰。察罕被刺，子擴廓帖木兒領兵平山東，孛羅又領兵來爭晉冀，內閧又起。③

同時還夾著元政府和宮廷的陰謀政變。

脫脫丞相貶死後，哈麻代爲宰相。地位高了，想想從前進西天僧，勸皇帝行秘密法，都是醜事，見不得人，說不出口。陰謀廢順帝立皇太子，事洩被殺。太子生母高麗奇皇后和太子都不喜歡順帝，仍舊陰謀廢立，使宦官朴不花和丞相太平接頭，太平不肯，太子懷恨，把太平也害死了。宮廷裏自然而然分爲兩派，丞相搠思監和朴不花幫太子，貴臣老的沙幫皇帝。太子派靠擴廓作外援，皇帝派只好拉攏孛羅。

老的沙怕皇太子暗害，逃奔孛羅軍中。皇太子怨孛羅收容仇人，搠思監朴不花就誣害孛羅和老的沙圖謀不軌，至正二十四年（公元一三五四年）四月詔令擴廓出兵討伐。孛羅知道聖旨是假的，先下手爲強，竟帶大軍進向大都，順帝殺搠思監、朴不花謝罪，孛羅才回師大同。太子失敗了，不甘心，逃出大都，再徵擴廓兵打孛羅，攻大同。孛羅還是老文章，又舉兵進攻大都，太子戰敗，逃到太原。孛羅入都，作中書右丞相。二十五年太子又調擴廓和諸路兵進攻，孛羅戰敗，被刺死於宮中，戰事結束，擴廓入都代爲丞相。

太子奔太原時，要仿效唐肅宗靈武故事，自立爲皇帝，擴廓不依。到擴廓入大都，奇皇后又使人來說，要擴廓帶重兵擁太子進宮，逼順帝讓位，擴廓又不肯。這樣，太子母子都恨死擴廓，結下深仇。擴廓在軍中久了，作不慣丞相，朝中大臣嫌他不是根脚官人，有點另眼相看，擴廓沒趣，自願出外帶兵，順帝封爲河南王，代皇太子親征。④

至正二十六年，擴廓回到河南，調度各處軍馬，用檄文調關中四將軍會師。李思齊得調兵劄，大怒，罵說「乳臭小兒，黃髮還沒退，敢來調我！我跟你父親同鄉里，同起義兵，你父親進酒，還三拜才喝，你在我面前連站脚處都沒有，居然稱總兵，敢命令我！」下令各部，一戈一甲不許出武關，王保保（擴廓原名）來見，則整兵殺之。張良弼、孔興、脫列伯三軍也不受節制。擴廓軍令不行，勃然大怒，把南征一事暫且放下，準軍關中攻李思齊。思齊等四人也會兵，盟於含元殿，合力抵抗。

兩軍相持連年，數百戰，不分勝負。順帝再三令擴廓停戰，一意南征，擴廓不聽。擴廓部將貊高帶的是孛羅舊部，半路上計議：「朝廷調我們打妖賊，如今卻去打李思齊，李思齊是官軍，官軍殺官軍，可不糊塗透頂？」逼貊高倒戈聲討擴廓，順帝也心忌擴廓兵權太重，不聽調度，太子從中挑撥，大臣們全說他壞話。順帝決策，下詔書解除擴廓兵權，部分兵歸諸將統率。特設撫軍院，以太子統帥全國軍馬，專防擴廓。⑤

元璋特別看重間諜機構，訓練了大批人員，又捨得花錢，偵探得上面說的詳細情形，決定利用時機，南征北伐同時並進。十月，以徐達爲征虜大將軍，常遇春爲副將軍，帥師二十五萬，由淮入河，北伐中原。胡廷瑞爲征南將軍，何文輝爲副將軍，取福建。湖廣行省平章楊璟、左丞周德興，取廣西。

取福建兵分三路，胡廷瑞、何文輝率步騎從江西度杉關爲正兵，湯和、廖永忠由明州（寧波）以舟師取福州爲奇兵，李文忠由浦城攻建寧爲疑兵。有定的根據地延平（南平）和福州犄角，建寧（建甌）則爲延平外線據點，駐有重兵。三路大軍分別出動，正兵使敵人以主力應戰，奇兵使敵人不測所以，疑兵分敵人兵力。

陳有定，福清人，農人出身，爲人沈著勇敢，講義氣，打不平，在地方上很有點聲望。西系紅軍進福建，有定站在地主方面，投效作民兵，立下戰功，升爲小兵官，佔領很多城池，積官到福建行省平章，鎮守閩中八郡，雖然威福自擅，刑賞在手，對元朝極爲恭順，年年運糧到大都。朱元璋佔婺州後，和有定接境。至正二十五年二月，有定進攻處州，爲西吳大將胡深所敗。深乘勝追擊，元璋調發江西駐軍南下。準備兩路會師，一舉攻下延平。吃虧的是胡深孤軍深入，太突出了，中伏被俘，爲有定所殺，平閩計劃受了挫折，暫時擱起。

方國珍投降，西吳水師乘勝南下。有定和元朝本部隔絕，孤立無援。福州建寧先後失守，延平被圍。城破，有定和僚屬訣別，服毒自殺不死，被俘到應天。元璋責備他攻處州，殺胡深的罪過，有定不屈，厲聲回答：「國破家亡，死就算了，何必多說！」元璋發明一種刑罰叫銅馬，就是古代炮烙之刑，拿有定來試驗，伏上一會兒全身都化成灰。有定的兒子也同時被殺。⑥

西吳從出兵到克服延平，費時四月，從克服延平到平定全閩，又費了八個月工夫。

平定兩廣的戰略，也是分兵三路，第一路楊璟、周德興由湖南取廣西。第二路陸仲亨由韶州（今廣東曲江）搗德慶，第三路是平閩的水師，由海道取廣州。第一路軍於吳元年十月出發，第二三路軍於洪武元年（公元一三六八年）二月出發。所遇抵抗以第一路軍爲最大。從衡州到廣西的進軍路線，第一個名城永州（湖南零陵），第二是全州（廣西全縣），都經過激烈血戰，才能佔領，進圍靖江，（廣西桂林）。第二路軍於三個月內平定北江和西江三角地帶，隔斷廣州和靖江的交通。第三路軍幾乎是沒有作戰，廖永忠的使者向元江西分省左丞何眞勸降，大軍到潮州，何眞就送上印章圖籍戶口，奉表歸附，廣州附近州縣不戰而下。廖沿西江入廣西，北上會合第一軍攻圍靖江。兩個月後，洪武元年六月，靖江城破。七月廣西平定。兩廣全歸元璋版圖。⑦

福建兩廣平定後，南部除掉四川雲南以外，都聯成一氣了。大後方的人力和財力，供給北伐軍攻無限的助力。

北伐軍的出發，事前經過元璋和劉基仔細商定了作戰計劃，再和諸將在軍事會議上研究決定。常遇春提出的作戰方案，是攻堅戰術，以為南方都平安了，兵力有餘，直取元都，以我百戰的精兵，來消滅元朝疲憊的兵力，非勝不可，到都城攻下後，分兵掃蕩，其他城池也可以不戰而下。元璋的看法正好相反，指出直攻大都的危險性，以為元朝建了上百年的都城，防禦工事一定很堅強，假定大軍孤軍深入，前有堅城，後邊補給線被切斷，元朝的援兵四面八方趕到，進不了，退不得，豈不壞事？不如用斫樹的法子，先去枝葉，再挖老根，先取山東，撤掉大都的屏風，回師下河南，斷掉它的羽翼，進據潼關，佔領了它的門戶，軍事要點都拿到手了，再進圍大都，那時勢孤援絕，自然不戰可取了。常遇春還是上次堅持直取平江的見解，以為巢穴根本一下，支幹自然不成問題，但沒有計較到孤軍深入，後方的交通線如何保持，萬一被切斷了，兵員和糧食的補充便陷於絕境，固然可以僥倖成功，但是太冒險了，非萬全之計。元璋的戰術穩紮穩打，步步擴大，佔領地和後方聯在一起，補給線在自己兵力控制之下，立於不敗之地，確是勝算。諸將都同聲說好。⑧

北伐軍的統帥部，也經過嚴密愼重的組織。在平陳友諒以前，諸將直接由元璋親自指揮，不相統率。有一次打了大勝仗，常遇春把漢的降兵全部殺死，徐達阻止不住，才派定徐達作大將軍，節制諸將。這次北伐大軍，關係更重大，徐達用兵持重，有紀律，尤其要緊的，是生性小心謹愼，聽話服從，靠得住，放得下心，任爲征虜大將軍，統帥全軍。常遇春摧鋒陷陣，所向無敵，當著百萬人軍，決不氣餒，勇敢先登，任爲副將軍。元璋擔心他健鬥輕敵，特別約束告誡，如大敵當前，以遇春作前鋒，和參將馮勝分左右翼，將精銳進擊。右丞薛顯、參政傅友德勇冠諸軍，使獨當一面。大將軍耑主中軍，責任是決定戰略，策勵諸將，不可輕動。⑨

元璋再三申明紀律，告諭將士以北伐意義，戰爭目的不止是略地攻城，重要的是推翻這個壞政府，解除人民痛苦。所經地方和打下的城子，不可亂殺人，不可搶財物，不要毀壞房屋，破損農具，勿殺耕牛，勿掠人子女，如今是堂堂正正的大軍了，以前的作風都得改掉。如有收留下的遺棄兒女，父母親戚來討，得立刻付還，不可措勒，壞了名氣。⑩

元璋是懂得宣傳的好處的，文字上口頭上的好話有時比刀槍還有力量。要使北方人民明白大軍北伐的意義，要解除北方官僚地主對紅軍的恐懼心理，和瓦解元軍的軍心士氣，火銃石炮沒有作用，有用的是宋濂的文章。宋濂奉命寫的告北方官吏人民的檄文說：

自古帝王臨御天下，皆中國居內以制夷狄，夷狄居外以奉中國，未聞以夷狄居中國治天下者也。自宋祚傾移，元以北狄入主中國，四海內外，罔不臣服，此豈人力，實乃天授。彼時君明臣良，足以綱維天下，然達人志士，尚有冠履倒置之嘆。自是以後，元之臣子，不遵祖訓，廢壞綱常，有如大德廢長立幼，泰定以臣弒君，天曆以弟酖兄，至於弟收兄妻，子蒸父妾，上下相習，恬不為怪，其於父子君臣夫婦長幼之倫，瀆亂甚矣。夫人君者斯民之宗主，朝廷者天下之根本，禮義者御世之大防，其所為如彼，豈可為訓於天下後世哉！

及其後嗣沈荒，失君臣之道，又加以宰相耑權，憲台報怨，有司毒虐，於是人心離叛，天下兵起，使我中國之民，死者肝腦塗地，生者骨肉不相保，雖因人事所致，實天厭其德而棄之之時也。古云「胡虜無百年之運」，驗之今日，信乎不謬。

當此之時，天運循環，中原氣盛，億兆之中，當降生聖人，驅逐胡虜，恢復中華，立綱陳紀。救濟斯民。今一紀於茲，未聞有治世安民者，徒使爾等戰戰兢兢，處於朝秦暮楚之地，誠可矜憫。

方今河洛關陝，雖有數雄，乃忘中國祖宗之姓，反就胡虜禽獸之名，以為美稱。假元號以濟私，恃有衆以要君，憑陵跋扈，遙制朝權，此河洛之徒也。或衆少力微，阻兵據險，賄誘名爵，志在養力，以俟釁隙，此關陝之人也。二者其始皆以捕妖人為名，乃得兵權。及妖人已滅，兵權已得，志驕氣盈，無復尊主⑪庇民之意，互相吞噬，反為生民之巨害，皆非華夏之主也。

予本淮右布衣，因天下大亂，為衆所推，率師渡江，居金陵形勢之地，等長江天塹之險，今十有三年。西抵巴蜀，東連滄海，南控閩越，湖湘漢沔，兩淮徐邳，皆入版圖，奄及南方，盡為我有。民稍安，食稍足，兵稍精，控弦執矢，目視我中原之民，久無所主，深用疚心。予恭承天命⑫，罔敢自安，方欲遣兵北逐羣虜，拯生民於塗炭，復漢官之威儀，慮人民未知，反為我讎，挈家北走，陷溺尤深，故先諭告：兵至，人民勿避。予號令嚴肅，無秋毫之犯，歸我者永安於中華，背我者自竄於塞外。蓋我中國之民，天必命我中國之人以安之，夷狄何得而治哉！予恐中土久汚羶腥，生民擾擾，故率羣雄奮力廓清，志在逐胡虜，除暴亂，使民皆得其所，雪中國之恥，爾民其體之。

如蒙古色目，雖非華夏族類，然同生天地之間，有能知禮義，願為臣民者，與中夏之人撫養無異。故茲告諭，想宜知悉。⑬

這是元璋幕僚中儒生系統的傑作，代表幾千年來儒家的正統思想。這篇文字的中心思想有兩點：第一是民族革命，特別強調夷夏的分別，特別強調中國應由中國人自己來治理。過去不幸被外族侵入，冠履倒置，現在要「驅逐胡虜，恢復中華」了，這兩句響亮動聽的口號，比之紅軍初起時所提出的恢復趙宋政權，已從狹隘的復恢一個已被遺忘的皇家，進而爲廣泛的恢復民族獨立，進步何止千里！以此爲號召，自然更能普遍的獲得全民的擁護和支持，尤其是打動了儒生士大夫的注意。第二是復興道統，亦即舊有的文化的思想的系統之恢復。文中指出「禮義者御世之大防」，也就是說「父子君臣夫妻長幼之倫」、「朝廷者天下之根本」是綱是紀，這一套正是儒家的中心思想，也就是多少年來維持統治的金科玉律。大之治國，小之修身，從政治到生活，都套在這一個模子中。蒙古人入主中國，開頭君明臣良，還能夠綱維天下，中期以後，這模子被破壞了，弄得亂七八糟。如今北伐，目的在「立綱陳紀，救濟斯民」，重建舊模子，恢復這個世世相傳的傳統文化和生活習慣。這比之紅軍初起時所宣傳的彌勒佛和明王出世的空幻的理想世界，已進而爲更切實的具體的文化的生活習慣的正常化，自然高明得多，能廣泛的獲得那苦於社會動盪的小民的擁護和支持，更能吸引儒生士大夫的深切同情。

罵元朝，說他破壞傳統文化，說他政治貪汚腐化，營私毒虐，是個壞政府，上天已經厭棄他了。罵元朝將軍，河洛指擴廓帖木兒，擴廓原來是漢人，名王保保，爲母舅色目人察罕帖木兒養子，元帝賜以蒙古名，是抬舉他算蒙古人的意思。關陝指李思齊等四將軍。罵擴廓用外族名字，以夷變夏，跋扈要君。罵李思齊說他製造內亂，不忠於國。這兩批有實力的人都要不得，不能作華夏之主。那末，誰應該來治理中國呢？下一段指出當然是出身「淮右布衣」的朱元璋。淮右布衣這一身分，以後極爲元璋所喜愛，有時也稍變花樣，說成「江左布衣」，「淮西布衣」，等等，⑭無論對內對外的詔令文告，有理無理都要插進這一句，成爲賣弄成就的口頭禪了。

妖人當然是指韓林兒。此地插進這一稱呼，等於禿子罵和尚，用意是撇淸，告訴北方人民，我在罵妖人，可見我決非妖人，我說「妖人已滅」，更可見我決非妖人。你們也許有怕紅軍的，我並非妖人，你們不必害怕。這說法表白他正面是講禮義的，不同於元朝，也不同於紅軍，反面替自己洗刷，勾銷了過去十七年來他是紅軍頭目這一事實。

臨了，說明要「拯生民於塗炭，復漢官之威儀」，揭出逐虜雪恥的使命。

最後，爲了緩和蒙古色目人的反抗心理，聲明只要他們知禮義，加入中國文化系統，也就承認是中國公民，和中國人民一樣看待。

前一年討張士誠的檄文，只是消極的踢開紅軍，空洞的罵元政府。到這時候，才鮮明的具體的積極的提出民族革命的口號，和保持傳統文化的政綱。這是元璋幕府裏儒生羣的再一次勝利，也是朱元璋的再一次轉變。

這一宣傳文告的作用，使北方儒生士大夫放心了，因爲已經不再是被毀滅的對象了。北方的農民也明白了，吳軍之來，是爲了恢復秩序，安定生活。官吏們不害怕了，只要投降就可保全。蒙古色目人也不像以前那樣死命作戰了，因爲檄文說只要願爲臣民，就可得到保護。除了蒙古皇帝和貴族，全被宣傳撼動了。投降的，放下武器的，以至倒過槍尖來殺韃子的，一天天加多，北伐軍因之得以順利進軍，在很短的時間內，收復已經淪陷了四百三十年的土地，平定西北，統一全國。

北伐軍徐達一軍由淮入河是主力，征戍將軍鄧愈由襄陽北略南陽以北州郡是偏師，目的在分散元軍兵力。

從軍事進展情形看，徐達是按照預定的全盤計劃，完美執行，一點沒有差失的。這個計劃如上文所說，要點是步步推進。第一步，從出師這天算起，到洪武元年（公元一三六八年）正月，前後三個多月，平定山東。

第二步由山東取河南。一路由南面取歸德（今河南商邱）許州（今河南許昌），和鄧愈軍會師抄汴梁（今河南開封）的後路。一路北下，由鄆城渡黃河直達陳橋，兩個鉗子夾住，汴梁不戰降。進敗元軍於洛水，河南（洛陽）降，河南全境平定。別將馮勝克潼關，李思齊張良弼遁走。這是洪武元年三四兩個月間的事。

魯豫既定，潼關一軍堵住元關中軍的出路，三面包圍大都的局勢已定。五月，元璋親自到汴梁，大會諸將，重新檢討戰局和決定戰略。

當北伐軍以雷霆萬鈞之勢，席捲中原，各地告急的羽書，雪片似飛向大都的時候，元軍正忙於內鬨，殺聲震動大地，政局反覆和軍權轉移，交會錯綜，纏夾不清。擴廓被解除兵權後，退兵據澤州（今山西晉城），威風一倒，部將關保投向政府。順帝以為擴廓勢孤，詔李思齊等軍東出關，如貊高合軍圍攻擴廓，令關保以所部戍守太原。擴廓憤極，引軍據太原，盡殺朝廷所置官吏。順帝也急了，下詔書削擴廓在身官爵，令諸軍四面討伐。元璋大軍就趁這時機，下山東，取汴梁，元將望風降附，無一人抵抗，無一軍堵截，小城降，大城也降，漢官漢將棄城逃走，蒙古色目也棄城逃走。眞正是「土崩瓦解」，「勢如破竹」。

到了潼關失守，貊高關保又為擴廓所擒殺，順帝才害怕發急，不好轉圜，末了還是把一切過錯都算是太子作的，取銷撫軍院，盡復擴廓官爵，令和李思齊分道南征。兩人才也著慌，正準備調遣軍隊，整裝出發，可是太晚了，北伐軍已經向大都推進，挽救不及了。

第三步攻勢的目標才是大都。閏七月徐達大會諸將於臨清，馬步舟師沿運河直上，連下德州通州，元軍連吃敗仗，毫無鬬志，順帝怕被俘虜，蹈徽欽二帝和瀛國公的覆轍，二十八日夜三鼓，率后妃太子逃奔上都（開平，今察合爾多倫縣地）。⑮八月初二日北伐軍進入大都，淪陷了四百三十年的名都，到這一天才算光復舊物。從宋太祖到宋神宗以來，沒有能夠實踐的民族願望，算是達到目的了，歷史的錯誤、污點，算是湔雪了。自古以來對北方蠻族的國防線——長城，從這一天起，再度成為中華人民的自衛堡壘了。蒙古政府，成吉思汗後人君臨中國的政權，從滅金算起，有一百三十四年，從滅宋算起，有九十年，到這一天，結束了！

元大都雖下，順帝在上都依然可以發號施令，元軍實力依然強大完整。徐達常遇春移師進取山西陝西，從洪武元年八月到第二年八月，整整一年，才完成第四步的戰果。在這一年內，元軍不但堅持抵抗，而且還有力量作幾次大規模反攻。在整個北伐戰役中，可說是最艱苦的一段。

西征軍從河北進入山西南部，擴廓遣將以兵來爭澤州，大敗西征軍，又乘北平（元璋改大都爲北平府）空虛，親出雁門關偷襲。徐達得到情報，也不回救，逕率大軍直搗擴廓的根本太原。擴廓進軍才到半路，回軍援救，半夜被襲擊，不知所措，以十八騎北走，山西平。

洪武二年三月西征軍入奉元路（西安），李思齊逃奔鳳翔，又奔臨洮，大軍進逼，勢窮力竭，只好投降。元軍又乘虛攻通州，北平無重兵，常遇春李文忠率步騎九萬還救，直搗元上都（開平），元順帝北逃沙漠，北平也轉危爲安。遇春暴卒，李文忠領兵會合大軍併力西征，大敗圍攻大同的元軍，生擒脫列伯，殺孔興。順帝見幾次計劃，都已失敗，知道不行了，嘆一口氣，從此打銷了南下反攻的想頭，定下心，重新回到他祖宗時幕天席地，跟水草轉徙的生活，中國皇帝雖然作不成了，也還是稱雄漠北的蒙古可汗。徐達軍繼續西進，張良弼逃奔寧夏，爲擴廓所執。其弟良臣以慶陽降，不久又反，城破被殺，陝西平定。

李思齊孔興脫列伯張良弼兄弟，降的降，死的死，元朝大將只剩擴廓帖木兒還擁大兵駐屯寧夏，不時出兵攻掠，邊境守軍不得安逸。劉基警告元璋說：「不可輕看擴廓，此人眞是將材。」洪武三年又命大將軍徐達總大兵征沙漠，擴廓方圍蘭州，解圍回救，大敗奔和林（今外蒙古庫倫西南）。五年，又動員大軍分道進攻，到嶺北爲擴廓所大敗。廿五年後元璋想起這次失敗，還非常傷心，寫信告誡他兒子朱棡朱棣說：「吾用兵一世，指揮諸將，未嘗敗北，致傷軍士。正欲養銳，以觀胡變。夫何諸將日請深入沙漠，不免疲兵於和林，此蓋輕信無謀，以致傷生數萬。」據同時人紀載，連同過去幾次的損失，合計死亡有四十多萬人，元璋竟把責任推給諸將了。其實元璋對擴廓最不放心，嘗說「如今天下一家了，尙有三事未了，掛在心頭，一件少傳國璽，一件王保保未擒，一件元太子無音問。」到洪武八年，擴廓死，西北的守軍才得休息，元璋和他的將軍們背地裏都嘆了一口氣。⑯

察罕死後，擴廓繼掌兵權，元璋曾打發人去通好，七次去信，好說歹說，求通商，求助討孛羅，求兩下互不侵犯，各守封疆，送錦綺紗羅，送馬匹，弔喪，問候，全做到了，使者都被扣留，也不回信。擴廓孤軍出塞以後，家屬被俘，又使人送信去勸降，娶他妹子作第二子秦王妃，還是不理。最後派李思齊去，見面時擴廓以禮款待，辭回時還派騎士送到交界地方，正要分別，騎士說：「奉總兵令，請留一點東西作紀念，」思齊答：我爲公差而來，無以留贈。騎兵直說：「我要你的一隻手臂。」李思齊知不可免，只好砍掉一隻手臂，回來後不幾天就死了。⑰元璋以此益發心敬擴廓，一天大會諸將，問道：「我朝誰爲奇男子？」都說：「常遇春將不過萬人，橫行無敵，眞奇男子。」

元璋笑說：「遇春雖然是人傑，我還可以臣服他。可是王保保就決不肯，這人才是奇男子！」⑱

北方平定，洪武四年正月出兵伐夏。湯和爲征西將軍，周德興廖永忠爲副將軍，率舟師由瞿塘攻重慶；傅友德爲征虜前將軍，顧時爲副將軍，率步騎由秦隴取成都。

明玉珍，隨州（今湖北隨縣）人。農人出身，身長八尺，目重瞳，性剛直，爲鄉里所服。徐壽輝起兵，玉珍招集鄉人，結塞柵以保鄉里，被推作屯長。壽輝使人招降，不得已加入紅軍，作統兵征虜大元帥。據蜀稱帝後，保境安民，禮聘名士，崇務節儉，開進士科，求雅樂，賦稅十分取一，下令去釋道二教，止奉彌勒，普遍建立彌勒佛堂。天下大亂，四川獨能休兵息民，百姓安居樂業。在位五年，死時才三十六歲。子明昇以十歲孩子繼位，諸將爭權，互相殘殺，大權旁落，國勢日漸衰弱。⑲

夏國見大軍壓境，倚仗瞿塘天險，以鐵索橫斷關口，鑿兩岸石壁，引繩作飛橋，以木板置炮石木竿鐵銃，兩岸置炮，層層佈防，以爲舟師決不能過。湯和水軍果然被阻，三個月不能前進一步。夏人把重兵都配置在東線，北邊防務空虛，傅友德趁機南下，連據名城，以克復城池日子寫木牌，投在漢江，廖永忠得到消息，從間道繞過敵後，兩面夾攻，斷飛橋，燒鐵索，水陸並進，夏兵抵擋不住，明昇乞降。傅友德進攻成都，成都知重慶已失，也降。十月湯和等全定川蜀郡縣，夏亡。⑳

陳友諒的兒子陳理和明昇，後來一起被送到高麗去住，兩家子孫到明朝中期還有人看到過。㉑

① 黃標平夏錄，楊學可明氏實錄，明太祖實錄十六，明史明玉珍傳。
② 庚申外史，元史察罕帖木兒傳。
③ 庚申外史。
④ 元史順帝紀，明史擴廓帖木兒傳，庚申外史。
⑤ 庚申外史，明史擴廓帖木兒傳，國初羣雄事略九擴廓帖木兒。
⑥ 郭造卿撰陳有定傳，明史陳有定傳，國初羣雄事略十二陳有定，明太祖實錄二十五。
⑦ 明太祖實錄二十八，明史太祖本記，何眞傳。
⑧ 明太祖實錄二十一，明史徐達傳，常遇春傳，陸深平胡錄。
⑨ 明太祖實錄二十一，高岱鴻猷錄五北伐中原。
⑩ 明太祖實錄二十一。
⑪ 「尊主」一本作「尊元」。
⑫ 明太祖實錄作恭天成命。

⑬宋濂宋學士文集，明太祖實錄二十一，高岱鴻猷錄北伐中原。
⑭讀朱元璋的詔令，很難發現有幾篇文字沒有賣弄他出身「布衣」的。
⑮庚申外史，明史太祖本紀，明太祖實錄三十。
⑯草木子餘錄，庚申外史，明史擴廓帖木兒傳，國初羣雄事略九。
⑰俞本紀事錄，明史一二四擴廓帖木兒傳。
⑱姚福清溪暇筆，明史擴廓傳。
⑲明太祖實錄十六。
⑳明史明玉珍傳，國初羣雄事略五。
㉑朝鮮李朝實錄。

第四章　大皇帝的統治術

(一) 大明帝國和明教

吳元年（公元一三六七年，元至正二十七年）十二月，朱元璋的北伐大軍已平定山東；南征軍已降方國珍，移軍福建，水陸兩路都勢如破竹。一片捷報聲使應天的文武臣僚歡天喜地，估量軍力、人事，和元政府的無能腐敗，加上元朝將軍瘋狂的內鬨，蕩平全國已經是算得出日子的事情了。苦戰了十幾年，爲的是什麼？無非是爲作大官，拜大爵位，封妻蔭子，大莊園，好奴僕，數不盡的金銀錢鈔，用不完的錦綺綢羅，風風光光，體體面面，舒舒服服過日子，如今，這個日子來了。吳王要是升一級作皇帝，王府臣僚自然也進一等作帝國將相了。朱元璋聽了朱升的話，「緩稱王」，好容易熬了這多年，才稱王，稱呼從主公改成殿下，如今眼見得一統在望，再也熬不住了，立刻要過皇帝癮。眞是同心一意，在前方斫殺聲中，應天的君臣在商量化家爲國的大典。

自然，主意雖然打定，自古以來作皇帝的一套形式，還是得照樣搬演一下。照規矩，是臣下勸進三次，主公推讓三次，文章都是刻板的濫調，於是，文班首長中書省左丞相宣國公李善長率文武百官奉表勸進：「開基創業，既宏盛世之輿圖，應天順人，宜正大君之寶位。……既膺在躬之曆數，必當臨御於宸居，伏冀俯從衆請，早定尊稱。」不用三推三讓，只一勸便答應了。十天後，朱元璋搬進新蓋的宮殿，把要作皇帝的意思，祭告於上帝皇祇說：「惟我中國人民之君，自宋運告終，帝命眞人於沙漠，入中國爲天下主，其君臣父子及孫百有餘年，今運亦終。其天下土地人民，豪傑分爭。惟臣帝賜英賢，爲臣之輔，遂戡定諸雄，息民於田野。今地周迴二萬里廣，諸臣下皆日生民無主，必欲推尊帝號，臣不敢辭，亦不敢不告上帝皇祇。是用明年正月四日於鍾山之陽，設擅備儀，昭告帝祇，惟簡在帝心。如臣可爲生民主，告祭之日，帝祇來臨，天朗氣淸。如臣不可，至日當烈風異景，使臣知之。」①

即位禮儀也決定了，這一天先告祀天地，再即皇帝位於南郊，丞相率百官以下和都民耆老拜賀舞蹈，連呼萬歲三聲。禮成，具皇帝鹵簿威儀導從，到太廟追尊四代祖父母父母都爲皇帝皇后，再祭告社稷。於是皇帝服袞冕，在奉天殿受百官賀。天地社稷祖先百官和都民耆老都承認了，朱元璋成爲合法的皇帝。

皇帝的正殿命名爲奉天殿，皇帝詔書的開頭也規定爲奉天承運。原來元時皇帝白話詔書的開頭是長生天氣力裏，大福蔭護助裏，文言的譯作上天眷命，朱元璋以爲這口氣不夠謙卑奉順，改作奉作承，爲「奉天承運」，表示他的一切行動都是奉天而行的，他的皇朝是承方興之運的，誰能反抗天命？誰又敢於違逆興運？

洪武元年正月初四日，朱元璋和文武臣僚照規定的禮儀節目，逐一搬演完了，定有天下之號曰大明，建元洪武，以應天爲京師。去年年底，接連下雨落雪，陰沉沉的天氣，到大年初一雪停了，第二天天氣更好，到行禮這一天，竟是大太陽，極好的天氣，元璋才放了心。回宮時忽然想起陳友諒采石磯的故事，作皇帝這樣一樁大事，連日子也不挑一個，鬧得拖泥帶水，衣冠污損，不成體統，實在好笑，怪不得他沒有好下場。接著又想起這日子是劉基揀的，眞不錯，開頭就好，將來會更好，子子孫孫都會好，越想越喜歡，不由得在玉輅裏笑出聲來。

奉天殿受賀後，立妃馬氏爲皇后，世子標爲皇太子，以李善長徐達爲左右丞相，各文武功臣也都加官進爵。皇族不管死的活的，全都封王，一霎時鬧鬧攘攘，欣欣喜喜，新朝廷上充滿了蓬勃的氣象，新京師裏添了幾百千家新貴族，歷史上也出現了一個新朝代。②

皇族和其他許多家族組織成功一個新統治集團，代表這個集團執行統治的機構是朝廷，這朝廷是爲朱家皇朝服務的，朱家皇朝的建立者朱元璋，給他的皇朝起的名號——大明。

大明這一朝代名號的決定，事前曾經過長期的考慮。

歷史上的朝代稱號，都有其特殊的意義。大體上可以分作四類：第一類用初起時的地名，如秦如漢。第二類用所封的爵邑，如隋如唐。第三類用特殊的物產，如遼（鑌鐵）如金。第四類用文字的含義，如大眞大元。③大明不是地名，也不是爵邑，更非物產，應該歸到第四類。

大明這一國號出於明教，明教有明王出世的傳說，主要的經典有大小明王出世經，經過了五百多年公開的秘密的傳播，明王出世成爲民間所熟知所深信的預言。這傳說又和佛教的彌勒降生說混淆了，彌勒佛和明王成爲二位一體的人民救主。韓山童自稱明王起事，敗死後，他的兒子韓林兒繼稱小明王，西系紅軍別支的明昇也稱小明王。朱元璋原來是小明王的部將，害死小明王，繼之而起，國號也稱大明。④據說是劉基提出的主意。⑤

朱元璋部下分紅軍和儒生兩個系統，這一國號的採用，使兩方面人都感覺滿意。就紅軍方面說，大多數都起自淮西，受了彭瑩玉的教化，其餘的不是郭子興的部曲，就是小明王的餘黨，天完和漢的降將，總之，都是明教徒。國號大明，第一表示新政權還是繼承小明王這一系統，所有明教徒都是一家人，應該團結在一起，共享富貴。第二告訴人「明王」在此，不必癡心妄想，再搞這一套花樣了。三第使人民安心，本本分分，來享受明王治下的和平合理生活。就儒生方面說，固然和明教無淵源，和紅軍處於敵對地位，用盡心機，勸誘朱元璋背叛明教，遺棄紅軍，暗殺小明王，另建新朝代，可是，對於這一國號，卻用儒家的看法去解釋。「明」是光亮的意思，是火，分開來是日月，古禮有祀「大明」朝「日」夕「月」的說法，千多年來「大明」和明月都算是朝廷的正祀，無論是列作郊祭或特祭，都爲歷代皇家所看重，儒生所樂於討論的。而且，新朝是起於南方的，和以前各朝從北方起事平定南方的恰好相反，拿陰陽五行之說來推論，南方為火，為陽，神是祝融，顏色赤，北方是水，屬陰，神是玄冥，顏色黑，元朝建都北平，起自更北的蒙古大漠，那末，以火制水，以陽消陰，以明尅暗，不是恰好？再則，歷史上的宮殿名稱有大明宮大明殿，古神話裏，「朱明」一名詞把國姓和國號聯在一起，尤為巧合。因此，儒生這一系統也贊成用這國號。一些人是從明教教義，一些人是從儒家經說，都以為合式，對勁。⑥

元朝末年二十年的混戰，宣傳標榜的是「明王出世」，是「彌勒降生」的預言。朱元璋是深深明白這類預言，這類秘密組織的意義的。他自己從這一套得到機會和成功，成為新興的統治者，要把這份產業永遠保持下去，傳之子孫，再也不願意、不許別的人也來要這一套，危害治權。而且，「大明」已經成為國號了，也應該保持它的尊嚴。為了這，建國的第一年就用詔書禁止一切邪教，尤其是白蓮社大明教和彌勒教。接著把這禁令正式公佈為法律，大明律禮律禁止師巫邪術條規定：「凡師巫假降邪神，書符咒水，扶鸞禱聖，自號端公太保師婆，妄稱彌勒佛白蓮社明尊教，白雲宗等會，一應左道亂正之術，或隱藏圖像，燒香集衆，夜聚曉散，佯修善事，煽惑人民，為首者絞，為從者各杖一百，流三千里。」句解：「端公太保降神之男子，師婆降神之婦人。白蓮社如昔遠公修淨土之教，今奉彌勒佛十八龍天持齋念佛者。明尊教謂男子修行齋戒，奉牟尼光佛教法者。白雲宗等會，蓋謂釋氏支流派分七十二家，白雲持一宗如黃梅曹溪之類也。」明尊教即明教，牟尼光佛即摩尼。昭代王章條例：「左道惑衆之人，或燒香集徒，夜聚曉散，爲從者及稱爲善友，求討布施，至十人以上，事發，屬軍衛者俱發邊衛充軍，屬有司者發口外爲民。」善友也正是明教教友稱號的一種。招判樞機定師巫邪術罪款說：「有等捏怪之徒，罔顧明時之法，乃敢立白蓮社，自號端公，拭清風刀，人呼太保，嘗云能用五雷，能集方神，得先天，知後世，凡所以煽惑人心者千形萬狀，小則人迷而忘親忘家，大即心惑而喪心喪志，甚至聚集成黨，集黨成禍，不測之變，種種立見者，其害不可勝言也。」⑦何等可怕，不禁怎麼行？溫州泉州的大明教，從南宋以來就根深蒂固流傳在民間，到明初還「造飾殿堂甚侈，民之無業者咸歸之。」因爲名犯國號，教堂被毀，教產被沒收，教徒被逐歸農。⑧甚至宋元以來的明州，也改名爲寧波。⑨明教徒在嚴刑壓制之下，只好再改換名稱，藏形匿影，暗地裏活動，成爲民間的秘密組織了。

事實是，法律的條款和制裁，並不能，也不可能滿足人民對政治的失望。朱元璋雖然建立了大明帝國，並沒有替人民解除了痛苦，改善了生活，故二十年後，彌勒教仍在農村裏傳播，尤其是江西。朱元璋在洪武十九年年底誥戒人民說：「元政不綱，天將更其運祚，而愚民好作亂者興焉。初木數人其餘愚者聞此風而思爲之，合共謀倡亂。是等之家，吾親目睹。……秦之陳勝吳廣，漢之黃巾，隋之楊玄感僧向海明，唐之王仙芝，宋之王則等輩，皆係造言倡亂者，致干戈橫作，物命損傷者既多。比其事成也，天不與首亂者，殃歸首亂，福在殿興。今江西有等愚民，妻不諫夫，夫不戒前人所失，夫婦愚於家，反教子孫，一概念誦南無彌勒尊佛，以爲六字，又欲造禍，以殃鄉里。……今後良民凡有六字者即時燒燬，毋存毋奉，永保己安，良民戒之哉！」特別指出凡是造首事的都沒有好下場，「殃歸首亂」，只有自己是跟從的，所以「福在殿興」。勸人民不要首事肇禍，脫離彌勒教，翻來覆去的說，甚至不惜拿自己作例證，可以看出當時民間對現實政治的不滿意，和渴望光明的情形。

政府對明教的壓迫雖然十分嚴厲，小明王在西北的餘黨卻仍然很活躍。從洪武初年到永樂七年（公元一四〇九年）四十多年間，王金剛奴自稱四天王，在沔縣西黑山天池平等處，以佛法惑衆，其黨田九成自稱爲明皇帝，年號還是龍鳳，高福興自稱彌勒佛，帝號和年號都直承小明王，根本不承認這個新興的朝代。前後攻破屯寨，殺死官軍。⑩同時西系紅軍的根據地蘄州，永樂四年「妖僧守座聚男女成立白蓮社，毀形斷指，假神煽惑」被殺。永樂七年在湘潭，十六年在保定新城縣，都曾爆發彌勒佛之亂。⑪以後一直下來，白蓮教明教的教徒在不同時期，不同地點的傳播以至起義。可以說是史不絕書。雖然都被優勢的武力所平定了，也可以看出這時代，人民對政府的看法和憤怒的程度。⑫

①明太祖實錄二十四。

②明太祖實錄二十五。

③趙翼二十二史劄記二十九元建國始用文義條。

④孫宜洞庭集大明初略四：「國號大明，承林兒小明號也。」清華學報卅週年紀念號吳晗「明教與大明帝國」。

⑤祝允明野記一。

⑥吳晗「明教與大明帝國」。

⑦以上並據玄覽堂叢書本昭代王章。

⑧宋濂芝園續集四「故岐寧衛經歷熊府君墓銘」，何喬遠閩書七方域志。

⑨呂毖明朝小史二。

⑩明成祖實錄九十，沈德符野獲編卷三十再僭龍鳳年號。

⑪明成祖實錄五十六，九十六，二百。

⑫本節參看吳晗「明教與大明帝國」。

㈡ 農民被出賣了！

朱元璋經過二十幾年的實際教育，在流浪生活中，在軍營裏，在作戰時，在後方，隨處學習，隨時訓練自己，更事事聽人勸告，徵求耑家的意見。他在近代史上，不但是一個以屠殺著名的軍事統帥，也是一個最陰險殘酷的政治家。

他的政治才能，表現在所奠定的帝國規模上。

在紅軍初起時，標榜復宋，韓林兒詐稱是宋徽宗的子孫，暫時的固然可以發生政治的刺激作用，可是這時去宋朝滅亡已經七十年了，宋朝的遺民故老死亡已盡，七十年後的人民對歷史上的皇朝，對一個被屈辱的家族，並不感覺到親切，懷念，依戀。而且，韓家父子是著名的白蓮教世家，突然變成趙家子孫，誰都知道是冒牌，眞的都不見得有人理會，何況是假貨？到朱元璋北伐時，嚴正的提出民族獨立自主的號召，漢人應該由漢人自己治理，應該用自己的方式生活，保存原有的文化系統，這一嶄新的主張，博得全民族的熱烈擁護，瓦解了元朝治下漢官漢兵的敵對心理。在檄文中，更進一步的提出，蒙古色目人只要參加這文化系統，就一體保護，認爲皇朝的子民。這一舉措，不但減低了敵人的抵抗掙扎行爲，並且也吸引過來一部份敵人，化敵爲友。到開國以後，這同化的主張仍然被尊重爲國策，對於參加華族文化集團的外族，並不歧視，蒙古色目的官吏和漢人同樣登用，在朝廷有做到尙書侍郎大官的，地方作知府知縣，一樣臨民辦事。①在軍隊裏更多，甚至在親軍中也有蒙古軍隊和軍官。②由政府編置勘合（合同文書），給賜姓名，和漢人一無分別。③婚姻則制定法令，准許和漢人通婚，務要兩相情願，加漢人不願，許其同類自相嫁娶。④這樣，蒙古色目人陶育融治，幾代以後，都同化爲中華民族的成員了。內中有十幾家軍人世家，替明朝立下不可磨滅的功績。對於塞外的外族，則繼承元朝的撫育政策，告訴他們新朝仍和前朝一樣，盡保護提攜的責任，各安生理，不要害怕。

相反的，下詔書恢復人民的衣冠如唐朝的式樣，蒙古人留下的習俗，辮髮椎髻胡服——男袴褶窄袖及辮線腰褶，婦女衣窄袖短衣，下服裙裳——胡語胡姓一切禁止。⑤蒙古俗喪葬作樂娛尸，禮儀官品坐位以右手爲尊貴，也逐一改正。⑥復漢官之威儀，參酌古代禮經和事實需要，規定了各階層的生活服用房舍與從種種規範和標準，使人民有所遵守。

紅軍之起，最主要的目的是要實現經濟的政治的民族的地位平等。在民族方面說，大明帝國的建立已經使漢族成爲統治民族，有壓迫少數民族的特權，而無被異族壓迫的痛苦了。可是，在經濟政治方面，雖然推翻了異族對漢族的特權，但就中華民族本身而說，地主對農民的剝削壓迫特權，並沒有因爲胡人的逐走而有所改變。

元末的農民，大部分參加紅軍，破壞舊的統治機構。地主的利益恰好相反，他們要保全自己的生命財產，就不能不維持舊秩序，就不能不擁護舊政權。在戰爭爆發之後，地主們用全力來組織私軍，稱爲民軍或義軍，建立堡寨，抵抗農民的襲擊。這一集團的組成分子，包括現任和退休的官吏、鄉紳、儒生和軍人，總之，都是豐衣足食，面團團的地主階層人物。這些人受過教育，有智識，有組織能力，在地方有號召的威望。雖然各地方的地主各自作戰，沒有統一的指揮和作戰計劃，戰鬥力量也有大小強弱之不同，卻不可否認是一個比元朝軍隊更爲壯大，更爲頑強的力量。他們決不能和紅軍妥協，也不和打家劫舍的草寇或割據一隅的羣雄合作。可是，等到有一個新政權建立，而這一新政權是有足夠的力量，保護地主利益，維持地方秩序的時候，也就毫不猶豫，擁戴這一屬於他們自己的新政權了。⑦同時，新朝廷的一批新興貴族、官僚，也因勞績獲得大量土地，成爲新的地主。（洪武四年十月的公侯佃户統計，六國公二十八侯，凡佃户三萬八千一百九十四户。）⑧新政府對這兩種地主的利益，是不敢、也不能不特別尊重的。這樣，農民的生活問題，農民的困苦，就被擱在一邊，無人理睬了。

朱元璋和大部分臣僚都是農民出身的。過去曾親身受過地主的剝削和壓迫。但在革命的過程中，本身的武裝力量不夠強大，眼看著小明王是被察罕帖木兒李思齊和孛羅帖木兒兩支地主軍打垮了的，爲了要成事業，不能不低頭賠小心，爭取地主們的人力財力的合作。又恨又怕，在朱元璋的心坎裏，造成了微妙的矛盾的敵對的心理，產生了對舊地主的兩面政策。正面是利用有學識有社會聲望的地主，任命爲各級官吏和民間徵收租糧的政府代理人，建立他的官僚機構。原來經過元末多年的戰爭，學校停頓，人才缺乏，將軍們會打仗，不會作辦文墨的事務官。有些讀書人，怕朱元璋的殘暴、侮辱，百般逃避，抵死不肯作官，饒是立了「士人不爲君用」，就要殺頭的條款，還是逼不出夠用的人才。沒奈何只好揀一批合用的地主，叫作稅戶人才，任爲地方縣令長，知州，知府，布政使，以至朝廷的九卿。另外，以爲地主熟悉地方情形，收糧和運糧都比地方官經手方便省事，而且可以省去一層中飽，乃規定每一收糧萬石的地方，派納糧最多的大地主四人作糧長，管理本區的租糧收運。這樣，舊地主作官，作糧長，加上新貴族新官僚的新地主，構成了新的統治集團。⑨反面則用殘酷的手段，消除不肯合作的舊地主，一種慣用的方法是強迫遷徙，使地主離開原有土地。集中到濠州、京師（南京）、山東、山西等處，釜底抽薪，根本削除了他們在地方的勢力。其次是用苛刑誅滅，假借種種政治案件，株連牽及，一網打盡，滅門抄家，洪武朝的幾椿大案如胡惟庸案、藍玉案、空印案，屠殺了幾萬家，不用說了，甚至地方上一個皂隸的逃亡，就屠殺抄沒了幾百家。洪武十九年朱元璋公布這案子說：「民之頑者，莫甚於溧陽廣德建平宜興安吉長興歸安德清崇德蔣士魯等三百七戶，且如潘富係溧陽縣皂隸，教唆官長貪贓枉法，自己挾勢持權，科民荆杖。朕遣人按治，潘富在逃，自溧陽節次遞送至崇德豪民趙眞勝奴家。追著回奏，將豪民趙眞勝奴並二百餘家盡行抄沒，持杖者盡皆誅戮。沿途節次遙送者一百七十戶，盡行梟令，抄沒其家。」⑩豪民盡皆誅戮，抄沒的田產當然歸官，再由皇帝賞賜給新貴族新官僚，用屠殺的手段加速改變土地的持有人。據可信的史料，三十多年中，浙東浙西的故家鉅室幾乎到了被肅清的地步。⑪

爲了增加政府的收入，財力和人力的充分運用，朱元璋用二十年的功夫，大規模擧行土地丈量和人口普查，六百年來若干朝代若干政治家所不能做到的事情，算是劃時代地完成了。丈量土地的目的，是因爲過去六百年沒有實地普遍調查，土地簿籍和實際情形完全不符合，而且連不符合的簿籍大部份都已喪失，半數以上的土地不在簿籍上，逃避政府租稅，半數的土地面積和負擔輕重不一樣，極不公平。地主的負擔轉嫁給貧農，土地越多的交租越少，土地越少的交租越多，由之，富的愈富，窮的更窮。經過實際丈量以後，使所有過去逃稅的土地登記完糧。全國土地，記載田畝面積方圓，編列字號，和田主姓名，製成文冊，名爲魚鱗圖冊，政府據以定賦稅標準。洪武廿六年（公元一三九三年）全國水田總數八百五十萬七千六百二十三頃，⑫夏秋二稅收麥四百七十餘萬石，米二千四百七十餘萬石。和元代全國歲入糧數一千二百十一萬四千七百餘石比較，增加了一倍半⑬。

人口普查的結果，編定了賦役黃冊，把戶口編成里甲，以一百一十戶爲一里，推丁糧多的地主十戶作里長，餘百戶爲十甲，每甲十戶，設一甲首。每年以里長一人甲首一人，管一里一甲之事，先後次序根據丁糧多少，每甲輪値一年。十甲在十年內先後輪流爲政府服義務勞役，一甲服役一年，有九年的休息。每隔十年，地方官以丁糧增減重新編定黃冊，使之合於實際。洪武二十六年統計，全國有戶一千六百五萬二千六百八十，口六千五十四萬五千八百十二⑭，比之元朝極盛時期，世祖時代的戶口，戶一千一百六十三萬三千二百八十一，口五千三百六十五萬四千三百三十七⑮，戶增加了三百四十萬，口增加了七百萬。

表面上派大批官吏，覆實全國田土，定其賦稅，詳細記載原坂、墳衍、下隰、沃瘠、沙鹵的區別，凡置賣田土，必須到官府登記稅糧科則，免去貧民產去稅存的弊端；十年一次的勞役，輪流的休息，又似乎是替一般窮人著想的。其實，窮人是得不到好處的，因爲執行丈量的是地主，徵收租糧的還是地主，里長甲首依然是地主，地主是決不會照顧小自耕農和佃農的利益的。其次，愈是大地主，愈有機會讓子弟受到教育，通過科舉成爲官僚紳士，官僚紳士享有非法的逃避租稅，合法的免役之權。前一例子，朱元璋說得很明白：「民間灑派包荒，詭寄、移坵、換段，這等俱是奸頑豪富之家，將次沒福受用財富田產，以自己科差灑派細民。境內本無積年荒田，此等豪猾，買囑貪官汚吏，及造冊書算人等，當科糧之際，作包荒名色，徵納小戶。書算手受財，將田灑派，移坵換段，作詭寄名色，以此靠損小民。」⑯後一例子，洪武十年（公元一三七七年）朱元璋告訴中書省官員：「食祿之家，與庶民貴賤有等。趨事執役以奉上者，庶民之事也。若賢人君子，既貴其身，而復役其家，則君人野人無所分別，非勸士待賢之道。自今百司見任官員之家，有田土者，輸租稅外，悉免其徭役，著爲令。」⑰不但見任官，鄉紳也享受這特權，洪武十二年又著令：「自令內外官致仕還鄉者，復其家終身無所與。」⑱連在學的學生，生員之家，除本身外，戶內也優免二丁差役。⑲這樣，現任官、鄉紳、生員都逃避租稅，豁免差役，完糧當差的義務，便完全落在自耕農和貧農的身上了。他們不但出自己的一份，連官僚紳士地主的一份，也得一並承當下來。統治集團所享受的特權，造成了更激烈的加速度的兼併，土地愈集中，人民的負擔愈重，生活愈困苦。這負擔據朱元璋說是「分」，即應盡的義務，洪武十五年他叫戶部出榜曉諭兩浙江西之民說：「爲吾民者當知其分，田賦力役出以供上者，乃其分也。能安其分，則保父母妻子，家昌身裕，爲忠孝仁義之民。」不然呢？「則不但國法不容，天道亦不容矣！」應該像「中原之民，誰知應役輸稅，無負官府。」只有如此，才能「上下相安，風俗淳美，共享太平之福！」⑳

里甲的組織，除了精密動員人力之外，最主要的任務是佈置全國性的特務網，嚴密監視並逮捕危害統治的人物。

朱元璋發展了古代的傳、過所、公憑這一套制度，制定了路引（通行證或身份證）。法律規定：「凡軍民人等來往，但出百里即驗文引，如無文引，必須擒拏送官。仍許諸人首告，得實者賞，縱容者同罪。天下要衝去處，設立巡檢司，耑一盤詰往來奸細及販賣私鹽犯人、逃囚、無引面生可疑之人。」㉑處刑的辦法：「凡無文引，私度關津者杖八十。若關不由門，津不由渡而越度者杖九十。若越度緣邊關塞者，杖一百，徒三年；因而出外境者絞。」軍民的分別：「若軍民出百里之外不給引者，軍以逃軍論，民以私度關津論。」㉒這制度把人民的行動範圍，用無形的銅牆鐵壁嚴密圈禁。路引是要向地方官請領的，請不到的，便被禁錮在生長的土地上，行動不能出百里之外。

要箝制監視全國人民，光靠巡檢司是不夠的，里甲於是被賦予了輔助巡檢司的任務。朱元璋在洪武十九年手令「要人民互相知丁」，知丁是監視的意思。「誥出，凡民鄰里互相知丁。互知務業，俱在里甲，縣府州務必周知。市村絕不許有逸夫。若或異四業而從釋道者，戶下除名。凡有夫丁，除公占外，餘皆四業，必然有效。一、知丁之法：某民丁幾，受農業者幾，受士業者幾，受工業者幾，受商業者幾。且欲士者志於士，進學之時，師方某氏，習有所在，非社學則入縣學，非縣必州府之學，此其所以知士丁之所在。已成之士爲未成士之師，鄰里必知生徒之所在。庶幾出入可驗，無異爲也。一、農業者不出一里之間，朝出暮入，作息之道互知焉。一、耑工之業，遠行則引明所在，用工州里，往必知方。巨細作爲，鄰里採知。巨者歸遲，細者歸疾，出入不難見也。一、商：本有巨微，貨有重輕，所趨遠近水陸，明於引間。歸期艱，限其業，鄰里務必周知。若或經年無信，二載不歸，鄰里當覺（報告）之詢故。本戶若或托商在外非爲，鄰里勿干。」逸夫指的是無業的危險份子。如不執行這命令：「十里之間，百戶之內，仍有逸夫，里甲坐視，鄰里親戚不拿，其逸夫或於公門中，或在市閭裏，有犯非爲，捕獲到官，逸夫處死，里甲四鄰化外之遷，的不虛示」。㉓又說：「此誥一出，自京爲始，遍布天下。一切臣民，朝出暮入，務必從容驗丁。市井人民，舍客之際，辨人生理，驗人引目。生理是其本業，引目相符而無異，猶恐託業爲名，暗有他爲。雖然業與引合，又識重輕巨微貴賤，倘有輕重不倫，所賚微細，必假此而他故也，良民察焉。」㉔異爲，非爲，他爲，他故，都是法律術語，即不軌、不法的意思。前一手令是里甲鄰里的連坐法，後一手令是旅館檢查規程，再三叮嚀訓示，把里甲和路引制度關聯成爲一體，不但圈禁人民在百里內，而且用法律用手令強迫每一個人都成爲政府的代表，執行調查、監視、告密、訪問、逮捕的使命。㉕

---

① 明太祖實錄一九九，二〇二，明史一百三十八周楨傳，一百四十道同傳。
② 明太祖實錄七十一，一九〇。
③ 同上五十，明成祖實錄三十三。
④ 明律六戶律。
⑤ 明太祖實錄卷三十。
⑥ 明史太祖本紀。
⑦ 清華學報十一卷二期吳晗「元帝國之崩潰與明之建國五」。
⑧ 明太祖實錄六十八。

⑨ 雲南大學學報第二期吳晗「明代之糧長及其他」。
⑩ 大誥三編遞送潘富第十八。
⑪ 吳晗「明代之糧長及其他」。
⑫ 明史食貨志一田制。
⑬ 明史食貨志二賦役，明太祖實錄二百三十作「糧儲三千二百七十八萬九千八百餘石」。元史九十三食貨志稅糧。
⑭ 明史食貨志戶口。明太祖實錄二百十四：「洪武二十四年十二月，天下郡縣更造賦役黃冊成，計人戶一千六十八萬四千四百三十五，口五千六百七十七萬四千五百六十一。」
⑮ 元史九十三食貨志農桑。
⑯ 大誥續誥四十五。
⑰ 明太祖實錄一百十一。
⑱ 明太祖實錄一二六。
⑲ 張居正張太岳集三十九「請申舊章飭學政以振興人才疏」。
⑳ 明太祖實錄一五〇。
㉑ 弘治大明會典一一三。

㉒ 明律十五兵律。
㉓ 大誥續誥互知丁業第三。
㉔ 同上辨驗丁引第四。
㉕ 中國建設月刊五卷四期吳晗「傳、過所、路引的歷史」。

㈢ 新官僚養成所

專制獨裁的君主，用以維持和鞏固皇權的兩套法寶，一是軍隊，二是官僚機構。用武力鎮壓，用公文統治，皇權假如是車子，軍隊和官僚便是兩個車輪，缺一不可。

朱元璋從親兵爬到宋朝的丞相國公，作吳王，一直作到皇帝，本來是靠武力起的家，有的是軍隊再加上劉基的組織方案——軍衞法，一個輪子有了。

另一個輪子可有點麻煩，從朝廷到地方，從部院省寺府監到州縣，各級官僚要十幾萬人，白手成家的朱元璋，從那兒去找那麽些聽話的忠心的能幹的文人？

用元朝的舊官僚吧？經過二十年戰爭的淘汰，生存的爲數已不甚多，會辦事有才力的一批，早已來投效了。不肯來的，放下臉色一嚇唬，說是：「您不來，敢情在打別的主意？」①也不敢不來。剩下的不是貪官汚吏，便是老朽昏庸，不是眷懷勝國的恩寵，北遷沙漠②，便是厭惡新朝的暴發戶派頭，恐懼新朝的屠殺侮辱，遁跡江湖，埋名市井③。儘管新朝用盡了心機，軟說硬拉，要湊齊這個大班子，人數還差得太遠。

第二想到的是元朝的吏，元朝是以吏治國的。從元世祖以後，甚至執政大臣也用吏來充當，造成風氣。④朱元璋深知法令愈繁冗，條格愈詳備，一般人不會辦，甚至不能懂，吏就愈方便舞文弄弊，鬧成吏治代替了官治，代替了君治，眞是萬萬要不得的。⑤

第三只好起用沒有作過官的讀書人了。讀書人當然想作官，可是也有顧忌。顧忌的是失身份：「海岱初雲擾，荆蠻遂土崩，王公甘久辱，奴僕盡同升。」⑥和奴僕同升也許還不大要緊，要緊的是這個政權還不大鞏固，對內未統一，對外，北邊蒙古還保有強大力量。顧忌的是這個政權是淮幫，大官位都給淮人佔完了，「兩河兵合盡紅巾，豈有桃源可避秦？馬上短衣多楚客，城中高髻半淮人。」⑦更顧忌的是恐怖的屠殺凌辱，作官一有差跌，不是梟示種誅，便是戴斬罪鐐足辦事，「以鞭箠笞楚爲尋常之辱，以屯田工役爲必獲之罪。」⑧不是不得已，又誰敢作官？

第四是任用地主作官，稱爲薦舉。有富戶、耆民、孝弟力田、稅戶人才（納糧最多的大地主）等名目。有一出來便作朝廷和地方的大官的，最多的一次到過三千七百多人。⑨可是，還不夠用，而且，這些地主官僚的作風，也不完全適合新朝統治的需要。

舊的人才不夠用，只好想法培養新的了。朱元璋決心用自己的方法，新造一個輪子——國子監，來訓練大量的新官僚。

國子監的教職員，從祭酒（校長）司業博士助教學正到監丞，都是朝廷命官，任免都出於吏部，國子監官到監是上任作官，學校是學校官的衙門。政治和教育一體，官僚和師儒一體。祭酒雖然是衙門首長，「嚴立規矩，表率屬官」，但是，並無聘任教員之權，因爲一切教職員都是部派的。監丞品位雖低，卻參領監事，凡教官怠於師訓，生員有戾規矩，課業不精，並從糾舉。不但管學生規矩課業，還兼管教員教課成績。辦公處叫繩愆廳，特備有行扑紅凳二條，撥有直廳皀隷二名，「扑作教刑」，刑具是竹篦，皀隷是行刑人，紅凳是讓學生伏著挨打的。照規定，監丞立集愆冊一本，各堂生員敢有不遵學規，即便究治。初犯紀錄（記過），再犯決竹篦五下，三犯決竹篦十下，四犯發遣安置（開除，充軍，罰充吏役）。⑩監丞對學生，不但有處罰權，而且有執行刑訊之權，學校、法庭、刑場、合而爲一。當然，判決和執行都是片面的，學生絕對沒有辯解申說和要求上訴的權利。膳夫由朝廷撥死囚服從，如三遍不聽使令，即行斬刑，學校又變作死囚的苦工場了。⑪

學校的教職員全是官，學生呢？來源有兩類，一類是官生，一類是民生。官生又分兩等，一等是品官子弟，一等是外夷子弟（包括日本琉球暹羅和西南土司子弟）。官生是由皇帝指派分發的，民生是由各地地方官保送府州縣學的生員。⑫原來立學的目的，是爲了訓練官生如何去執行統治，名額是一百五十名，民生只佔五十名。⑬後來官生入學的日少，民生依法保送的日多，以洪武二十六年（公元一三九三年）的在學人數爲例，總數八千一百二十四名，裏面官生只有四名。國子監已經失去原來的用意，成爲廣泛訓練民生作官的機構了。

功課內容分御製大誥、大明律令、四書、五經、劉向說苑等書。⑭最重要的是大誥。大誥是朱元璋日己寫的，有續編、三編、大誥武臣，一共四冊。主要的內容是列舉所殺官民罪狀，使官民知所警戒，和教人民守本分，納田租，出夫役，老老實實替朝廷當差的訓話。洪武十九年以大誥頒賜監生，二十四年令「今後科舉歲貢生員，具以大誥出題試之。」禮部行文國子監正官，嚴督諸生熟讀講解，以資錄用，有不遵者，以違制論。⑮違制是違抗聖旨的法律術語，這罪名是非同小可的。至於大明律令，因爲學生的出路是作官，當然是必讀書。四書五經是儒家的經典，治國平天下的大道理都在裏面。孔子的思想是沒有問題的，尊王正名，君君、臣臣、父父、子子，這一大套，最合帝王的脾胃，所以朱元璋面諭國子博士：「一以孔子所定經書誨諸生。」⑯至於孟子就不同了，洪武三年，他開始讀這本書，讀到好些對君上不客氣的地方，大發脾氣，對人說：「這老頭要是活到今天，非嚴辦不可！」下令國子監撤去孔廟中的孟子牌位，把孟子逐出孔廟。後來雖然迫於輿論，恢復孟子配享，對於這部書還是認爲有反動毒素，得經過嚴密檢查。洪武二十七年（公元一三九四年）特別敕命組織孟子審查委員會，執行檢刪職務的是當時的老儒劉三吾。把盡心篇的「民爲貴，社稷次之，君爲輕」，梁惠王篇「國人皆曰賢，國人皆曰可殺」一章，「時日曷喪，予及汝偕亡！」和離婁篇

「桀紂之失天下也，失其民也。失其民者，失其心也。」一章，萬章篇「天與賢則與賢」一章，「天視自我民視，天聽自我民聽」，「君有大過則諫，反覆之而不聽，則易位。」以及類似的「聞誅一夫紂矣，未聞弑君也」，「君之視臣如草芥，則臣視君如寇讎」，一共八十五條，以爲這些話，不合「名教」，太刺激了，全給刪節掉了。只剩下一百七十幾條，刻板頒行全國學校。這部經過淩遲碎割的書，叫做孟子節文。所刪掉的一部分，「課士不以命題，科舉不以取士。」⑰至於說苑，是因爲「多載前言往行，善善惡惡，昭然於分冊之間，深有勸戒。」是作爲修身或公民課本被指定的。此外，也消極地指定一些不許誦讀的書，例如「蘇秦張儀，繇戰國尚詐，故得行其術，宜戒勿讀。」⑱由此可見學校功課的項目，內容的去取，必讀書和禁讀書，學校教官是無權說話的，一切都由皇帝御定。有時高興，他還出題目，所謂「聖製策問」，來考問學生呢！

學生日課，規定每日寫字一幅，每三日背大誥一百字，本經一百字，四書一百字，每月作文六篇，違者都是痛決（打）。低年級生只通四書的，入正義、崇志、廣業三堂，中等文理條暢的升入修道誠心二堂，在學滿七百天，經史兼通的入率性學。率性堂生一年內考試滿八分的與出身（作官）。⑲

監生的制服叫襴衫，也是御定的。膳食全公費，闔校會饌。有家眷的特許帶家眷入學，每月支食糧六斗。監生和教員請假或回家，都要經皇帝特許。⑳

管制學校的監視，是欽定的，極爲嚴厲。前後增訂一共有五十六款。學生對課業有疑問，必需跪聽。絕對禁止對人對事的批評，禁止團結組織，甚至班與班之間也禁止來往，又不許議論飲食美惡，不許穿常人衣服。有事先於本堂教官處通知，毋得徑行煩紊。凡遇出入，務要有出恭入敬牌。還有無病稱病，出入游蕩，會食喧嘩，點閘（名）不到，號房（宿舍）私借他人住坐，酣歌夜飲等等二十七款，下文都是違者痛決。最最嚴重的一款是「敢有毀辱師長，及生事告訐者，即係干名犯義，有傷風化，定將犯人杖一百，發雲南地面充軍。」㉑朱元璋寄托培養官僚的全部責任於國子監，這一條的法意就是授權監官，用刑法清除所有不服從和敢於抗議的監生，毀辱師長的含義是非常廣泛的，無論是語言、文字、行動、思想上的不同，以至批評，都可任意解釋。至於生事告訐，更可隨便應用，凡是不遵從監規的，不滿意現狀的，要求對教學及生活有所改進的，都可以援用這條款片面判決之，執行之。國子監第一任祭酒宋訥是這條監規的起草人，極意嚴酷，在他的任內，監生走頭無路，經常有人被強制餓死，被迫縊死。祭酒連屍首也不肯放過，一定要當面驗明，才許收殮。㉒後來他的兒子宋復祖當司業，也學父親的辦法，「誡諸生守訥學規，違者罪至死。」㉓學錄金文徵反對宋訥的過分殘暴，想法子救學生，向皇帝控訴說：「祭酒辦學太嚴，監生餓死了不少人。」朱元璋不理會，說是祭酒只管大綱，監生餓死，罪坐親教之師。文徵又設法和同鄉吏部尚書徐熣商量，由吏部出文書令宋訥以年老退休。這年宋訥七十五歲，照規定是該告老的，不料宋訥在辭別皇帝時，說出並非眞心要辭官，朱元璋大怒，追問緣由，立刻把徐熪金文徵和一些關聯的教官都殺了，還把罪狀榜示在監前，也寫在大誥裏頭。這次反迫害的學潮，在一場屠殺後被壓平。㉔

洪武二十七年第二次學潮又起，監生趙麟受不了虐待，出壁報提出抗議。照監規是杖一百充軍，爲了殺一儆百，朱元璋法外用刑，把趙麟殺了，並且在監前立一長竿，梟首示衆。二十八年又頒行趙麟誹謗冊和警愚輔教二錄於國子監。到三十年七月二十三日，又召集祭酒和本監教官監生一千八百二十六員名，在奉天門當面訓話整頓學風，他說：

恁學生每聽著：先前那宋訥做祭酒呵，學規好生嚴肅，秀才每循規蹈矩，都肯向學，所以教出來的個個中用，朝廷好生得人。後來他善終了，以禮送他回鄉安葬，沿路上著有司官祭他。

近年著那老秀才每做祭酒呵，他每都懷著異心，不肯教誨，把宋訥的學規又改壞了，所以生徒全不務學，用著他呵，好生壞事。

如今著那年紀小的秀才官人每來署學事，他定的學規，恁每當依著行。敢有抗拒不服，撒潑皮，違犯學規的，若祭酒來奏著恁呵，都不饒，全家發向武煙瘴地面去，或充軍，或充吏，或做首領官。

今後學規嚴緊，若無籍之徒，敢有似前貼沒頭帖子，誹謗師長的，許諸人出首，或綁縛將來，賞大銀兩個。若先前貼了票子，有知道的，或出首，或綁縛將來呵，也一般賞他大銀兩個。將那犯人凌遲了，梟令在監前，全家抄沒，人口遷發煙瘴地面。欽此！㉕

和統制監生一樣，國子監的教官也是在嚴刑重罰的約束之下的。以祭酒為例，三十多年來的歷任祭酒，只有以殘酷著名的宋訥是善終在任上，死後的恩禮也特別隆重，可以說是例外，其他的不是得罪放逐，便是被殺。㉖

痛決、充軍、罰充吏役、枷鐐終身、餓死、自縊死，梟首示衆、凌遲，一大串刑罰名詞，明初的國子監與其說是學校，不如更合式地說是集中營，是刑場。不止是學生，也包括教官在內，在受死亡所威脅的訓練，造成絕對服從的、無思想的、奴性的官僚。

從洪武二年到三十一年這一時期監生任官的情形來看，第一、監生並沒有一定的任官資序，最高的有作到地方大吏從二品的布政吏，最低的作正九品的縣主簿，以至無品級的教諭。第二、監生也沒有固定的任官性質，朝廷的部院官，監察官，地方最高民政財政官，司法官，以至無所不管親民的府州縣官，和學校官。監生萬能，幾乎無官不可作。第三、除作官以外，在學的監生，有奉命出使的，有奉命巡行列郡的，有稽覈百司案牘的，有到地方督修水利的，有執行丈量、紀錄土地面積、定糧的任務的，有清查黃冊的（每年一千二百人），有寫本的，有在各衙門辦事的，有在各衙門歷事的（實習），幾乎無事不能作。第四、三十年來監生的任官，以洪武二年和二十六年爲最高（洪武二年擢監生爲行省左右參政，各道按察司僉事，及知府等官。二十六年以監生六十四人爲行省布政按察兩使及參政參議副使僉事等官）十九年爲最多（命祭酒司業擇監生千餘人送吏部，除授知州知縣等職），「故其時布列中外者，太學生最盛。」㉗大體說來，從十五年以後，監生的出路，已漸漸不如初年，從作官轉到作事，朝廷利用大批監生作履畝定糧、督修水利，清查黃冊等基層技術工作。至於爲什麼洪武二年和二十六年，大量利用監生作高官呢？理由是：第一、剛開國人才不夠，如上文所說過的，沒有別的人可用，只能以受過訓練的監生出任高官。第二、洪武二十六年二月藍玉被殺，牽連致死的文武官僚、地方大吏爲數極多，許多衙門都缺正官，監生因之大走官運。至於爲什麼洪武十九年監生任官的竟有千餘人之多呢？那是因爲上年鬧郭桓貪污案，供詞牽連到直省官吏，因而繫死者有幾萬人，下級官吏缺得太多的緣故。至於爲什麼從洪武十五年以後，監生作官的出路一天不如一天呢？那是因爲從十五年以後，會試定期舉行，每三年一次，進士在發榜後即刻任官，要作官的都從進士科出身，甚至監生也多從進士科得官，官僚從科舉制度裏出來，國子監失去了培養官僚的獨佔地位。進士釋褐授官，這些官原來都是監生的飯碗，進士日重，監生日輕，只好去作基層技術工作和到諸司去歷事了。

地方的府州縣學和國子監一樣，生員都是供給廩膳（公費）的，從監生到生員都享有免役權，法律規定「免其家差徭二丁」。

洪武十二年頒發禁例十二條於全國學校，鐫立臥碑，置於明倫堂之左，不遵者以違制論。禁例中最重要的是「生員家若非大事，毋輕至於公門。」「生員父母欲行非爲，則當再三懇告。」前一條不許生員交結地方官，後一條要使生員爲皇家服務，替朝廷消弭「非爲」。另一條「軍民一切利病，並不許生員建言。果有一切軍民利病之事，許當該有司，在野賢才，有志壯士，質樸農夫，商賈技藝，皆可言之，諸人毋得阻當，惟生員不許！」㉘重複的說「不許生員建言」，「惟生員不許」，爲什麼單單剝奪了生員討論政治的權利呢？因爲他害怕羣衆，害怕組織，尤其害怕有羣衆基礎有組織能力的知識份子。

地方學校之外，洪武八年又詔地方立社學——鄉村小學。

府州縣學和社學都以御製大誥和律令作主要必修科。

在官僚政治之下，地方學校只存形式，學生不在學，師儒不講論。社學且成爲官吏迫害剝削人民的手段，「有願讀書無錢者不許入學；有三丁四丁不願讀書者，受財賣放，縱其愚頑，不令讀書。有父子二人，或農或商，本無讀書之暇，卻乃逼令入學。有錢者又縱之，無錢者雖不暇讀書，又不肯放，將此湊生員之數，欺誑朝廷。」㉙朱元璋雖然要導民爲善，卻對官僚政治無辦法，嘆一口氣，只好把社學停辦，省得「逼壞良民不暇讀書之家」。㉚

除國子監以外，政府官吏的來源是科舉制度。國子監生可以不由科舉，直接任官，而從科舉出身的人則必須是學校的生員。府州縣學的生員（俗稱秀才）每三年在省城會考一次，稱爲鄉試，及格的爲舉人。各布政司舉人的名額是一定的，除直隸（今江蘇安徽）百人最多，廣東廣西二十五人最少，其他九布政司都是四十人。第二年全國舉人會考於京師，稱爲會試。會試及格的再經一次覆試，地點在殿廷，叫作廷試，亦稱殿試，這覆試是形式上的，主要意義是讓皇帝自己來主持這掄才大典，選拔之權，出於一人，及格的是天子門生，自然應該死心塌地替皇家服務。發榜分一二三甲（等），一甲只有三人，狀元、榜眼、探花，賜進士及第。二甲若干人，賜進士出身。三甲若干人，賜同進士出身。狀元、榜眼、探花、的名號是御定的，民間又稱鄉試第一名爲解元，會試第一名爲會元，二三甲第一名爲傳臚。鄉試由布政使司，會試由禮部主持。狀元授翰林院修撰，榜眼探花授編修，二三甲考選庶吉士的爲翰林官，其他或授給事御史，主事中書，行人評事，太常國子博士，或授府推官知州，知縣等官。舉人貢生會試不及格，改入國子監，也可選作小京官，或作府佐和州縣正官以及學校敎官。

科舉各級考試，專用四書五經來出題目。文體略倣宋經義，要用古人口氣說話，只能根據幾家指定的註疏發揮，絕對不許有自己的見解。體裁排偶，叫作八股，也稱制義。這制度是朱元璋和劉基商量決定的。十五年以後，定制子、午、卯、酉年鄉試，辰、戌、丑、未年會試，鄉試在八月。

會試在二月。每試分三場，初場四書義三道，經義四道；二場試論一道，判一道，詔誥表內科（選）一道；三場試經史時務策五道。㉛

學校和科舉並行，學校是科舉的階梯，科舉是學生的出路。學生通過科舉便作官，不但忘了學校，也忘了書本，於是科舉日重，學校日輕。學校和科舉都是製造和選拔官僚的制度，所學習和考試的範圍完全一樣，都是四書五經，不但遠離現實，也絕對不許接觸到現實。誠如當時人宋濂所說：「自貢舉法行，學者知以摘經擬題爲志，其所最切者，惟四子一經之箋，是鑽是窺，餘則漫不加省。與之交談，兩目瞪然視，舌木強不能對。」㉜學校呢？「稍勵廉隅者不願入學，而學行章句有聞者，未必盡出於弟子員。」㉝到後來甚至弄到「生徒無復在學肄業，入其庭不見其人，如廢寺然。」㉞科舉人才不讀書，不知時事，學校沒有學生，加上殘酷的統制管理，嚴格的檢查防範，學校生員除了尊君和盲從古人之外，不許有新的思想、言論，於是整個學術文化界、思想界、政治界，從童生到當國執政，都嚮往三王，服膺儒術，都以爲「天王聖明，臣罪當誅。」挨了打是「恩譴」，被斫頭是「賜死」，挨了罵不消說有資格才能挨得著，天下無不是的父母，更不會有不是的皇帝，君權由此鞏固，朱家萬世一系的統治也安如泰山了。

① 明史二八五張以寧傳附秦裕伯傳。

② 明史一二四擴廓帖木兒傳附蔡子英傳，明太祖實錄一百十蔡子英傳。

③ 明史二八五楊維楨傳，丁鶴年傳。

④ 余闕青陽文集四「楊君顯民詩集序」。

⑤ 明太祖實錄二十六，一二六。

⑥ 貝瓊清江詩集卷八「述懷二十二韻寄錢思復」。

⑦ 貝瓊清江詩集卷五「秋思」。

⑧ 明史一三九葉伯巨傳。

⑨ 明史七十一選舉志。

⑩ 黃佐南廱志卷九學規本末。

⑪ 同上卷十謨訓考。

⑫ 南廱志卷十五。

⑬ 大明律令。

⑭南廱志卷一，皇明太學志卷七。

⑮南廱志卷一。

⑯同上。

⑰明史一三九錢唐傳，五十四禮志四，李之藻頖宮禮樂疏卷二，全祖望結埼亭集卷三十五辨「錢尙書爭孟子事」，北平圖書館藏洪武二十七年刊本孟子節文，劉三吾「孟子節文題辭」，讀書與出版二年四期容肇祖「明太祖的孟子節文」。

⑱南廱志卷一。

⑲同上卷九。

⑳同上卷一。

㉑南廱志卷九學規本末。

㉒趙翼二十二史劄記卷三十一明史立傳多存大體條引葉子奇草木子。按通行本草木子無此條。

㉓明史一三七宋訥傳。

㉔南廱志卷一、卷十、明史宋訥傳。

㉕南廱志卷十謨訓考。

㉖同上卷一。

㉗南廱志卷一，明史六十九選舉志。

㉘大明會典卷七十八學校。

㉙御製大誥社學第四十四。

㉚本節參看清華學報十四卷二期吳晗「明初的學校」。

㉛明史七十選舉志。

㉜宋濂鑾坡集卷七「禮部侍郎曾公神道碑銘」。

㉝宋濂翰苑別集卷一「送翁好古教授廣州序」。

㉞陸容菽園雜記。

四 皇權的輪子——軍隊

皇權的另一個輪子是軍隊。

朱元璋在攻克集慶以後，厲行屯田政策，廣積糧食，供給軍需。和劉基研究古代的兵制：徵兵制的好處是全國皆兵，有事召集，事定歸農，兵員素質好，來路清楚，政府在平時無養兵之費。壞處是兵員都出自農村，如有長期戰爭，便影響到農村的生產。而且兵源有限制，不適合於大規模的作戰。募兵制呢？好處是應募的多為無業遊民，當兵是職業，數量和服役的時間，可以不受農業生產的限制。壞處是政府經常要維持大量數目的常備軍，軍費負擔太重，而且募的兵來路不明，沒有宗族鄉黨的掛累，容易逃亡，也容易叛變。理想的辦法是折衷於兩者之間，有兩者的好處，而避免各別的壞處，主要的原則，是要使戰鬥力量和生產力量一致。

劉基創立的辦法是衞所制度。①

衞所的兵源有四種：一種是從征，即起事時所統的部隊，也就是郭子興的基本隊伍。一種是歸附，包括削平羣雄所得的部隊和元朝的投降軍。一種是讁發，指因犯罪被讁發當軍的，也叫做恩軍。一種叫垜集，即徵兵，照人口比例，一家有五丁或三丁出一丁爲軍。前兩種是定制時原有的武力，後兩者則是補充的武力。這四種來源的軍人都是世襲的，爲了保障固定員額的維持，規定軍人必須娶妻，世代繼承下去，如無子孫繼承，則由其原籍家屬壯丁頂補。種族綿延的原則，被應用到武裝部隊裏來，兵營成爲武裝的家庭羣了。②

軍有特殊的社會身份，單獨有「軍籍」。在明代戶口中，軍籍和民籍匠籍平行，軍籍屬於都督府，民籍屬於戶部，匠籍屬於工部。軍不受普通行政官吏的管轄，在身份上、法律上和經濟上的地位，都和民不同，軍和民是截然地分開的。民戶有一丁被垜爲軍，政府優免原籍老家一丁差徭，作爲優恤。軍士到戍所時，由宗族治裝。在衞的軍士除本身爲正軍外，其子弟稱爲餘丁或軍餘，將校的子弟則稱爲舍人。日常生活概由政府就屯糧支給，按月發米，稱爲月糧，馬軍月支米二石，步軍總旗一石五斗、小旗一石二斗，步軍一石。(守城的照數支給，屯田的支半。) 恩軍家四口以上一石，三口以下六斗，無家口的四斗。衣服歲給冬衣棉布棉花，夏衣夏布，出征時則例給胖襖鞋褲。③

軍隊組織分作衛所兩級：大體以上五千六百人爲衛，衛有指揮使。衛分五千戶所，所一千一百二十人，有千戶。千戶所分十百戶所，所百十二人，有百戶。百戶下有總旗二，小旗十；總旗領小旗五，小旗領軍十人。大小聯比以成軍。衛所的分佈，根據地理險要：小據點設所，關聯幾個據點的設衛。集合一個軍區的若干衛所，又設都指揮使司，作爲軍區的最高軍事機構，長官是都指揮使。洪武二十五年(公元一三九二年) 全國共有十七個都指揮使司，內外衛三百二十九，守禦千戶所六十五。首都和地方的兵力分配如下：

在京武官	二、七四七員
軍士	二〇六、二八〇人
馬	四、七五一匹
在外武官	一二、七四二員
軍士	九九二、一五四人
馬	四〇、三二九匹④

這十七個都指揮使司又分別隸屬於五軍都督府。

軍食出於屯田。大略是學漢朝趙充國的辦法，在邊塞開屯，一部分軍士守禦，一部分軍士受田耕種。目的在省去運輸費用，和充裕軍食，減輕國庫的負擔，戰鬥力和生產力的一致。跟著內地衞所也先後開屯耕種，以每軍受田五十畝作一分，官給耕牛農具。開頭幾年是免納田租的，到成爲熟地後，每畝收稅一斗。規定邊地守軍十分之三守城，七分屯種，內地是二分守城，八分屯種，希望能達到自足自給的地步。⑤

軍隊裏也和官僚機構一樣，淸廉的武官是極少見的，軍士經常被苛歛剝削。朱元璋曾經憤恨地指出：

那小軍每一個月只關得一担兒倉米。若是丈夫每不在家裏，他婦人家自去關呵，除了幾升做脚錢，那害人的倉官又斛面上打減了幾升。待到家裏䉷（音伐）過來呵，止有七八斗兒米，他全家兒大大小小要飯吃，要衣裳穿，他那裏再得閒錢與人？⑥

正軍本人的衣著雖由官家支給，家屬的卻得自己製備，一石米在人口多的家庭，連吃飯也還不夠，如何還能孝敬上官？如何還能添製衣服？軍士活不了，只好逃亡，只好兼營副業，作苦力作買賣來，軍營就空了，軍隊的士氣戰鬥力也就差了。

除軍屯外，還有商屯。邊軍糧食發生困難時，政府用開中法來接濟。開中法是把運輸費用轉嫁給商人。政府有糧食有鹽，困難的是運輸費用過大，商人有資本也有人力，卻無法得到為政府所專利的鹽，開中法讓商人運一定數量的糧食到邊境，拿到收據，可以向政府領到等價的鹽，自由販賣，從而獲取重利。商人會打算盤，索性雇人在邊上開屯，就地繳糧，省去幾倍的運費。⑦在這一交換過程中，不但邊防充實了，政府省運費、省事，商人也發了財，皆大歡喜。而且，邊界荒地開墾了，不但增加了政府的財富，也造成了地方的繁榮。

軍權分作兩部份：統軍權歸五軍都督府，軍令權則屬於兵部。武人帶兵作戰，文人發令決策。在平時衞所軍各在屯地操練屯田，戰時動員令一下，各地衞軍集合成軍，臨時指派都督府官充任將軍總兵官，統帶出征。戰事結束，立刻復員，衞軍各回原衞，將軍交回將印，也回原任。將不當軍，軍無私將，上下階級分明，紀律劃一。唐宋以來的悍將跋扈，驕兵叛變的弊端，在這制度下完全根絕了。

朱元璋對軍官軍士是用十二分的注意來防閑的。除開在各個部隊裏派義子監軍，派特務人員偵伺以外，洪武五年還特地降軍律於各衞，禁止軍官軍人，不得於私下或明白接受公侯所與信寶金銀段匹衣服糧米錢物，及非出征時，不得於公侯之家門首侍立。其公侯非奉特旨，不得私自呼喚軍人役使，違者公侯三犯准免死一次，軍官軍人三犯發海南充軍。⑧後來更進一步，名義上以公侯伯功臣有大功，賜卒一百十二人作衞隊，設百戶一人統率，頒有鐵冊，說明「俟其壽考，子孫得襲，則兵皆入衞」，稱爲奴軍，亦稱鐵冊軍；事實上是防功臣有二心，特設鐵冊軍來監視。功臣行動，隨時隨地都有報告，證人是現成的，跟著是一連串的告密案，和大規模的功臣屠殺。⑨

在作戰時，雖然派有大將軍統帥大軍，指導戰爭進行的，還是朱元璋自己，用情報用軍事經驗來決定前方的攻戰，甚至指揮到極瑣細的軍務。即最親信的將領像徐達李文忠，也是如此。例如吳元年（公元一三六七年）四月十八日給徐達的手令，在處分軍事正文之後，又說：「我的見識只是如此，你每見得高處強處便當處，隨著你每意見行著，休執著我的言語，恐怕見不到處，教你每難行事。」洪武三年四月：「說與大將軍知道……這是我家中坐著說的，未知軍中便也不便，恁只揀軍中便當處便行。」給李文忠的手令：「說與保兒老兒……我雖這般說，計量中不如在軍中多知備細，隨機應變的勾當。你也廝活落些兒也，那裏直到我都料定！」大體上指導的原則是不能更動的，統帥所有的只是極細微的修正權。

對待俘虜的方針是屠殺，如龍鳳十一年十一月初五日的令旨：「吳王親筆，差內使朱明前往軍中，說與大將軍左相國徐達副將軍平章常遇春知會：十一月初四日捷音至京城，知軍中獲寇軍及首目人等陸萬餘衆，然而俘獲甚衆，難爲囚禁，令差人前去，教你每軍中，將張（士誠）軍精銳勇猛的留一二萬，苦係不堪任用之徒，就軍中暗地去除了當，不必解來。但是大頭目，一名名解來。」十二年三月且嚴厲責備徐達不多殺人：「吳王令旨，說與總兵官徐達，攻破高郵之時，城中殺死小軍數多，頭目不曾殺一名。今軍到淮安，若係便降，係是泗州頭目青旛黃旗招誘之力，不是你的功勞。如是三月已裏，淮安未下，你不殺人的緣故，自說將來！依奉施行者。」吳元年十月二十四日因爲俘虜越獄逃跑，又下令軍前：「今後就近獲到寇軍及首目人等，不須解來，就於軍中典刑。」洪武三年四月：「說與大將軍知道：止是就陣得的人，及陣敗來降的王保保頭目，都休留他一個，也殺了。止留小軍兒，就將去打西蜀了後，就留些守西蜀便了。」則不但俘虜，連投降的頭目也一概殘殺了。

有一道令旨是關於整飭軍紀的，說明了這一舉措的軍事理由。時間是龍鳳十二年三月：「（張軍）男子之妻多在高郵被擄，總兵官爲甚不肯給親完聚發來？這個比殺人那個重？當城破之日，將頭目軍人一概殺了，倒無可論。擄了妻子，發將精漢來，我這裏陪了衣糧，又費關防，養不住。殺了男兒，擄了妻小，敵人知道，豈不抗拒？星夜教馮副使（勝）去軍前，但有指揮千戶百戶及總兵官的伴當，擄了婦女的，割將首級來。總兵官的罪過，回來時與他說話。依奉施行者。」⑩男子指的是張士誠的部隊，被擄是指的被朱元璋自己的部隊所擄。把俘虜的妻女搶了，送俘虜來，養不住，白賠糧食，白費事看守。擄了婦女，殺了俘虜，敵人知道了，當然會頑強抵抗。爲了這個道理，朱元璋只好派特使去整頓軍風紀了。

①明史一百二十八劉基傳。

②明史九十一兵志。

③中國社會經濟史集刊五卷二期吳晗「明代的軍兵」。

④明太祖實錄卷二百二十三。

⑤宋訥西隱文稿卷十守邊策略，明史卷七十七食貨志。

⑥大誥武臣科斂害軍第九。

⑦明太祖實錄卷五十三，五十六；明史卷一百五十郁新傳。

⑧宋濂洪武聖政記肅軍政第四。

⑨沈德符野獲編卷十七鐵冊軍。

⑩王世貞弇山堂別集卷八十六詔令考二。

(五)　皇權的輪子——新官僚機構

由於歷史包袱的繼承，皇權的逐步提高，隋唐以來的官僚機構，以鞏固皇權爲目的的三省制度

——中書省出命令，門下省掌封駁，尙書省主施行——中書官和皇帝最親近，接觸機會最多，權也最重。宋代後期，門下省不能執行審核詔令的任務，尙書省官只能平決庶務，不能與聞國政，三省事實上只是一省當權。到元代索性取消門下省，把尙書省的官屬六部也歸併到中書，成爲一省執政的局面。地方則分設行中書省，總攬軍民大政。其下有路府州縣，管理軍民。

三省制的形成有它的歷史背景和原因，就這制度本身而論，把政權分作三份：一個專管決策，一個負責執行，而又另有一個糾核的機構，駁正違誤，防止皇權的濫用和官僚的缺失，對鞏固皇權，維持現狀的意義上說，是很有用的。可是，在事實上，官僚政治本身破壞了癱瘓了這個官僚機構，皇權和相權的衝突，更有目的地摧毀了這個官僚機構。

官僚政治特徵之一是作官不作事，重床疊屋，衙門愈多，事情愈辦不好，拿薪水的官僚愈多，負責作事的人愈少。例如從唐以來，往往因事設官：尙書省原有戶部，專管戶口財政，在國計困難時，政府要張羅財帛，供應軍需，大張旗鼓，特設鹽鐵使、戶部使、租庸使、國計使等官，由宰相或大臣兼任，意思是要提高搜括的效率，可是這樣一來，戶部位低權輕，職守都爲諸使所奪，便變成閒曹了。兵部專管軍政，從五代設了樞密使以後，兵部又無事可做了。禮部專掌禮儀，宋代卻又另有禮院。幾套性質相同的衙門，新創的搶了舊衙門的職司，本衙門的官照例作和本衙門不相干的事，或者索性不作事。千頭萬緒，名實不符，十個官僚有九個不知道自己的職司。冗官日多，要官更多，行政效率也就日益低落①。到元代又添上蒙古的部族政治機構，衙門越發多，越發龐大，混亂複雜，臃腫不靈，癱瘓的病象在在顯露了。

而且就官僚的服務名義說，也有官、職、差遣之分。官是表明等級、分別薪俸的標識，職以待文學侍從之臣，只有差遣是「治內外之事」的。皇家的賞功酬庸，又有階、勳、爵、食邑、功臣號等名目。以差遣而論，又有行、守、試、判、知、權知、權發遣的不同。其實除差遣以外，其他都是不大相干的。②

皇權和相權的矛盾：例如宋太宗討厭中書的政權太重，分中書吏房置審官院，刑房置審刑院。③爲了分權而添置衙門，其實是奪相權歸之於皇帝。皇帝的詔令照規矩是必須經過中書門下，才算合法，所謂「不經鳳閣鸞台，何謂之敕？」④用意是防止皇權的濫用。但是，這規矩只是官僚集團的規矩，官僚的任免生殺之權在皇帝，升沉榮辱甚至誅廢的利害超過了制度的堅持，私人的利害超過了集團的利害。唐武后以來的墨敕斜封（手令），也就破壞了這個官僚制度，摧殺了相權，走上了獨裁的道路。

朱元璋繼承歷代皇權走向獨裁的趨勢，對官僚機構大加改革，使之更得心應手，爲皇家服務。元代的行中書省是從中書省分出去的，職權太重，到後期鞭長莫及，幾乎沒法子控制了。朱元璋要造成絕對的中央集權，洪武九年（公元一三七六年）改行中書省爲承宣布政使司，設左右布政使各一人，掌一區的政令。布政使是朝廷派駐地方的代表、使臣，稟承朝廷，宣揚政令。全國分浙江、江西、福建、北平、廣西、四川、山東、廣東、河南、陝西、湖廣、山西十二布政使司，十五年增置雲南布政使司。⑤布政使司的分區，大體上繼承元朝的行省，布政使的職權卻只掌民政財政，和元朝行中書省的無所不統，輕重大不相同了。而且就地位論，行省是以都省的機構分設於地方，布政使則是朝廷派駐的使臣，前者是中央分權於地方，後者是地方集權於中央，意義也完全不同。此外，地方掌管司法行政的另有提刑按察使司，長官爲按察使，主管一區刑名按察之事。布按二司和掌軍政的都指揮使司合稱三司，是朝廷派遣到地方的三個特派員衙門。民政、司法、軍政、三種治權分別獨立，直接由朝廷指揮，爲的是便於控制，便於統治。布政司之下，眞正的地方政府分兩級，第一級是府，長官爲知府；有直隸州，即直隸於布政使司的州，長官是知州。第二級是縣，長官是知縣；有州，長官是知州。州縣是直接臨民的政治單位⑥。

中央統治機構的改革，稍晚於地方。洪武十三年（公元一三八〇年）胡惟庸案發後⑦，廢中書省，倣周官六卿之制，提高六部地位；吏戶禮兵刑工每部設尙書一人，侍郎（分左右）二人。吏部掌全國官吏選授封勳考課，甄別人才。戶部掌戶口田賦商稅。禮部掌禮儀、祭祀、僧道、宴饗、教育及貢舉（考試）和外交。兵部掌衞所官軍遠授簡練和軍令。刑部掌刑名。工部掌工程造作（武器、貨幣等），水利，交通。都直接對皇帝負責，奉行政令。

統軍機關則改樞密院爲大都督府，節制中外諸軍。洪武十三年分大都督府爲中左右前後五軍都督府，每府以左右都督爲長官，各領所屬都司衞所，和兵部互相表裏。都督府長官雖管軍籍軍政，卻不直接統帶軍隊，在有戰事時，才奉令出爲將軍總兵官，指揮作戰。戰爭結束，便得交還將印，回原職辦事。⑧

監察機關原來是御史台，洪武十五年改爲都察院，長官是左右都御史，下有監察御史一百十人，分掌十二道（按照布政使司政區分道）。職權是糾劾百司，辨明冤枉，凡大臣姦邪，小人構黨作威福亂政，百官猥茸貪汚舞弊，學術不正，和變亂祖宗制度的，都可隨時舉發彈劾。這衙門的官被皇帝看作是耳目，替皇帝聽，替皇帝看，有對皇權不利的隨時報告。也被皇帝看作是鷹犬，替皇帝追蹤、搏擊一切不忠於皇帝的官民，是替皇帝監視官僚的衙門，是替皇帝檢舉反動思想，保持傳統綱紀的衙門。監察御史在朝監視各個不同的官僚機構，派到地方的，有巡按、淸軍、提督學校、巡鹽、茶馬、監軍等職務，就中巡按御史算是代皇帝巡狩，按臨所部，大事奏裁，小事立斷，是最威武的一個去使。

行政軍事監察三種治權分別獨立，由皇帝親身總其成。官吏內外互用，其地位以品級規定。從九品到正一品，九品十八級，官和品一致，陞遷調用都有一定的法度。百官分治，個別對皇帝負責。系統分明，職權淸楚，法令詳密，組織嚴緊。而在整套統治機構中，互相箝制，以監察官來監視一切臣僚，以特務組織來鎮壓威制一切官民。都督府管軍不管民，六部管民不管軍。大將在平時不指揮軍隊，動員復員之權屬於兵部，供給糧秣的是戶部，供給武器的是工部，決定戰略的是皇帝。六部分別負責，決定政策的是皇帝。在過去，政事由三省分別處理，取決於皇帝，皇帝是帝國的首領。在這新統治機構下，六部府院直接隸屬於皇帝，皇帝不但是帝國的首領，而且是這統治機構的負責人和執行人，歷史上的君權和相權到此合一了，皇帝兼理宰相的職務，皇權由之達於極峯。⑨

歷史的教訓使朱元璋深切的明白宦官和外戚對於政治的禍害。他以爲漢朝唐朝的禍亂都是宦官作的孽。這種人在宮廷裏是少不了的，只能作奴隸使喚，灑掃奔走，人數不可過多，也不可用作耳目心腹，作耳目，耳目壞，作心腹，心腹病。對付的辦法，要使之守法，守法自然不會作壞事；不要讓他們有功勞，一有功勞就難於管束了。立下規矩，凡是內臣都不許讀書識字。又鑄鐵牌立在宮門，上面刻著：「內臣不得干預政事，犯者斬。」又規定內臣不許兼外朝的文武官銜，不許穿外朝官員的服裝，作內廷官不能過四品，每月領一石米，穿衣吃飯官家管。並且，外朝各衙門不許和內官監有公文往來。這幾條規定著著針對著歷史上所曾發生的弊端，使內侍名符其實地作宮廷的僕役。⑩對外戚干政的對策，是不許后妃干政，洪武元年三月即命儒臣修女誡，纂集古代賢德婦女和后妃的故事，刊刻成書，來教育宮人，要她們學樣。又立下規程，皇后止能管宮中嬪婦的事，宮門之外不得干預。宮人不許和外間通信，犯者處死，以斷絕外朝和內廷的來往以至通信，使之和政治隔離。

外朝臣僚命婦按例於每月初一十五朝見皇后，其他時間，沒有特殊緣由，不許進宮。皇帝不接見外朝命婦，皇族婚姻選配良家子女，有私進女口的不許接受。元璋的母族和妻族都絕後，沒有外家，後代帝王也都遵守祖訓，后妃必選自民家。外戚只是高爵厚祿，作大地主，住大房子，絕對不許預聞政事。⑪在洪武一朝三十多年中，內臣小心守法，宮廷和外朝隔絕，和前代相比，算是家法最嚴的了。

其次，元代以吏治國，法令極繁冗，檔案堆成山，吏就從中舞弊，無法根究。而且，正因爲公文條例過於瑣細，不費一兩年功夫，無從通曉，辦公文辦公事成爲專門技術，掌印正官弄不清楚，只好由吏作主張，結果治國治民的都是吏，不是官。小吏們唯利是圖，毫不顧到全盤局面，政治（其實是吏治）自然愈鬧愈壞。遠在吳元年，朱元璋已注意到法令和吏治的關係，指令台省官立法要簡要嚴，選用深通法律的學者編定律令。經過縝密的商訂，去煩減重，化了三十年功夫，更改刪定了四五次，編成大明律，條例簡於唐律，精神嚴於宋律，是中國法律史上極重要的一部法典。又爲簡化公文起見，於洪武十二年立案牘減煩式頒示各衙門，使公文明白好懂，文吏無法舞弊弄權。從此吏員在政治上被斥爲雜流，不能作官。官和吏完全分開，官主行政，吏主事務，和元代的情形完全不同了。⑫

和上述相關的是文章的格式。唐宋以來的政府文字，從上而下的制誥，從下達上的表奏，照習慣是駢驪四六文。儘管有多少人士張復古，提倡改革，所謂古文運動，在民間是成功了，政府卻仍然用老套頭。同一時代用的是兩種文字，廟堂是駢偶文，民間是古文。朱元璋很不以爲然，以爲古人作文章，講道理，說世務，經典上的話，都明白好懂。像諸葛亮的出師表，又何嘗雕琢、立意寫文章？可是有感情，有血有肉，到如今讀了還使人感動，懷想他的忠義。近來的文士，文字雖然艱深，用意卻很淺近，即使寫得和司馬相如楊雄一樣好，別人不懂，又中什麼用？以此他要秘書——翰林——作文字，只要說明白道理，講得通世務就行，不許用浮辭藻飾⑬。到洪武六年，又下令禁止對偶四六文辭，選唐柳宗元代柳公綽謝表和韓愈賀雨表作爲箋表法式⑭。這一改革不但使政府文字簡單、明白，把廟堂和民間打通，現代人寫現代文，就文學的影響說，也可以說很大，韓愈柳宗元以後，他是提倡古文最有成績的一個人。他自己所作的文章，寫得不好，有時不通順，倒容易懂。信札多用口語，比文章好得多，想來是受蒙古白話聖旨的影響，也許是沒有唸過什麼書，中舊式文體的毒比較輕的緣故吧？

唐宋兩代還有一樣壞風氣，朝廷任官令發表以後，被任用的官照例要辭官，上辭官表，一辭再辭甚至辭讓到六七次，皇帝也照例拒絕，下詔敦勸，一勸再勸再六次七次勸，到這人上任上謝表才算罷休。辭的不是眞辭，勸的也不是眞勸，大家肚子裏明白，是在玩文字的把戲，誤時誤事，白費紙墨。朱元璋認爲這種做作太無聊，也把它廢止了。

①宋史職官志一。
②司馬光司馬文正公傳家集卷二十一，乞分十二等以進退羣臣上殿劄子；錢大昕潛研堂集卷三十四答袁簡齋書。
③司馬光涑水記聞卷三，李攸宋朝事實卷九，李燾續資治通鑑長編卷一二五。
④舊唐書卷一百十七劉禕之傳。
⑤明成祖永樂元年（公元一四〇三年）以北平布政使司爲北京，五年置交阯布政使司，十一年置貴州布政使司。宣德三年（公元一四二八年）罷交阯布政使司，除兩京外定爲十三布政使司。
⑥明史職官志。
⑦明史胡惟庸傳，燕京學報十五期吳晗胡惟庸黨案考。
⑧宋濂洪武聖政記肅軍政第四。
⑨參看明史職官志。
⑩宋濂洪武聖政記，明史卷七十四職官志。
⑪明史卷一百〇八外戚恩澤侯表序，卷一百十三后妃列傳序，卷三百外戚傳序。

⑫ 明太祖實錄卷二十六，卷一百二十六，明史卷七十一選舉志。
⑬ 明太祖實錄卷三十九。
⑭ 同上卷八十五。

六 建都和國防

自稱爲淮右布衣，出身於平民而作皇帝的朱元璋，在擁兵擴土，稱帝建國之後，最惹操心的問題，第一是怎麼建立一個有力量的政治中心，即建都，建在何處？第二是用什麼方法來維持皇家萬世系的獨佔統治？

遠在初渡江克太平時（公元一三五五年），陶安便建議先取金陵，據形勢以臨四方①。馮國用勸定都金陵，以爲根本。②葉兌上書請定都金陵，然後拓地江廣，進則越兩淮以北征，退則畫長江以自守。③謀臣策士一致主張定都應天，經過長期研究以後，龍鳳十二年（元至正二十六年，公元一三六六年）六月，擴大應天舊城，建築新宮於鍾山之南，到次年九月完工，這是吳王時代的都城。

洪武元年稱帝，北伐南征，著著勝利，到洪武二十年遼東歸附，全國統一。在這二十年中，個人的地位由王而帝，所統轄的疆域由東南一角落，擴大爲大明帝國，局面大不相同。吳王時代的都城是否可以適應這擴大以後的局面，便大成問題。而且，元帝雖然北走沙漠，仍然是蒙古大汗，保有強大的軍力，時刻有南下恢復的企圖。同時沿海倭寇的侵擾，也是國防上重大的問題。以此國都的重建和國防計劃的確立，是當時朝野所最關心的兩件大事。

基於自然環境的限制，從遼東到廣東，沿海幾千里海岸線的暴露，時時處處都有被倭寇侵掠的危險。東北和西北方面呢？長城以外便是蒙古人的勢力，如不在險要處屯駐重兵，則鐵騎奔馳，黃河以北便不可守。可是防邊要用重兵，如把邊境軍權付託諸將，又怕尾大不掉，有造成藩鎭跋扈的危險。如以重兵直隸中央，則國都必須扼駐國防前線，才能收統轄指揮的功效。東南是全國的經濟中心，北方爲了國防的安全，又必須成爲全國的軍事中心。國都如建設在東南，依附經濟中心，則北邊空虛，無法堵住蒙古人的南侵。如建立在北邊，和軍事中心合一，則糧食仍須靠東南供給，運輸費用太大，極不經濟。

帝國都城問題以外，還有帝國制度問題。是郡縣制呢？還是封建制呢？就歷史經驗論、秦漢唐宋之亡，沒有強大的藩國支持藩衛，是衰亡原因之一。可是周代封建藩國，又鬧得枝強幹弱，威令不行。這兩個制度的折衷辦法是西漢初期的郡國制，一面立郡縣，設官分治，集大權於朝廷，一面又置藩國，封建子弟，使爲皇家扞禦。把帝國建都和制度問題一起解決，設國都於東南財富之區，封子弟於北邊國防據點，在經濟上，在軍事上，在皇家統治權的永久維持上，都圓滿解決了。

明初定都應天的重要理由是經濟的。第一因爲江浙富庶，不但有長江三角洲的大穀倉，而且是絲織工業、鹽業的中心，應天是這些物資的集散地，所謂「財賦出於東南，而金陵爲其會」。④第二是吳王時代所奠定的宮闕，不願輕易放棄，且如另建都城，則又得重加一番勞費。第三從龍將相都是江淮子弟，道地南方人，不大願意離開鄉土。可是在照應北方軍事的觀點看，這個都城的地理地位是不大合適的。洪武元年取下汴梁後，朱元璋曾親去視察，覺得雖然地位適中，但是無險可守，四面受敵，論形勢還不如應天。⑤爲了西北未定，要運餉和補充軍力，不能不有一個軍事上的補給基地，於是模倣古代兩京之制，八月以應天爲南京，開封（汴梁）爲北京。次年八月陝西平定，北方全入版圖，形勢改變，帝都重建問題又再度提出。廷臣中有主張關中險固，金城天府之國；有人主張洛陽爲全國中心，四方朝貢距離一樣；也有提議開封是宋朝舊都，漕運方便；又有人指出北平（元大都）宮室完備，建都可省營造費用。七嘴八舌，引經據典。朱元璋批判這些建議都有片面的理由，只是都不適應現狀。長安洛陽開封過去周秦漢魏唐宋都曾建都，但就現狀說，打了幾十年仗，人民還未休息過來，如重新建都，供給力役都出於江南，未免過於和百姓下不去。即使是北平吧？舊宮室總得有更動，還是費事。還不如仍舊在南京，據形勢之地，長江天塹，龍蟠虎踞，可以立國。次之，臨濠（濠洲）前長江後淮水，地勢險要，運輸方便，也是一個可以建都的地方。⑥決定以臨濠爲中都，動土修造城池宮殿，從洪武二年九月起手，到八年四月，經劉基堅決反對，以爲鳳陽雖是帝鄉，但就種種條件說，都不合式於建都，方才停工，放棄了建都的想頭。⑦洪武十一年（公元一三三七年）才改南京爲京師，躊躇了十年的建都問題，到這時才決心正名定都。⑧

京師雖已奠定，但是爲了防禦蒙古，控制北邊，朱元璋還是有遷都西北的雄心，選定的地點仍是長安和洛陽。洪武二十四年八月，特派皇太子巡視西北，比較兩地的形勢。太子回朝後，獻陝西地圖，提出意見。不料第二年四月太子薨逝，遷都大事只好暫時擱下。⑨

京師新宮原來是燕尾湖，塡湖建宮，地勢南面高，北邊低，就堪輿家的說法是不合建造法則的。皇太子死後，老皇帝很傷心，百無聊賴中把太子之死歸咎於新宮的風水不好，這年年底親撰祭光祿寺竈神文說：

> 朕經營天下數十年，事事按古有緒。維宮城前昂後窪，形勢不稱，本欲遷都，今朕年老，精力已倦。又天下新定，不欲勞民。且廢興有數，只得聽天。惟願鑒朕此心，福其子孫。⑩

六十五歲的白髮衰翁，失去勇氣，只求上天保佑，從此不再談遷都的話了。

分封諸王的制度，決定於洪武二年（公元一三六九年）四月初編皇明祖訓的時候。三年四月封皇第二子到第十子爲親王。可是諸王的就藩，卻在洪武十一年定鼎京師之後。⑪從封王到就藩前後相隔九年，原因是諸子未成年和都城未定，牽連到立國的制度也不能決定。到京師奠定後，第二子秦王建國西安，三子晉王建國太原；十三年，四子燕王建國北平；分王在沿長城的國防前線。十四年五

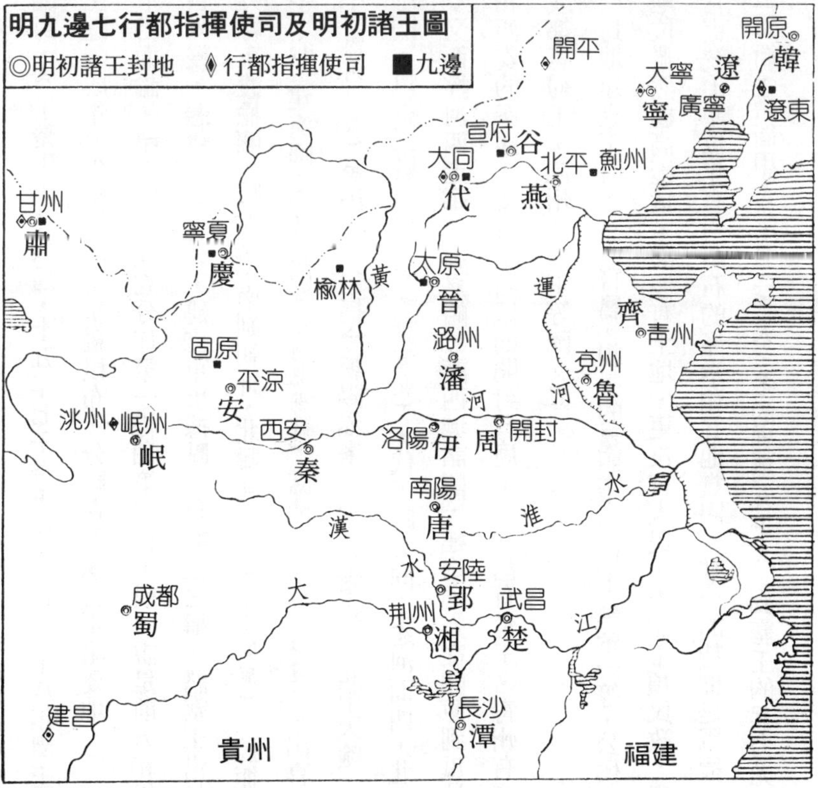
明九邊七行都指揮使司及明初諸王圖
◎明初諸王封地 ◊行都指揮使司 ■九邊
開平
開原
韓
遼
大寧
寧
廣寧
遼東
宣府
谷
大同
代
北平
薊州
燕
甘州
肅
寧夏
慶
榆林
黃
太原
晉
運
齊
青州
固原
潞州
潞
兗州
魯
平涼
安
河
河
洮州
岷州
岷
西安
秦
洛陽
伊
周
開封
南陽
唐
水
淮
漢
水
安陸
郢
成都
蜀
大
荆州
湘
武昌
楚
江
長沙
潭
建昌
貴州
福建

子周王建國開封，六子楚王出藩武昌，十五年七子齊王建國青州，十八年潭王到長沙，魯王在兗州。以後其他幼王逐一成年，先後就國，星羅棋布，分駐在全國各軍略要地。

就軍事形勢而論，諸王國的建立分作第一線和第二線，或者說是前方和後方，第一線諸王的任務在防止蒙古入侵，憑藉天然險要，建立軍事據點，有塞王之稱。諸塞王沿長城線立國，又可分作外內二線：外線東渡榆關，跨遼東，南制朝鮮，北聯開原（今遼寧開原），控扼東北諸夷，以廣寧（今遼寧北鎮）爲中心，建遼國；經漁陽（今河北薊縣）盧龍（今河北盧龍），出喜峯口，切斷蒙古南侵道路，以大寧（今熱河平泉）爲中心，包括今朝陽赤峯一帶，建寧國；北平天險，是元朝故都，建燕國；以出居庸，蔽雁門，以谷王駐宣府（察哈爾宣化），代王駐大同；逾河而西，北保寧夏，倚賀蘭山，以慶王守寧夏；又西控河西走廊，扃嘉峪，護西域諸國，建肅國。從開原到瓜沙，聯成一氣。內線是太原的晉國和西安的秦國。後方諸名城則開封有周王，武昌有楚王，青州有齊王，長沙有潭王，兗州有魯王，成都有蜀王，荆州有湘王等國。⑫

諸王在其封地建立王府，設置官屬。親王的冕服車旗僅下皇帝一等，公侯大臣見王要俯首拜謁，不許鈞禮。地位雖然極高極貴，卻沒有土地，更沒有人民，不能干預民政，王府以外，便歸朝廷所任命的各級官吏統治。每年有一萬石的俸米和其他賞賜。唯一的特權是軍權。每王府設親王護衛指揮使司，有三護衛，護衛甲士少者三千人，多的到萬九千人。⑬塞王的兵力尤其雄厚，如寧王所部至有帶甲八萬，革車六千，所屬朵顏三衛騎兵，驍勇善戰。⑭秦晉燕三王的護衛特別經朝廷補充，兵力也最強。⑮皇明祖訓規定：「凡王國有守鎮兵，有護衛兵。其守鎮兵有常選指揮掌之，其護衛兵從王調遣。如本國是險要之地，遇有警急，其守鎮兵護衛兵並從王調遣。」而且守鎮兵的調發，除御寶文書外，並須得王令旨方得發兵：「凡朝廷調兵，須有御寶文書與王，並有御寶文書與守鎮官。守鎮官既得御寶文書，又得王令旨，方許發兵。無王令旨，不得發兵。」⑯這規定使親王成爲地方守軍的監視人，是皇帝在地方的軍權代表。平時以護衛軍監視地方守軍，單獨可以應變，戰時指揮兩軍，軍權付託給親生兒子，可以放心高枕了。諸塞王每年秋天勒兵巡邊，遠到塞外，把蒙古部族趕得遠遠的，叫作肅清沙漠。⑰凡塞王都參與軍務，內中晉燕二王屢次受命將兵出塞，和築城屯田，大將如宋國公馮勝、潁國公傅友德都受其節制，軍中小事耑決，大事才請示朝廷，軍權獨重，立功最多。⑱

以親王守邊，耑決軍務，內地各大都會，也以皇子出鎮，星羅棋布，盡屏藩皇室，翼衛朝廷的任務。國都雖然遠在東南，也安如磐石，內安外攘，不會發生什麼問題了。

---

① 明史卷一三六陶安傳。

②明史卷一二九馮勝傳，孫承澤春明夢餘錄卷一。
③明史卷一三五葉兌傳。
④邱濬大學衍義補都邑之建。
⑤劉辰國初事蹟。
⑥黃光昇昭代典則。
⑦明史卷一二八劉基傳，太祖紀二。
⑧明史地理志一。
⑨明史卷一一五興宗孝康皇帝傳，卷一四七胡廣傳，姜清姜氏秘史卷一，鄭曉今言二七四。
⑩顧炎武天下郡國利病書卷十三江南一。
⑪明史太祖本紀卷二。
⑫何喬遠名山藏分藩記一。
⑬明史兵志二衞所，諸王傳序。
⑭明史寧王傳。
⑮明史太祖本紀洪武十年。
⑯皇明祖訓兵衞章。

⑰明史兵制三邊防，祝允明九朝野記一。

⑱明史晉恭王傳，太祖本紀三，二十六年三月：「詔二王軍務大者始以聞。」

本節參看清華學報十卷四期吳晗：「明代靖難之役與國都北遷。」

(七) 大一統和分化政策

朱元璋以洪武元年稱帝建立新皇朝，但是大一統事業的完成，卻還須等待二十年。元順帝北走以後，元朝殘留在內地的軍力還有兩大支：一支是雲南的梁王，一支是東北的納哈出。都用元朝年號，雄踞一方。雲南和蒙古本部隔絕，勢力孤單，朱元璋的注意力先集中在西南，從洪武四年（公元一三七一年）消滅了割據四川的夏國以後，便著手經營，打算用和平的方式使雲南自動歸附，先後派遣使臣王禕吳雲招降，都被梁王所殺。到洪武十四年，決意用武力佔領，派出傅友德沐英藍玉三將軍分兩路進攻。

這時雲南在政治上和地理上分作三個系統：第一是直屬蒙古大汗，以昆明爲中心的梁王。第二是在政治上隸屬於蒙古政府，享有自治權利，以大理爲中心的土酋段氏。以上所屬的地域都被區分爲路府州縣。第三是不在上述兩系統下和南部（今思普一帶）的非漢族諸部族，就是明代叫作土司的地域。漢化程度以第一爲最深，第二次之，第三最淺，或竟未漢化。現代貴州的西部，在元代屬於雲南行省，其東部則另設八番順元諸軍民宣慰使司，管理羅羅族及苗族各土司。元至正二十四年（公元一三六四年），朱元璋平定湖南湖北，和湖南接界的貴州土人頭目思南（今思南縣）宣慰，和思州（今思縣）宣撫先後降附。到平定夏國後，四川全境都入版圖，和四川接境的貴州其他土司大起恐慌，貴州宣慰和普定府總管即於第二年自動歸附。貴州的土司大部分歸順明朝，雲南在東北兩面便失去屏蔽了。

明兵從雲南的東北兩面進攻，一路由四川南下取烏撒（今雲南鎮雄、貴州威寧等地）。這區域是四川雲南貴州三省接壤處，犬牙突出，在軍略上可以和在昆明的梁王主力軍呼應，並且是羅羅族的主要根據地。一路由湖南西取普定（今貴州安順），進攻昆明。從明軍動員那天算起，不過一百多天功夫，明東路軍便已直抵昆明，梁王兵敗自殺。明兵再回師和北路軍會攻烏撒，把蒙古軍消滅了。附近東川（今雲南會澤）烏蒙（今雲南昭通）芒部（今雲南鎮雄）諸羅羅族完全降伏，昆明附近諸路也都以次歸順。洪武十五年二月置貴州都指揮使司和雲南都指揮使司，樹立了軍事統治的中心，閏二月又置雲南布政使司，樹立政治中心。①分別派官開築道路，寬十丈，以六十里爲一驛，把川滇黔三省的交通聯繫起來，建立軍衛，「令那處蠻人供給軍食」，控扼糧運。②布置好了，再以大軍向西攻下大理，經略西北和西南部諸地，招降摩些、羅羅、撣、僰諸族，分兵勘定各土司。分雲南爲五十二府，五十四縣。雲南邊外的緬國和八百媳婦（暹羅地）著了慌，派使臣內附，又置緬中緬甸和老撾（今寮國）八百諸宣慰司。爲了雲南太遠，不放心，又特派義子西平侯沐英統兵鎭守。沐家世代出人才，在雲南三百年，竟和明朝的國運相始終。

納哈出是元朝世將，太平失守被俘獲，放遣北還。元亡後擁兵虎踞金山（在開原西北，遼河北岸），養精蓄銳，等候機會南下，和蒙古大汗的中路軍，擴廓帖木兒的西路軍，互相呼應，形成三路箝制明軍的局面。在東北，除金山納哈出軍以外，遼陽瀋陽開元一帶都有蒙古軍屯聚。洪武四年（公元一三七一年）元遼陽守將劉益來降，建遼東指揮使司，接著又立遼東都指揮使司，總轄遼東軍馬，以次征服遼瀋開元等地。同時又從河北陝西山西各地出兵大舉深入蒙古，擊破擴廓的主力軍（元順帝已於前一年死去，子愛猷識里達臘繼立，年號宣光，廟號昭宗），並進攻應昌（今熱河經棚縣以西察哈爾北部之地），元主遠遁漠北。到洪武八年擴廓死後，蒙古西路和中路的軍隊日漸衰困，不敢再深入到內地侵掠。朱元璋乘機經營甘肅寧夏一帶，招撫西部各羌族和回族部落，給以土司名義或王號，使其分化，個別內向，不能合力入寇，並利用諸部的軍力，抵抗蒙軍的入侵。在長城以北今內蒙地方，則就各要害地方建立軍事據點，逐步推進，用軍力壓迫蒙古人退到漠北，不使靠近邊塞。西北問題完全解決了，再轉回頭來收拾東北。

洪武二十年馮勝傅友德藍玉諸大將奉命北征納哈出。大軍出長城松亭關，築大寧（今熱河黑城）寬河（今熱河寬河）會州（今熱河平泉）富峪（今熱河平泉之北）四城，儲糧供應前方，留兵屯守，切斷納哈出和蒙古中路軍的呼應。再東向以主力軍由北面包圍。納哈出勢窮力蹙，孤軍無援，只好投降，遼東全部平定。③於是立北平行都司於大寧，東和遼陽、西和大同應援，作爲國防前線的三大要塞。又西面和開平衞（元上都，今察哈爾多倫縣地）、興和千戶所（今察哈爾張北縣地）、東勝城（今綏遠托克托縣及蒙古茂茂明安旗之地）諸據點，聯成長城以外的第一道國防線，從遼河以西幾千里的地方，設衞置所，建立了軍事上的保衞長城的長城。④兩年後，蒙古大汗脫古思帖木兒被弒，部屬分散，以後經過不斷的政變，篡立、叛亂，實力逐漸衰弱，帝國北邊的邊防，也因之而獲得幾十年的安寧。

東北的蒙古軍雖然降伏，還有女眞族的問題急待解決。女眞這一部族原是金人的後裔，依地理分佈，大別爲建州海西野人三種。過去兩屬於蒙古和高麗，部落分散，不時糾合向內地侵掠，奪取物資，邊境軍隊防不勝防，非常頭痛。朱元璋所採取的對策，軍事上封韓王於開原，寧王於大寧，控扼遼河兩頭，封遼王於廣寧（今遼寧北鎭），作爲阻止蒙古和女眞內犯的重鎭。政治上採分化政策。把遼河以東諸女眞部族，個別用金帛招撫（收買），分立爲若干羈縻式的衞所，使其個別的自成單位，給予各酋長以衞所軍官職銜，並指定住處，許其稟承朝命世襲，各給璽書作爲進貢和互市的憑證，滿足他們物質交換的經濟要求，破壞部族間的團結，無力單獨進攻。⑤到明成祖時代，越發積極推行這政策，大量的全面的收買，拓地到現在的黑龍江口，增置的衞所連舊設的共有一百八十四衞，立奴兒干都司以統之。現在俄領的庫頁島和東海濱省都是當年奴兒干都司的轄地。⑥

遼東平定後，大一統的事業完全成功了。和前代一樣，這大一統的帝國領有屬國和許多藩國。從東面算起，洪武廿五年高麗發生政變，大將李成桂推翻親元的王朝，自立爲王，改國號爲朝鮮，成爲大明帝國最忠順的屬國。藩國東南有琉球國，西南有安南眞臘占城暹羅，和南洋羣島諸島國。內地和邊疆則有許多羈縻的部族和土司。

藩屬和帝國的關係締結，照歷代傳統辦法，在帝國方面，派遣使臣宣告新朝建立，國必需繳還前朝頒賜的印綬冊誥，解除舊的臣屬關係。相對的重新頒賜新朝的印綬冊誥，藩王受新朝冊封，成爲新朝的藩國。再逐年頒賜大統曆，使之遵奉新朝的正朔，永作藩臣。在藩國方面則必須遣使稱臣入貢，新王即位，必須請求帝國承認冊封。所享受的權利，是通商和皇帝的優渥賞賜；和其他國家發生糾紛，或被攻擊時，得請求帝國調解和援助。至於藩國的內政，則可完全自主，帝國從來不加干涉。帝國在沿海特別開放三個通商口岸，主持通商和招待蕃舶的衙門是市舶司：寧波市舶司指定爲日本的通商口岸，泉州市舶司通琉球，廣州市舶司通占城暹羅南洋諸國。

朱元璋接受了元代用兵海外失敗的經驗，打定主意，不向海洋發展，要子孫遵循大陸政策，特別在皇明祖訓中鄭重告誡說：

四方諸夷皆限山隔海，僻在一隅，得其地不足以供給，得其民不足以使令。若其不自揣量，來撓我邊，則彼為不祥。彼既不為中國患，而我興兵輕犯，亦不祥也。吾恐後世子孫倚中國富強，貪一時戰功，無故興兵，殺傷人命，切記不可。但胡戎與中國邊境互相密邇，累世戰爭，必選將練兵，時謹備之。

今將不征諸國名列於後：

東北：朝鮮國

正東偏北：日本國（雖朝實詐，暗通奸臣胡惟庸謀爲不軌，故絶之。）

正南偏東：大琉球國、小琉球國

西南：安南國、眞臘國、暹羅國、占城國、蘇門答剌國、西洋國、爪哇國、湓亨國、白花國、三弗齊國、渤泥國⑦。

中國是農業國，工商業不發達，不需要海外市場；版圖大，用不著殖民地；人口多，更不缺少勞動力。向海外諸國侵掠，「得其地不足以供給，得其民不足以使令」，從經濟的觀點看，是沒有什麼好處的；從利害的觀點看，打仗要化一大筆錢，佔領又得費事，不幸打敗仗越發划不來，還是和平相處，保境安民，多一事不如少一事。這樣一打算盤，主意就打定了。⑧

屬國和藩國的不同處，在於屬國和帝國的關係更密切。在許多場合，屬國的內政也經常被過問，經濟上的連繫也比較的強。

內地的土司也和藩屬一樣，要定期進貢，酋長繼承要得帝國許可。內政也可自主。所不同的是藩國使臣的接待衙門是禮部主客司，冊封承襲都用詔旨，部族土司則領兵的直屬兵部，土府土縣屬吏部，體統不同。平時有納稅、開闢並保養驛路，戰時有調兵從征的義務。內部發生糾紛，或反抗朝廷被平定後，往往被收回治權，直屬朝廷，即所謂「改土歸流」。土司衙門有宣慰司、宣撫司、招討司、安撫司、長官司、土府、土縣等名目，長官都是世襲，有一定的轄地和土民，總稱土司。土司和朝廷的關係，在土司說，是借朝廷所給予的官位威權，鎮懾部下百姓，肆意奴役搜括；在朝廷說，用空頭的官爵，用有限的賞賜，牢籠有實力的酋長，使其傾心內向，維持地方安寧，可以說是互相爲用的。

大概地說來，明代西南部各小民族的分佈，在湖南四川貴州三省交界處是苗族活動的中心，向南發展到了貴州；廣西則是傜族（在東部）僮族（在西部）的根據地；四川雲南貴州三省交界處則是羅羅族的大本營；四川西部和雲南西北部則有麼些族；雲南南部有僰族（即擺夷）；四川北部和青海甘肅寧夏有羌族（番人）。

在上述各區域中，除純粹由土官治理的土司而外，還有一種參用流官的制度。流官即朝廷所任命的有一定任期而非世襲的地方官。大致是以土官為主，派遣流官為輔，事實上是執行監督的任務。和這情形相反，在設立流官的州縣，境內也有不同部族的土司存在。以此，在同一布政使司治下，有流官的州縣，有土官的土司，有土流合治的州縣，也有土官的州縣；即在同一流官治理的州縣內，也有漢人和非漢人雜處的情形。民族問題複雜錯綜，最容易引起紛亂以至戰爭。漢人憑藉高度的生產技術和政治的優越感，用武力，用其他方法佔取土民的土地物質，土民有的被迫遷徙到山頭，過極度艱苦的日子，有的被屠殺消滅，有的不甘心，組織起來以武力反抗，爆發地方性的甚至大規模的戰爭。朝廷的治邊原則，在極邊是放任的愚民政策，只要土司肯聽話，便聽任其作威作福，世世相承，不加干涉。在內地則取積極的同化政策，如派遣流官助理，開設道路驛站，選拔土司子弟到國子監讀書，從而使其完糧納稅，應服軍役，一步步加強統治，最後是改建為直接治理的州縣，擴大皇朝的疆土。⑨

治理西北羌族的辦法公兩種：一稱是用其酋長為衛所長官，世世承襲；一種因其土俗，建設寺院並賜番僧封號，利用宗教來統治邊民。羌族的力量分化，兵力分散，西邊的國防就可高枕無憂了。⑩現在的西藏和西康當時叫作烏斯藏和朶甘，是喇嘛教的中心地區，僧侶兼管政事，明廷因仍元制，封其長老為國師法王，令其撫安番民，定其撫安番民，定期朝貢。又以番民肉食，對茶葉特別愛好，在邊境建立茶課司，用茶葉和番民換馬，入貢的賞賜也用茶和布匹代替。西邊諸族國的酋長僧侶貪圖入貢和通商的利益，得保持世代襲官和受封的權利，都伏伏貼貼，不敢反抗。明朝三百年，西邊比較平靜，沒有發生什麼大的變亂，當然，也說不上開發。從任何方面來說，這一廣大地區比之幾百年前，沒有任何進步或改變。

①明史卷一二四把匝剌瓦爾密傳，一二九傅友德傳，一二六沐英傳，一三二藍玉傳。
②張紞雲南機務鈔黃：洪武十五年閏二月廿五日勅。
③錢謙益國初羣雄事略卷十一；明史卷一二九馮勝傳，卷一二五常遇春傳，卷一三二藍玉傳。
④明史兵志三，嚴從簡殊域周咨錄卷十七韃靼，方孔炤全邊略記卷三，黃道周博物典彙卷十九。
⑤孟森明元清系通紀，清朝前紀。
⑥北平圖書館館刊四卷六期內籐虎次郎：「明奴兒干永寧寺碑考」。
⑦皇明祖訓箴戒章。
⑧參看清華學報十一卷一期吳晗：「十一世紀之中國與南洋」。
⑨明史土司傳。
⑩明史西域傳。

第五章　恐怖政治

㈠ 大屠殺

洪武廿八年（公元一三九五年）正式頒布皇明祖訓。這一年，朱元璋已是六十八歲的衰翁了。在這一年之前，傑驁不馴的元功宿將殺光了，主意多端的文臣殺絕了，不順眼的地主巨室殺得差不多了，連光會掉書袋子搬弄文字的文人也大殺特殺，殺得無人敢說話，無人敢出一口大氣了。殺，殺，殺！殺了一輩子，兩手都塗滿了鮮血的白頭劊子手，躊躇滿志，以為從此可以高枕無憂，皇基永固，子子孫孫吃碗現成飯，不必再操心了。這年五月，特別下一道手令說：「朕自起兵至今四十餘年，親理天下庶務，人情善惡眞僞，無不涉歷。其中奸頑刁詐之徒，情犯深重，灼然無疑者，特令法外加刑，意在使人知所警懼，不敢輕易犯法。然此特權時措置，頓挫奸頑，非守成之君所用長法。以後嗣君統理天下，止守律與大誥，並不許用鯨、刺、剕、劓、閹、割之刑。臣下敢有奏用此刑者，文武羣臣時時劾奏，處以重刑。」①

其實明初的酷刑，鯨、刺、剕、劓、閹、割，還算是平常的，最慘的是凌遲。凡是凌遲處死的罪人，照例要殺三千三百五十七刀，每十刀一歇一吆喝，慢慢的折磨，硬要被殺的人受長時間的痛苦。②其次有刷洗，把犯人光身子放在鐵床上，澆開水，用鐵刷刷去皮肉。有梟令，用鐵鈎鈎住脊骨，橫掛在竿上。有稱竿，犯人縛在竿上。另一頭掛石頭對稱。有抽腸，也是掛在竿上，用鐵鈎鈎入穀門把腸子鈎出。有剝皮，貪官汚吏的皮放在衙門公座上，讓新官看了發抖。此外，還有挑膝蓋，錫蛇遊種種名目。③也有同一罪犯，加以墨面、文身、挑筋、去膝蓋、剁指，並具五刑的。④據說在上朝時，老皇帝的脾氣好壞很容易看出來，要是這一天他的玉帶高高的帖在胸前，大概脾氣好，殺人不會多。要是撳玉帶到肚皮底下，便是暴風雨來了，滿朝的官員都嚇得臉無人色，個個發抖，準有大批人應這劫數。⑤這些朝官，照規矩每天得上朝，天不亮起身流洗穿戴，在出門以前，和妻子訣別，吩咐後事，要是居然活著回家，便大小互相慶賀，算是又多活一天了。⑥

四十年中，據朱元璋的著作，大誥、大誥續編、大誥三編和大誥武臣的統計，所列凌遲、梟示、種誅、有幾千案，棄市（殺頭）以下有一萬多案。三編所定算是最寬容的了。「進士監生三百六十四人，愈見奸貪，終不從命，三犯四犯而至殺身者三人，三犯而誹謗殺身者又三人，姑容戴斬、絞、徙流罪在職者三十人，一犯載死罪徙流罪辦事者三百二十八人。」⑦有御史戴死罪，帶著脚鐐，坐堂審案的；有挨了八十棍回衙門作官的。其中最大的案件有胡惟庸案、藍玉案、空印案和郭桓案，前兩案株連被殺的四萬人，後兩案合計有七八萬人。⑧所殺的人，從開國元勳到列侯裨將、部院大臣、諸司官吏到州縣胥役、進士監生、經生儒士、富人地主僧道屠沽，以至親姪兒、親外甥，無人不殺，無人不可殺，一個個的殺，一家家的殺，有罪的殺，無罪的也殺，「大戮官民，不分臧否」。⑨早在洪武七年，便有人控訴，說是殺得太多了，「才能之士，數年來倖存者百無一二。」⑩到洪武九年，單是官吏犯笞以上罪，謫戍到鳳陽屯田的便有一萬多人。⑪十八年九月在給蕭安石子孫符上也自己承認：「朕自即位以來，法古命官，列布華夷，豈期擢用之時，並效忠貞，任用既久，俱係姦貪！朕乃明以憲章，而刑責有不可恕。以至內外官僚，守職維艱，善能終是者寡，身家誅戮者多。」⑫郭桓案發後，他又說：「其貪婪之徒，聞桓之姦，如水之趨下，半年間弊若蜂起，殺身亡家者，人不計其數。出五刑以治之，挑筋、剁指、刖足、髡髮、文身，罪之甚者歟？。」⑬

政權的維持建立在流血屠殺、酷刑暴行的基礎上，這個時代，這種政治，確確實實是名符其實的恐怖政治。

胡惟庸案發於洪武十三年，藍玉案發於洪武二十六年，前後相隔十四年。主犯雖然是兩個，其實是一個案子。

胡惟庸是初起兵佔領和州時的帥府舊僚。和李善長同鄉，又結了親。因李善長的舉薦，逐漸發達，洪武三年拜中書省參知政事，六年七月拜右丞相。

中書省綜掌全國大政，丞相對一切庶務有專決的權力，統帥百官，只對皇帝負責。這制度對一個平庸的，唯唯否否、阿附取容的「三旨相公」型的人物，或者對手是一個只顧嬉遊逸樂，不理國事的皇帝，也許不會引起嚴重的衝突。或者一個性情謙和容忍，一個剛決果斷，柔剛互濟倒也不致壞事。但是胡惟庸幹練有為，有魄力，有野心，在中書省年代久了，大權在手，威福隨心，兼之十年宰相，門下故舊僚友也隱隱結成一個龐大的力量，這個力量是靠胡惟庸作核心的。拿慣了權的人，怎麼也不肯放下。朱元璋呢，赤手空拳建立的基業，苦戰了幾十年，拚上命得到的大權，平白被人分去了一大半，眞是倒持太阿，授人以柄，想想又怎麼能甘心！困難的是皇帝和丞相的職權，從來不曾有過清楚的界限，理論上丞相是輔佐皇帝治理天下的，相權是皇權的代表，兩者是二而一的，不應該有衝突，事實上假如一切庶政都由丞相處分，皇帝沒事做，只能簽字畫可，高拱無為。反之，如皇帝躬親庶務，大小事情一概過問，那末，這個宰相除了伴食畫諾以外，又有什麼可做？這兩個人性格相同，都剛愎，都固執，都喜歡獨裁，好攬權，誰都不肯相讓。許多年的爭執、摩擦，相權和皇權相對立，最後，衝突表面化了。朱元璋有軍隊，有特務，失敗的當然是文官。在胡惟庸以前，第一任丞相李善長小心怕事，徐達經常統兵在外，和朱元璋的衝突還不太明顯嚴重（劉基自己知道性子太剛，一定合作不了，堅決不幹）。接著是汪廣洋，碰上幾次大釘子，末了還是賜死。中書官有權的如楊憲，也是被殺的。胡惟庸是任期最長，衝突最厲害的一個。被殺後，索性取消中書省，由皇帝兼行相權，皇權和相權合而為一。洪武二十八年手令：「自古三公論道，六卿分職，自秦始置丞相，不旋踵而亡。漢唐宋因之，雖有賢相，然其間所用者多有小人，專權亂政。我朝罷相，設五府六部都察院通政司大理寺等衙門，分理天下庶務，彼此頡頏，不敢相壓，事皆朝廷總之，所以穩當。以後嗣君並不許立丞相，臣下敢有奏請設立者，文武羣臣即時劾奏，處以重刑。」⑭這裏所說的「事皆朝廷總之」的朝廷，指的便是他自己。胡惟庸被殺在政治制度史上的意義，是治權的變質，也就是從官僚和皇家共治的階段，轉變爲官僚成奴才，皇帝獨裁的階段。

胡惟庸之死只是這件大屠殺案的一個引子，公布的罪狀是擅權枉法。以後朱元璋要殺不順眼的文武臣僚，便拿胡案作底子，隨時加進新罪狀，把它放大、發展。一放爲私通日本，再放爲私通蒙古。日本和蒙古，「南倭北虜」，是當時兩大敵人，通敵當然是謀反。三放又發展爲串通李善長謀逆，最後成爲藍玉謀逆案。罪狀愈多，牽連的罪人也更多。由甲連到乙，乙攀到丙，轉彎抹角像瓜蔓一樣四處伸出去，一網打盡，名爲株連。被殺的都以家族作單位，殺一人也就是殺一家。坐胡案死的著名人物有御史大夫陳寧，中丞涂節，太師韓國公李善長，延安侯唐勝宗，吉安侯陸仲亨，平涼侯費聚，南雄侯趙庸。滎陽侯鄭遇春，宜春侯黃彬，河南侯陸聚，宜德侯金朝興，靖寧侯葉昇，申國公鄧鎭，濟寧侯顧敬，臨江侯陳鏞，營陽侯楊通，淮安侯華中，高級軍官毛驤、李伯昇、丁玉，和宋濂的孫子宋愼。宋濂也被牽連，貶死茂州。坐藍黨死的除大將涼國公藍玉以外，有吏部尙書詹徽，侍郎傅友文，開國公常昇，景川侯曹震，鶴慶侯張翼，舳艫侯朱壽，東莞伯何榮，普定侯陳桓，宣寧侯曹泰，會寧侯張溫，懷遠侯曹興，西涼侯濮璵、東平侯韓勳，全寧侯孫恪，瀋陽侯察罕，徽先伯桑敬和，都督黃輅、湯泉等。胡案有昭示奸黨錄，藍案有逆臣錄，把口供和判案詳細紀錄公佈，讓全國人都知道這些「姦黨」的「罪狀」。⑮被殺公侯中，東莞伯何榮是何眞的兒子，何眞死於洪武二十一年，被帳下舊校捏告生前黨胡惟庸，勒索二千兩銀子，何家子弟到御前分析，朱元璋大怒說：「我的法，這廝把作買賣！」把舊校綁來處死。到二十三年何榮弟崇祖回廣東時：

> 兄把袂連聲：弟弟，今居官禍福頃刻，汝歸難料再會日。到家達知伯叔兄弟，勿犯違法事，保護祖宗，是所願望！

可是，逃過了胡黨，還是逃不過藍黨。何家是嶺南大族，何眞在元明之際保障過一方秩序，威望極高，如何放得過？據何崇祖自述：

> 洪武二十六年，族誅涼國公藍玉，扳指公侯文武家，名藍黨，無有分別。自京及天下，赤族不知幾萬戶。長兄四兄宏維暨老幼咸喪。三月二十日夜雞鳴時，家人彭康壽叩門，吾床中聞知禍事，出問故云：「昨晚申時，內官數員帶官軍到衞，城門皆閉。是晚有公差出城，私言今夜抄提員頭山何族，因此奔回。」……軍來甚衆，吾忙呼妻封氏各自逃生。

崇祖一房從此山居島宿，潛形匿跡，一直到三十一年新帝登極大赦，才敢回家安居。⑯

李善長死時已經七十七歲了。帥府元僚，開國首相，替主子辦了三十九年事，兒子作駙馬，本身封國公，富極貴極，到末了卻落得全家誅戮。一年後，有人上疏喊冤說：

善長與陛下同心，出萬死以取天下，勳臣第一，生封公，死封王，男尚公主，親戚拜官，人臣之分極矣。藉令欲自圖不軌，尚未可知。而今謂其欲佐胡惟庸者，則大謬不然。人情愛其子，必甚於兄弟之子（善長弟存義子佑是胡惟庸的從女婿）；安享萬全之富貴者，必不僥倖萬一之富貴。善長與惟庸，猶子之親耳，於陛下則親子女也。使善長佐惟庸成，不過勳臣第一而已矣，太師國公封王而已矣，尚主納妃而已矣，寧復有加於今日？且善長豈不知天下之不可倖取：當元之季，欲為此者何限，莫不身為齏粉，覆宗絕祀，能保首領者幾何人哉！善長胡乃身見之，而以衰倦之年身蹈之也？凡為此者，必有深讎激變，大不得已。父子之間，或至相挾以求脫禍，今善長之子祺，備陛下骨肉親，無纖芥嫌，何苦而忽為此？若謂天象告變，大臣當災，殺之以應天象，則尤不可。臣恐天下聞之，謂功如善長且如此，四方因之解體也。今善長已死，言之無益，所願陛下作戒將來耳。

說得句句有理，字字是理，朱元璋無話可駁，也就算了。⑰

二案以外，開國功臣被殺的，還有謀殺小明王的兇手德慶侯廖永忠，洪武八年以僭用龍鳳不法等事賜死；永嘉侯朱亮祖父子於十三年被鞭死；臨川侯胡美於十七年犯禁伏誅；江夏侯周德興於二十五年以帷薄不修，曖昧的罪狀被殺；二十七年，殺定遠侯王弼、永平侯謝成、穎國公傅友德；二十八年殺宋國公馮勝。周德興是朱元璋兒時放牛的伙伴，傅友德馮勝功最高，突然被殺，根本不說有甚麼罪過，正合著古人說的「飛鳥盡，良弓藏；狡兎死，走狗烹」的話。⑱

不但列將以次誅夷，甚至堅守南昌七十五日，力拒陳友諒，造成鄱陽湖大捷，奠定王業的功臣，義子親姪朱文正也以「親近儒生，胸懷怨望」被鞭死。⑲義子親甥李文忠，十幾歲便在軍中，南征北伐，立下大功，也因爲左右多儒生，禮賢下士，有政治野心被毒死。⑳劉基是幕府智囊，運謀決策，不止有定天下的大功，並且是奠定帝國規模的主要人物，因爲主意多，看得準，看得遠，被猜忌最深，洪武元年便被休致回家，㉑又怕隔得太遠會出事，硬拉回南京，終於被毒死。㉒徐達爲開國功臣第一，小心謹愼，也逃不過。洪武十八年病了，生背疽，據說這病最忌吃蒸鵝，病重時皇帝卻特賜蒸鵝，沒辦法，流著眼淚當著使臣的面吃，不多日就死了。㉓這兩個元功的特別被注意，被防閑，滿朝文武全知道，給事中陳汶輝曾經上疏公開指出：「今勳舊耆德，咸思辭祿去位，如劉基徐達之見猜，李善長周德興之被謗，視蕭何韓信其危疑相去幾何哉！」㉔

武臣之外，文官被殺的也著實不少。有紀載可考的有宋思顏夏煜高見賢凌說孔克仁，這幾人都是初起事時的幕府僚屬。宋思顏在幕府裏的地位僅次於李善長。夏煜是詩人，和高見賢楊憲凌說一伙，專替朱元璋「伺察搏擊」，盡鷹犬的任務，告密栽贓，什麼事全幹，到末了也被人告密，先後送了命。㉕朝官中有禮部侍郎朱同張衡，戶部尚書趙勉，吏部尚書余熂，工部尚書薛祥秦逵，刑部尚書李質開濟，房部尚書茹太素，春官王本，祭酒許存仁，左都御史楊靖，大理寺卿李仕魯，少卿陳汶輝、御史王朴，紀善白信蹈等。㉖外官有蘇州知府魏觀，濟寧知府方克勤，番禺知縣道同，訓導葉伯巨，晉王府左相陶凱等。㉗茹太素是個剛性人，愛說老實話，幾次爲了話不投機被廷杖，降官，甚至鐐足治事。一天，在便殿賜宴，朱元璋賜詩說：「金盃同汝飲，白刃不相饒。」太素磕了頭，續韻吟道：「丹誠圖報國，不避聖心焦！」元璋聽了倒也很感動。不多時還是被殺。李仕魯是朱熹學派的學者，勸皇帝不要太尊崇和尚道士，想學韓文公闢佛，來發揚朱學。料想著朱熹和皇帝是本家，這著棋準下得不錯，不料皇帝竟不賣朱夫子的賬，全不理會。仕魯急了，鬧起迂脾氣，當面交還朝笏，要告休回家。元璋大怒，叫武士把他摜死在階下。陶凱是御用文人，一時詔令封冊歌頌碑誌多出其手，作過禮部尚書，制定軍禮和科舉制度，只爲了起一個別號叫「耐久道人」，犯了忌諱被殺。員外郎張來碩諫止取已許配的少女作宮人，說「於理未當」，被碎肉而死。參議李飲冰被割乳而死。㉘葉伯巨在洪武九年以星變上書，論用刑太苛說：

臣觀歷代開國之君，未有不以仁德結民心，以任刑失民之者，國祚長短，悉由於此。議者曰宋元中葉，專事姑息，賞罰無章，以致亡滅。主上痛懲其徼，故制不宥之刑，權神變之法，使人知懼而莫測其端也。臣又以為不然。開基之主，垂範百世，一動一靜，必使子孫有所持守，況刑者國之司命，可不慎歟！夫笞、杖、徒、流、死，今之五刑也。用此五刑，既無假貸，一出乎大公至正可也。而用刑之際，多裁自聖衷，遂使治獄之吏，務趨求意志，深刻者多功，平反者得罪，欲求治獄之平，豈易得哉！近者特旨雜犯死罪，免死充軍，又刪定舊律諸則，減宥有差矣。然未聞有戒飭治獄者，務從平恕之條，是以法司猶循故例，雖聞寬宥之名，未見寬宥之實。所謂實者，誠在主上，不在臣下也。故必有罪疑惟輕之意，而後好生之德洽於民心，此非可以淺淺期也。何以明其然也？古之為士者以登仕為榮，以罷戰為辱，今之為士者以溷迹無聞為福，以受玷不錄為幸，以屯田工役為必獲之罪，以鞭笞捶楚為尋常之辱。其始也，朝廷取天下之士，網羅捃摭，務無餘逸，有司敦迫上道，如捕重囚。比到京師，而除官多以貌選，所學或非其所用，所用或非其所學。洎乎居官，一有差跌，苟免誅戮，則必在屯田工役之科，率是為常，不少顧惜。此豈陛下所樂為哉！誠欲人之懼而不敢犯也。竊見數年以來，誅殺亦可謂不少矣，而犯者相踵，良由激勸不明，善惡無別，議賢議能之法既廢，人不自勵而為善者怠也。有人於此，廉如夷齊，智如良平，少戾於法，上將錄長棄短而用之乎？將舍其所長苛其所短而寘之法乎？苟取其長而舍其短，則中庸之材爭自奮於廉智；倘苛其短而棄其長，則為善之人皆曰某廉若是，某智若是，朝廷不少貸之，吾屬何所容其身乎？致使朝不謀夕，棄其廉恥，或自掊克，以備屯田工役之資者，率皆是也。若是非用刑之煩者乎！漢嘗徙大族於山陵矣，未聞實之以罪人也，今鳳陽皇陵所在，龍興之地，而率以罪人居之，怨嗟愁苦之聲，充斥園邑，殆非所以恭承宗廟意也。

朱元璋看了氣極，連聲音都發抖了，連聲說道這小子敢如此！快逮來！我要親手射死他！隔了些日子，中書省官趁他高興的時候，奏請把葉伯巨下刑部獄，不久死在獄中。㉙

照規定，每年各布政使司和府州縣都得派上計吏到戶部，覈算錢糧軍需等帳目，數目瑣碎畸零，必需符合省，省合部，一層層上去，一直到部裏審核報銷，才算手續完備。錢穀數字有分毫升合不符合，整個報銷冊便被駁回，得重新塡造。布政使司離京師遠的六七千里，近的也是三四千里，冊子重造不打緊，要有衙門的印才算合法，爲了蓋這顆印，來回時間就得一年半載。爲了免得部裏挑剔，減除來回奔走的麻煩，上計吏照例都帶有預先備好的空印文書，遇有部駁，隨時塡用。到洪武十五年，朱元璋忽然發覺這事，以爲一定有弊病，大發雷霆，下令地方各衙門的長官主印者一律處死，佐貳官仗一百充軍邊地。其實上計吏所預備的空印文書是騎縫印，不能作爲別用，也不一定用得著，全國各衙門都明白這道理，連戶部官員也是照例默認的，算是一條不成文法律。可是案發後，朝廷上誰也不敢說明詳情，有一個不怕死的老百姓，拚著命上書把這事解釋明白，也不中用，還是把地方長吏一殺而空。當時最有名的好官濟寧知府方克勤（建文朝大臣方孝儒的父親）也死在這案內。上書人也被罰充軍。㉚

郭桓是戶部侍郎。洪武十八年，有人告發北平二司官吏和郭桓通同舞弊，從六部左右侍郎以下都處死刑，追贓七百萬，供詞牽連到各直省官吏，死的又是幾萬人。追贓又牽連到全國各地，中產之家差不多全被這案子搞得傾家蕩產，財破人亡。這案子激動了整個社會，也大傷了中產階級和中下級官僚的心，大家都指斥攻擊告發此案的御史和審判官，議論沸騰，情勢嚴重。朱元璋一看不對，趕緊下手詔條列郭桓等罪狀，說是：

> 戶部官郭桓等收受浙西秋糧，合上倉四百五十萬石，其郭桓等止收六十萬石上倉，鈔八十萬錠入庫，以當時折算，可抵二百萬石，餘有一百九十萬石未曾上倉。其桓等受要浙西等府鈔五十萬貫，致使府州縣官黃文等通同刁頑人吏邊源等作弊，各分入己。
>
> 其所盜倉糧，以軍衛言之，三年所積賣空。前者榜上若欲盡寫，恐民不信，但略寫七百萬耳。若將其餘倉分並十二布政司通同盜賣見在倉糧，及接受浙西等府鈔五十萬張賣米一百九十

萬不上倉，通算諸色課程魚鹽等項，及通同承運庫官范朝宗偷盜金銀，廣惠庫官張裕妄支鈔六百萬張，除盜庫見在金銀寶鈔不算外，其責在倉稅糧及未上倉該收稅糧及魚鹽諸色等項，共折米算，所廢者二千四百餘萬（石）精糧。

其應天等五府州縣數十萬沒官田地，夏秋稅糧，官吏張欽等通同作弊，並無一粒上倉，與同戶部官郭桓等盡行分授。

意思是追贓七百萬還是聖恩寬容，認眞算起來該有二千四百萬，這幾萬人死得決不委屈。話雖如此說，倒底覺得有些不妥，只好借審刑官的頭來平衆怒，把原審官殺了一批，再三申說，求人民的諒解。㉛一年後，他又特別指出：「自開國以來，惟兩浙江西兩廣福建所設有司官，未嘗任滿一人，往往未及終考，自不免於贓貪。」㉜可見殺這些貪官汚吏是不錯的，是千該萬該的。不過，倒過來說，殺了二十年的貪官汚吏，而貪官汚吏還是那麼多，沿海比較富饒區域的地方官，二十年來甚至沒有一個能夠作滿任期，都在中途犯了貪贓得罪，由此可見專制獨裁的統治、官僚政治和貪汚根本分不開，單用嚴刑重罰、恐怖屠殺去根絕貪汚，是不可能有什麼效果的。

在鞭笞，苦工，剝皮，抽筋，以至抄家滅族的威脅空氣中，凡是作官的，不論大官小官，近臣遠官，隨時隨地都會有不測之禍，人人在提心吊膽，戰戰兢兢過日子。這日子過得太緊張了，太可怕了，有的人實在受不了，只好辭官，回家當老百姓。不料又犯了皇帝的忌諱，說是不肯幫朝廷作事：「奸貪無福小人，故行誹謗，皆說朝廷官難做。」㉝大不敬，非殺不可。沒有作過官的儒士，怕極了，躲在鄉間不敢出來應考作官，他又下令地方官用種種方法逼他們出來，「有司敦迫上道，如捕重囚。」還立下一條法令，說是：「率土之濱，莫非王臣，寰中士大夫不爲君用，是自外其教者，誅其身而沒其家，不爲之過。」㉞貴溪儒士夏伯啓叔姪各寇去左手大指，立誓不作官，被拿赴京師面審，朱元璋氣虎虎發問：「昔世亂居何處？」回說：「紅寇亂時，避兵於福建江西兩界間。」不料紅寇這名詞正刺著皇帝的痛處：

> 朕知伯啟心懷忿怒，將以為朕取天下非其道也。特謂伯啟曰：爾伯啟言紅寇亂時，意有他忿。今去指不為朕用，宜梟令籍沒其家，以絕狂愚夫倣效之風。

特派法司押回原籍處決。㉟蘇州人才姚潤王謨被徵不肯作官，也都被處死，全家籍沒。㊱

洪武朝朝臣倖免於屠殺的，只有幾個例子：一個是大將信國公湯和，原是朱元璋同村子人，一塊兒長大的看牛伙伴，比元璋大三歲。起兵以後，諸將地位和元璋不相上下的，都鬧彆扭，不聽使喚，只有湯和規規矩矩，小心聽話，服從命令。到晚年，徐達李文忠死已多年，湯和宿將功高，明白老伙伴脾氣，對於諸大將兵權在握心裏老大不願意，苦的是嘴裏說不出。他便首先告老交回兵權，元璋大喜，立刻派官給他在鳳陽蓋府第，賞賜稠渥，特別優厚，算是僥倖老死在床上。㊲一個是外戚郭德成，郭寧妃的哥哥。一天他陪朱元璋在後苑喝酒，醉了爬在地上去冠磕頭謝恩，露出稀稀的幾根頭髮，元璋笑著說：「醉風漢，頭髮禿到這樣，可不是酒喝多了。」德成仰頭說：「這幾根還嫌多呢，薙光了才痛快。」元璋不作聲。德成酒醒，才知道闖了大禍，怕得要死，索性裝瘋，剃光了頭，穿了和尚衣，成天念佛。元璋信以爲眞，告訴寧妃說：「原以爲你哥哥說笑話，如今眞個如此，眞是風漢。」不再在意，黨案起後，德成居然漏網。㊳一個是御史袁凱。有一次朱元璋要殺許多人，叫袁凱把案卷送給皇太子覆訊。皇太子主張從寬。袁凱回報，元璋問：「我要殺人，皇太子卻要寬減，你看誰對？」袁凱不好說話，只好回答：「陛下要殺是守法，東宮要赦免是慈心。」元璋大怒，以爲袁凱兩頭討好，脚踏兩頭船，老猾頭，要不得。袁凱大懼，假裝瘋癲。元璋說瘋子不怕痛，叫人拿木鑽來刺他的皮膚，袁凱咬緊牙齒，忍住不喊痛。回家後，自己拿鐵鍊鎖住脖子，蓬頭垢面，滿口瘋話，元璋還是不放心，派使者去召他作官，袁凱瞪眼對使者唱月兒高曲，爬在籬笆邊吃狗屎，使者回報果然瘋了，才不追究。這一次朱元璋卻受了騙，原來袁凱預先叫人用炒麵拌砂糖，捏成段段，散在籬笆下，爬著吃了，救了一條命，朱元璋那裏會知道？㊴

吳人嚴德珉由御史升左僉都御史，因病辭官，犯了忌諱，被黥面充軍南丹（今廣西），遇赦放還，布衣徒步作老百姓，誰也不知道他曾作過官，到宣德時還很健朗。一天因事被御史所逮。跪在堂下，供說也曾在台勾當公事，頗曉三尺法度。御史問是何官，回說洪武中台長嚴德珉便是老夫。御史大驚謝罪，第二天去拜訪，卻早已挑著鋪蓋走了。有一個教授和他喝酒，見他臉上刺字，頭戴破帽，問老人家犯什麼罪過，德珉說了詳情，並說先時國法極嚴，作官的多半保不住腦袋。說時還北面拱手，嘴裏連說「聖恩！聖恩！」㊵

元璋有一天出去私訪，到一破寺，裏邊沒有一個人，牆上畫一布袋和尚，有詩一首：「大千世界浩茫茫，收拾都將一袋藏，畢竟有收還有放，放寬些子又何妨。」墨跡還新鮮，是剛畫剛寫的，趕緊使人去搜索，已經不見了。㊶這故事不一定是眞實的，不過，所代表的當時人的情緒卻是眞實的。

①　明太祖實錄卷二百三十九。
②　鄧之誠骨董續記卷二十磔條引張文寧年譜，計六奇明季北略記鄭鄤事。
③　呂毖明朝小史卷一國初重刑。
④　大誥奸吏建言第卅三，刑餘攢典盜糧第六十九；續誥相驗囚屍不實第四十二；三編逃囚第十六。
⑤　徐禎卿翦勝野聞。
⑥　趙翼二十二史劄記卷三十二明祖晚年去嚴刑條引草木子。

⑦明史九十四刑法志，大誥三編二進士監生戴罪辦事。

⑧明史九十四刑法志。

⑨明史卷一三九周敬心傳：「洪武二十五年上疏極諫：洪武四年錄天下官吏，十三年連坐胡黨，十九年逮官吏積年爲民害者，二十三年罪妄言者，大戮官民，不分臧否。」

⑩明史一三九茹太素傳。

⑪明史一三九韓宜可傳。

⑫明朝小史卷二。

⑬大誥三編逃囚第十六。

⑭明太祖實錄卷二三九。

⑮參看錢謙益太祖實錄辨證，潘檉章國史考異，燕京學報十五期吳晗：「胡惟庸黨案考」。

⑯何崇祖廬江郡何氏家記（玄覽堂叢書續集本）。

⑰明史卷一百二十七李善長傳。

⑱王世貞史乘考誤，錢謙益太祖實錄辨證，潘檉章國史考異。

⑲劉辰國初事蹟，孫宜洞庭集人明初略三，王世貞史乘考誤卷一。

⑳王世貞史乘考誤卷一，錢謙益太祖實錄辨證卷五，潘檉章國史考異卷二。

㉑劉辰國初事蹟。
㉒明史卷三〇八胡惟庸傳，卷一二八劉基傳，劉璟遇恩錄。
㉓徐禎卿翦勝野聞。
㉔明史卷一三八李仕魯傳附陳汶輝傳。
㉕明史卷一三五宋思顏傳。
㉖明史卷一三六朱升傳，一三七劉三吾傳，宋訥傳，安然傳，一三八陳修傳，周禎傳，楊靖傳，薛祥傳，一三九茹太素傳，李仕魯傳，周敬心傳。
㉗明史卷一四〇魏觀傳，二八一方克勤傳，一四〇道同傳，一三九葉伯巨傳，一三六陶凱傳。
㉘劉辰國初事蹟。
㉙明史一百三十九葉伯巨傳。
㉚明史卷九十四刑法志，卷一百三十九鄭士利傳。
㉛明史卷九十四刑法志；大誥二十三郭桓賣放浙西秋糧，四十九郭桓盜官糧。
㉜大誥續編。
㉝大誥奸貪誹謗第六十四。
㉞大誥二編蘇州人才第十三。

㉟大誥三編秀才剁指第十，明史卷九十四刑法志。
㊱大誥三編蘇州人才第十三，明史卷九十四刑法志。
㊲明史卷一百二十六湯和傳。
㊳明史卷一三二郭興傳。
㊴明史卷二百八十三袁凱傳，徐禎卿翦勝野聞，陸深金台紀聞。
㊵明史卷一三八周禎傳。
㊶徐禎卿翦勝野聞。

㈡ 文字獄

雖然在大明律上並沒有這一條，說是對皇帝的文字有許多禁忌，違犯了就得殺頭，但是，在明初，百無是處的文人，卻爲了幾個方塊字，不知道被屠殺了多少人，被毀滅了多少家族。所謂禁忌，含義是非常廣泛的。例如朱元璋從小窮苦，當過和尙，和尙的特徵是光頭，沒有頭髮，因之不但「光」「禿」這一類字犯忌諱，就連「僧」這個字也被討厭，推而廣之，連和僧字同音的「生」字也不喜歡。又如他早年是紅軍的小兵，紅軍在元朝政府，如地主官僚士大夫的口頭上、文字上，是被叫作紅賊紅寇的，作過賊的最恨人提起賊字，不管說的是誰，總以爲罵的是他，推而廣之，連和賊字形相像的「則」字也看著心虛了。這一類低能的護短的禁忌心理，在平常人，最多是罵一場，打一架，可是皇帝就不同了，嚴重了，一張嘴，一個條子，就是砍頭、抄家、滅族。法律，刑章，不過為對付老百姓用的，皇帝在法律上，在法律之外，而且，還可以為自己的方便，臨時添進一兩款，弄得名正言順；要不然，作皇帝的圖的是什麼來？

大明帝國的第一代皇帝，從小失學，雖然曾經在皇覺寺混了一些日子，從佛經裏生吞活剝認了幾個字，後來在行伍裏和讀書人搞在一起，死命記，刻苦學，到發跡了，索性請了許多文人學者來講學，更明白往古還有許多大道理。可是，到底根基差，認字不太多，學問不到家，許多字認不眞，加上心虛護短的自卑心理，憑著有百萬大軍的威風，濫用權力，就隨隨便便糊里糊塗殺了無數文人，造成明初的文字獄。

他的自卑心理，另一現象就是賣弄身份。論出身，既不是像周文王那樣的王子王孫，也不是隋文帝那樣世代將門；論祖先，既攀不出堯子舜孫那一套，也不會像唐朝拉李耳、宋朝造趙玄朗那玩意；父親祖父是佃農，外祖是巫師，沒什麼值得誇耀的。為了怕人訕笑，索性強調自己是無根基的，沒來頭的，不是靠祖宗先人基業起家的。在口頭上，在文字上，甚至在正式的詔書上，一張嘴，一動筆，總要插進「朕本淮右布衣」，或者「江左布衣」，以及「匹夫」「起自田畝」「出身寒微」一類的話；尤其是「布衣」這一名詞，仔細研究他的詔書，差不多很難找出不提這兩個字的。強烈的自卑感表現爲自尊，自尊爲同符漢高祖，原來歷史上的漢高祖也和他一樣，是個平民出身的大皇帝。不斷的數說，成爲賣弄，賣弄他赤手空拳，沒一寸地打出來的天下。可是，儘管他左一個「布衣」，右一個「布衣」，以至「寒微」之類，一套口頭禪，像是說得很俐落，卻絕不許人家如此說，一說就以爲是挖苦他的根基，又是一場血案。

其實，他又何嘗不想攀一個顯赫知名的人作祖宗，只是被人點破，不好意思而已。據說，當他和一批文臣商量修玉牒（家譜）的時候，原來打算拉宋朝的朱熹作祖先的。恰好一個徽州人姓朱作典史的來朝見，他打算拉本家，就問：「你是朱文公的子孫嗎？」這人不明底細，又怕撒謊會闖禍，只好回說不是。他一想，區區的典史尚且不肯冒認別人作祖宗，堂堂大皇帝又怎麼可以？而且幾代以前也從沒有聽說和徽州有過瓜葛，萬一硬聯上，白給人作子孫倒不打緊，被識破了落一個話柄，如何値得？只好打消了這念頭，不作名儒的後代，卻向他的同志漢高祖去看齊了。①

文字獄的經過如此：

地方三司官和知府知縣、衛所官，逢年過節和皇帝生日以及皇家喜慶所上的表箋，照例委託學校教官代作。雖然都是陳辭爛調刻板一套頌聖的話，朱元璋偏喜歡仔細閱讀，挑出恭維話來娛悅自己。當然也知道這些話只是文字的堆砌，沒有眞感情，不過，總算綜合了文字上的好字眼來歌頌，看了也不由得肌肉發鬆，輕飄飄有飛上雲霧裏的快感，緊繃繃的臉腮上有時候也不免浮出一絲絲的笑意來。不料看多了，便出問題：怎麼全是說我好呢？被屠宰的豬羊會對屠夫討好感謝？推敲又推敲，總覺得有些字在紙上跳動，在說你這個暴君，這個屠戶，窮和尚，小叫化，反賊，強盜，一些不愉快的往事在苦惱他的心靈。

他原來不是使小心眼的人，更不會挑剔文字。從渡江以後，很得到文人的幫忙。開國以後，朝儀制度，軍衞戶籍學校等等典章規程又多出於文人的計劃，使他越發看重文人，以爲治國非用文人不可。百戰功高的勳臣們很感覺不平，以爲我們流血百戰，卻讓這些瘟書生來當權，多少次向皇帝訴說，都不理會。商量多時，生出主意，一天又向皇帝告狀，元璋還是那一套老話，說是世亂用武，世治宜文，馬上可以得天下，不能治天下，總之，治天下是非文人不可的。有人就說：「不過文人也不能過於相信，太相信了會上當的。一般的文人好挖苦毀謗，拿話刺人，譬如張九四一輩子寵待儒生，好房子，大薪水，三日一小宴，五日一大宴，把文人捧上天，作了王爺後，要起一個官名，有人取爲士誠。」元璋說：「不錯呵，這名字不錯。」那人說：「不然，上大當了。孟子上有「士，誠小人也。」把這句話連起來，割裂起來念，就讀成「士誠，小人也。」罵他是小人，他那裏懂得，給人叫了半輩子小人，到死還不明白，眞是可憐。」②元璋聽了這番話，正中痛處，從此加意讀表箋，果然滿紙都是和尚賊盜，句句都是對著他罵的，有的成語，轉彎抹角揣摩了半天，也是損他的，一怒之下，叫把這些作文字的文人，一概拿來殺了。

文字獄的著名例子，如浙江府學教授林元亮替海門衞作謝增俸表，有「作則垂憲」一句話，北平府學訓導趙伯寧爲都司作賀萬壽表，有「垂子孫而作則」一語，福州府學訓導林伯璟爲按察使撰賀冬表的「儀則天下」，桂林府學訓導蔣質爲布政使按察使作正旦賀表的「建中作則」，澧州學正孟清爲本府作賀冬表的「聖德作則」他把所有的「則」都念成「賊」。當州府學訓導蔣鎭爲本府作正旦賀表，有「睿性生知」，生字被讀作「僧」。懷慶府學訓導呂睿爲本府作謝賜馬表：「遙瞻帝扉」，「帝扉」被讀成「帝非」。祥符縣學教諭賈翥爲本縣作正旦賀表的「取法象魏」，「取法」讀作「去髮」。亳州訓導林雲爲本府作謝東宮賜宴箋「式君父以班爵祿」，「式君父」硬被念成「失君父」，說是咒詛。尉氏縣教諭許元爲本府作萬壽賀表：「體乾法坤，藻飾太平。」更嚴重了，「法坤」是「髮髡」，「藻飾太平」是「早失太平」。德安府縣訓導吳憲爲本府作賀立太孫表：「永紹億年，天下有道，望拜青門」。「有道」變成「有盜」，「青門」當然是和尚廟了。都一概處死。甚至陳州學訓導周冕爲本州作賀萬壽表的「壽域千秋」，念不出花樣來的也是被殺。③

象山縣教諭蔣景高以表箋誤被逮赴京師斬於市。④杭州教授徐一夔賀表有「光天之下，天生聖人，爲世作則。」元璋讀了大怒說：「『生』者僧也，罵我當過和尙。『光』是薙髮，說我是禿子，『則』音近賊，罵我作過賊！」立刻逮來殺了。嚇得禮部官魂不附體，求皇帝降一道表式，使臣民有所遵守。⑤洪武二十九年七月特派翰林院學士劉三吾、右春坊右贊善王俊華撰慶賀謝恩表箋成式，頒布天下諸司，以後凡遇慶賀謝恩，如式錄進。⑥

文字獄從洪武十七年到二十九年（公元一三八四年至一三九六年）前後經過十三年。⑦唯一幸免的文人是翰林編修張某，此人在翰林院時說話太直，被貶作山西蒲州學正，照例作慶賀表，元璋特別記得這人名字，看表詞裏有「天下有道」「萬壽無疆」，發怒說：「這老頭還罵我是強盜」，差人逮來面訊，說是：「把你送法司，更有何話可說？」張某說：「只有一句話，說了再死也不遲。陛下不是說過表文不許杜撰，都要出自經典，要有根有據的話嗎？天下有道是孔子的格言，「萬壽無疆」是詩經裏的成語，說臣誹謗，不過如此。」元璋無話可說，想了半天，才說：「這老頭還嘴強，放掉吧！」左右侍從私下談論：「幾年來才見容了這一個人！」⑧

有一個和尚叫來復，巴結皇帝，作一首謝恩詩，有「殊域」和「自慚無德頌陶唐」之句。元璋大生氣，以為殊字分為歹朱，明明罵我，又說「無德頌陶唐」，是說我無德，雖欲以陶唐頌我而不能，又把這亂討好的和尚斬首。⑨

在戡亂建國聲中，文人作反戰詩也是犯罪的。僉事陳養浩有詩云：「城南有嫠婦，夜夜哭征夫。」元璋恨他動搖士氣，取到湖廣，投在水裏淹死。⑩甚至作一首宮詞，也會被借題處死。翰林編修高啓作題宮女圖詩，有云：「小大隔花空吠影，夜深宮禁有誰來？」元璋以為是諷刺他的，恨在心頭。蘇州知府魏觀改修府治被殺，元璋知道上梁文又是高啓寫的，舊仇新罪都發，把高啓腰斬。⑪地方官報告就本身職務有所陳情，一字之嫌，也會送命，盧熊作兗州知州，具奏州印兗字誤類袞字，請求改正，元璋極不高興，說：「秀才無理，便道我袞哩！」原來又把袞字纏作滾字了。不久，盧熊終於以黨案被誅。⑫

從個人的避忌進一步便發展爲廣義的避忌了。洪武三年禁止小民取名，用天國君臣聖神堯舜禹湯文武周漢晉唐等字，洪武二十六年出榜禁止百姓取名太祖、聖孫、龍孫、黃孫、王孫、太叔、太兄、太弟、太師、太保、太傅、大夫、待詔、博士、太醫、太監、大官、郎中、字樣，並禁止民間久已習慣的稱呼，如醫生止許稱醫士醫人醫者，不許稱太醫大夫郎中，梳頭人止許稱梳篦人或稱整容，不許稱待詔，官員之家火者，止許稱閽者，不許稱太監，違者都處重刑。⑬

不止是文字，甚至口語也有避忌。傳說有一次他便裝出外察訪，有一老婆子和人談話，提起上位（明初人對皇帝的私下稱呼）時，左一個老頭兒，右一個老頭兒，當時不好發作，走到徐達家，繞著屋子蹓來蹓去，氣得發抖，後來打定主意，傳令五城兵馬司帶隊到那老婆子住的地方，把那一帶民家都給抄沒了，回報時他還啞著嗓子說：「張士誠佔據東南，吳人到現在還叫他張王，我作了皇帝，這地方的老百姓居然叫我老頭兒，眞氣死人，氣死人！」⑭

其他文人被殺的如處州教授蘇伯衡以表箋誤論死；太常丞張羽曾代撰滁陽王廟碑，坐事投江死；河南左布政使徐賁下獄死；蘇州經歷孫蕡坐曾爲藍玉題畫，泰安州知府王蒙坐嘗謁胡惟庸，在胡家看畫，王行坐曾作藍玉家館客，都以黨案論死。蘇伯衡和王行都連兩個兒子同命，一家殺絕。郭奎曾參朱文正大都督府軍事，文正被殺，奎也論死。王彝曾修元史，坐魏觀案和高啓同死。同修元史的山東副使張孟兼，博野知縣傅恕，和福建僉事謝肅，都坐事死。何眞幕府裏的人物，嶺南五先生之一的趙介，死在被逮途中。初定金華時，羅致幕中講述經史的戴良，堅決不肯作官，得罪自殺。不死的，如曾修元史的張宣，謫徙濠梁；楊基被謫罰作苦工，一直到死；烏斯道謫役定遠；唐肅謫佃濠梁；顧德輝父子在吳平後，並徙濠梁；都算是萬分僥倖的了。⑮

明初的著名詩人吳中四傑：高啓、楊基、張羽、徐賁，沒有一個是善終的。

元璋晚年時，所最喜歡的青年才子解縉，奉命說老實話，上萬言書說：

臣聞令數改則民疑，刑太繁則民玩。國初至今將二十載，無幾時不變之法，無一日無過之人。嘗聞陛下震怒，鋤根翦蔓，誅其姦逆矣，未聞褒一大善，嘗延於世，復及其鄉，終始如一者也。陛下進人不擇賢否，授職不量重輕。建不為君用之法，所謂取之盡錙銖，置朋姦倚法之條，所謂用之如泥沙。監生進士經明行修，而多屈於下僚，孝廉人材冥蹈瞽趨，而或布於朝省，椎埋嚚悍之夫，闒茸下愚之輩，朝捐刀鑷，暮擁冠裳，左棄筐篋，右綰組符。是故賢者羞為之等列。庸人悉習其風流，以貪婪苟免為得計，以廉潔受刑為飾辭。出於吏部者無賢否之分，入於刑部者無枉直之利，天下皆謂陛下任喜怒為生殺，而不知皆臣下之乏忠良也。夫罪人不孥，罰弗及嗣，連坐起於秦法，孥戮本於偽書。今之為善者，妻子未必蒙榮，有過者里胥必陷其罪，況律以人倫為重，而有給配之條，聽之於不義，則又何取夫節義哉？此風化之所由也。

所說全是事實。迫文人作官則取之盡錙銖，作了官再屠殺，簡直像泥沙一樣，毫不動心；稍不如意便下刑部，一進刑部是沒有冤枉可訴的；而且，不但罰延及嗣，連兒子一起殺，甚至妻女也不免受辱，聽憑官家給配。眞是任喜怒爲生殺，和「臣下乏忠良」何干？解縉這麼說，只是行文技巧，不給上位太難堪而已。元璋讀了，連說：「才子！才子！」可見他自己也是心服的。⑯

網羅布置好了，包圍圈逐漸縮小了，蒼鷹在天上盤旋，獵犬在追逐，一片號角聲，吶喊聲，呼鷹喚狗聲，已入網的文人一個個斷脰破胸，呻吟在血泊中。在網外圍外的在戰慄，在恐懼，在逃避，在僞裝。前朝老文學家楊鐵崖（維楨）被徵，婉辭謝絕，說快死的老太婆不能再嫁人了，賦老客婦謠明志，抵死不肯作官，被迫勉強到南京打一轉，請求還山，宋濂贈詩說：「不受君王五色詔，白衣宣至白衣還。」⑰胡翰趙壎陳基修元史成後，即刻回家。張昱被徵，元璋看他老態龍鍾，說是回家去吧，可以閒一閒了，因自號爲可閒老人。王逢是張士誠的館客，吳亡，隱居不起，洪武十五年被徵，地方官押送上路，虧得兒子作通事司令的，向皇帝磕頭苦求，才放回去。高則誠（明）以老疾辭官，張憲隱姓埋名，寄食僧寺，丁鶴年學佛廬墓，都得逍遙網外，終其天年。⑱開國謀臣秦從龍避亂鎮江，元璋先囑徐達訪求，又特派朱文正李文忠到門延聘，親自到龍灣迎接，事無大小，都和他商量，稱爲先生而不名，有時用竹板寫字問答，連左右侍從都不知道他們說的是什麼，儒臣中禮貌優厚，沒人能比得上。陳遇在幕中被比作伊呂諸葛，最爲親信，元璋作吳王，辭作供奉司丞，稱帝後，三次辭翰林學士，又辭中書左丞，辭禮部侍郎兼弘文館大學士，辭太常少卿，最後又辭作禮部尙書，元璋無法，要派他的兒子作官，還是不肯，他在左右勸少殺人，替得罪臣僚說好話，密謀秘計，外人無法與聞。他越是不肯作官，元璋對他越敬重，見面稱先生或君子，寵禮在勳戚大臣之上。這兩人都不作官，都爲元璋所信任尊重，都能平安老死，和劉基那樣被猜毒死，宋濂那樣暮年謫死，眞是不可同日而語了。⑲

元璋渡江以前幕府裏的主要人物，還有一人名田興，金陵下後便隱遁江湖，元璋多方設法尋訪，都不肯回來。洪武三年又派耑使以手書敦勸說：

> 元璋見棄於兄長，不下十年，地角天涯，未知雲遊之處，何嘗暫時忘也。近聞打虎留江北，為之喜不可抑。兩次詔請，更不得以勉強相屈。文臣好弄筆墨，所擬詞意，不能盡人心中所欲言。特自作書，略表一二，願兄長聽之：昔者龍鳳之僭，兄長勸我自為計，又復辛苦跋涉，參

謀行軍。一旦金陵下，告遇春曰：大業已定，天下有主，從此浪迹江湖，安享太平之福，不復再來多事矣。我故以為戲言，不意真絕跡也。皇天厭亂，使我滅南盜，驅北賊，無才無德，豈敢妄自尊大，天下遽推戴之，陳友諒有知，徒為所笑耳。三年在此位，訪求山林賢人，日不暇給。兄長移家南來，離京甚近，非但避我，且又拒我。昨由去使傳信，令人聞之汗下。雖然，人之相知，莫如兄弟，我二人者不同父母，甚於手足，昔之憂患，與今之安樂，所處各當其事，而平生交誼，不為時勢變也。世未有兄因弟貴，惟是閉門踰垣以為得計者也。皇帝自是皇帝，元璋自是元璋，元璋不過偶然作皇帝，並非作皇帝便改頭換面，不是朱元璋也。本來我有兄長，並非作皇帝便視兄長如臣民也。願念兄弟之情，莫問君臣之禮，至於明朝事業，兄長能助則助之，否則，聽其自便。只敘兄弟之情，斷不談國家之事。美不美。江中水，清者之清，濁者自濁，再不過江，不是腳色。⑳

情辭懇切到家，還是不理。此人神龍見首不見尾，如實有其人，可說是第一流人物，也是最瞭解他小兄弟性格的一個人物。

①呂毖明朝小史卷一。
②黃溥閒中今古錄。
③趙翼二十二史箚記卷三十二明初文字之禍引朝野異聞錄。
④黃溥閒中今古錄摘抄。
⑤徐禎卿翦勝野聞。
⑥此據明太祖實錄卷二四六。趙翼二十二史箚記卷三十二明初文字之禍條，作「帝乃自爲之，播天下」，是錯的。
⑦黃溥閒中今古雜錄。
⑧李賢古穰雜錄。
⑨趙翼二十二史箚記卷三十二明初文字之禍。
⑩劉辰國初事蹟。
⑪朱彝尊靜志居詩話，明史卷二百八十五高啓傳。
⑫葉盛水東日記摘鈔卷二。

⑬明太祖實錄卷五十二，顧起元客座贅語卷十國初榜文。

⑭徐禎卿翦勝野聞。

⑮明史文苑傳蘇伯衡傳，高啓傳，王冕傳附郭奎傳，孫蕡傳，王蒙傳，趙壎傳，陶宗儀傳附顧德輝傳。趙翼二十二史箚記卷三十二明初文人多不仕。

⑯明史卷一四七解縉傳。

⑰明史文苑傳楊維楨傳。

⑱明史文苑傳胡翰傳趙壎傳，趙撝謙傳附張昱傳，戴良傳附王逢傳丁鶴年傳，陶宗儀傳附高明傳。

⑲陸深豫章漫鈔玉堂漫筆，明史卷一三五陳遇傳。

⑳方覺慧明太祖革命武功記引。

㈢ 特務網

專制獨裁的政權，根本是反人民的，靠吮吸人民的血汗，奴役人民的勞力而存在。爲了利益的獨佔和持續，甚至對他自己的工具或者僕役——官僚和武將，也非加以監視和偵察不可。雖然在對人民的剝削掠奪這一共同基礎上，皇權和士大夫軍官是一致的，但是，官僚武將過分的膨脹，又必然會和皇權引起內部衝突。

皇帝站在金字塔的尖端，在尊嚴的神聖的寶座下面，是一座火山。有廣大的在憤怒的人民，有兩頭拿巧的官僚，有強悍跋扈的武將，在蘊釀力量，在組織力量。

推翻元朝統治的不就是蚩蚩粥粥，老實得說不出話，扛竹竿鋤頭的農民？使張九四終於不能成事的，不就是那些專爲自己打算，貪汚舞弊的文士，和帶歌兒舞女上陣的將軍？歷史上，曹操司馬懿劉裕一個吃一個，篡位的是士大夫，幫兇的又何嘗不是士大夫？至於趙匡胤陳橋兵變，黃袍加身，那更用不著說了。這位子誰不想坐？「彼可取而代之也！」誰不想作皇帝？

沒有作皇帝之先，用陰謀，用武力，使盡一切可能的力量去破壞，從而取得政權。作了皇帝之後，用陰謀，用武力，使盡一切可能的力量來不許破壞，鎭壓異己，維持旣得利益，一句話，絕對禁止別人企圖作皇帝，或對他不忠。

要嚴密作到鎭壓「異圖」「不忠」，鞏固已得地位，光是公開的軍隊和法庭，光是公布的律例和刑章是不夠用的。可能軍隊裏法庭裏，就有對現狀不滿的份子，可能軍隊裏法庭裏，就有痛恨這種統治方式的人們。得有另外一套，得有一批經過挑選訓練的特種偵探，得有經過嚴格組織的特種「機構」，和特種監獄，用秘密的方法，偵伺，搜查，逮捕，審訊，處刑。在軍隊裏，學校裏，政府衙門中，在民間集會場所，私人住宅，交通孔道，大街小巷，處處都有一些特殊人物在活動。執行這些任務的特種組織和人物，在漢有「詔獄」和「大誰何」，三國時有「校事」，唐有「麗竟門」

和「不良人」，五代有「侍衞司獄」，宋有「詔獄」和「內軍巡院」，明初有「檢校」和「錦衣衞」。

檢校的職務是「專主察聽在京大小衙門官吏不公不法，及風聞之事，無不奉聞」。最著名的頭子之一叫高見賢，和僉事夏煜，楊憲、凌說，成天作告發人陰私的勾當，「伺察搏擊」。兵馬指揮丁光眼巡街生事，凡是沒有路引的，都捉拏充軍。元璋當時說：「有這幾個人，譬如人家養了惡犬，則人怕。」①楊憲曾經以左右司郎中參贊浙江行省左丞李文忠軍事，元璋囑咐：「李文忠是我外甥，年輕未歷練，地方事由你作主張，如有差失，罪只歸你。」後來楊憲就告訐李文忠用儒士屠性孫履許元王天錫王禕干預公事，屠性孫履被誅，其餘三人被罰發充書寫；因之得寵，歷升到中書左丞，元璋有意要他作宰相，楊憲就和凌說高見賢夏煜在元璋面前訴說李善長不是作宰相的材料。胡惟庸急了，告訴李善長：「楊憲若作相，我們兩淮人就不得作大官了。」楊憲使人劾奏右丞汪廣洋流放海南，淮人也合力反攻楊憲：「排陷大臣，放肆為姦。」到底淮幫力量大，楊憲以告訐發跡，也以被告訐誅死。②高見賢建議：「在京犯贓經斷官吏，不無怨望，豈容輦轂之下住坐？該和在外犯贓官吏發去江北和州無為開墾荒田。」後來他自己也被楊憲舉劾受贓，發和州種田，先前在江北種田的都指著罵：「此路是你開，你也來了，眞是報應！」不久被殺。夏煜丁光眼也犯法，先後被殺。③

親衞軍作檢校的，有金吾後衞知事靳謙，元璋數說他的罪狀：「朕以爲必然至誠，託以心腹，雖有機密事務，亦曾使令究焉。」④有何必聚：龍鳳五年派帳下衞士何必聚往探江西袁州守將歐平章動靜，以斷歐平章家門前二石獅尾爲證，佔袁州後，查看果然不錯。⑤有小先鋒張煥，遠在初克婺州時，就作元璋的親隨伴當從行先鋒，一晚，元璋出去私訪，遇到巡軍攔阻，喝問是誰，張煥說：「是大夫」，巡軍發氣：「我不知道大夫是什麼人，但是犯夜的就逮捕住。」解說了半響才弄清楚。樂人張良才說平話，擅自寫省委敎坊司招子，貼市門柱上，被人告發，元璋發怒說：「賤人小輩，不宜寵用！」叫小先鋒張煥綑住樂人，丟在水裏。龍鳳十二年以後，經常作特吏到前方軍中傳達命令。⑥有毛驤和耿忠，毛驤是早期幕僚毛祺的兒子，以舍人作親隨，用作心腹親信，和耿忠奉派到江浙等處訪察官吏，民間疾苦。毛驤從管軍千戶積功作到都督僉事，掌錦衣衞事，典詔獄，被牽入胡惟庸黨案伏誅，耿忠作到大同衞指揮，也以貪汚案處死。⑦

除文官武將作檢校以外，和尙也有被選拔作這門工作的。吳印華克勤等人，都還俗作了大官，替皇帝作耳目，報告外間私人動止。大理寺卿李仕魯上疏力爭，以爲「自古帝王以來，未聞縉紳緇流雜居同事而可以共濟者也。今勳舊耆德，咸思辭祿去位，而緇流憸夫乃益以讒間。」並具體指出劉基徐達李善長周德興的被猜疑被讒謗，都是這批出家檢校造的孽。⑧

檢校的足跡是無處不到的，元璋曾派人去察聽將官家，有女僧誘引華高胡大海妻敬奉西僧，行金天教法，元璋大怒，把兩家婦人連同和尚一起丟在水裏。⑨吳元年得到報告，要前方總兵官把「一個摩泥（摩尼教徒）取來」。洪武四年手令：「如今北平都衞裏及承宣布政司裏快行，多是彼土人民爲之。又北平城內有個黑和尚出入各官門下，時常與各官說些笑話，好生不防他。又一名和尚係是江西人，秀才出身，前元應舉不中，就做了和尚，見在城中與各官說話。又火者一名姓崔，係總兵官莊人，本人隨別下潑皮高麗黑闐隴問，又有隱下的高麗不知數。造文書到時，可將遣人都教來，及那北平永平密雲薊州遵化眞定等處鄉市，舊有僧尼，盡數起來。都衞快行承宣布政司快行，盡數發來。一名太醫江西人，前元提舉，即自在各官處用事。又指揮孫蒼處有兩個回回，金有讓孚家奴也教發來。」⑩調查得十分清楚。傅友德出征賜宴，派葉國珍作陪，撥與朝妓十餘人。正飲宴間，有內官覘視，說是國珍令妓婦脫去皂帽褙子，穿華麗衣服混坐。元璋大怒，令壯士拘執葉國珍，與妓婦連鎖於馬坊，妓婦劓去鼻尖。國珍說：「死則死，何得與賤人同鎖？」元璋說：「正爲你不分貴賤，才這樣對你。」鞭訖數十，發瓜州做壩夫。⑪錢宰被徵編孟子節文，罷朝吟詩：「四鼓鼕鼕起著衣，午門朝見尚嫌遲，何時得遂田園樂？睡到人間飯熟時。」有人給打報告了，第二天元璋對他說：「昨天作的好詩，不過我並沒嫌呵，改作憂字如何？」錢宰嚇得磕頭謝罪。⑫宋濂性格最爲誠謹，有一天請客喝酒，也被皇帝注意了，使人偵視，第二天當面發問，昨天喝酒了沒有，請了那些客，備了什麼菜？宋濂老老實實回答，元璋才笑說：「全對，沒有騙我。」⑬吳琳以吏部尚書告老回黃岡，元璋不放心，派人去察看，遠遠見一農人坐小杌上，起來揷秧，樣子很端謹，使者前問：「此地有吳尙書這人不？」農人叉手回答：「琳便是。」使者復命，元璋很高興。⑭又如南京各部皀隸都戴漆巾，只有禮部例外，各衙門都有門額，只有兵部沒有，據說這也是錦衣衛邏卒幹的事。原來各衙門都有人在暗地裏偵察，一天禮部皀隸睡午覺，被取去漆巾，兵部有一晚沒人守夜，門額給人抬走了，發覺後不敢作聲，也就作爲典故了。⑮

朱元璋不但有一個特務網，派耑人偵察一切場所，一切官民，他自己也是喜歡搞這一套的。例如羅復仁官止弘文館學士，說一口江西話，質直樸素，元璋叫他作老實羅。一天，忽然動了念頭，要調查老實羅是眞老實還是假老實？出其不意一人跑到羅家，羅家在城外邊一個小胡同裏，破破爛爛，東倒西歪幾間房子，老實羅正扒在梯子上粉刷牆壁，一見皇帝來，著了慌，趕緊叫他女人抱一個小杌子請皇帝坐下，元璋見他實在窮得可以，老大不過意，說：「好秀才怎能住這樣爛房子！」即刻賞城裏一所大邸宅。⑯

檢校是文官，元璋譬喻爲惡狗。到洪武十五年還嫌惡狗不濟事，另找一批虎狼來執行大規模的屠殺，把偵伺處刑之權交給武官，特設一個機構叫錦衣衛。

錦衣衛的前身是吳元年設立的拱衛司。洪武二年改親軍都尉府，府統中左右前後五衞和儀鸞司，掌侍衛法駕鹵簿；十五年改爲錦衣衛。

錦衣衛有指指揮使一人，三品。同知二人，從三品。僉事三人，四品。鎮撫二人，五品。十四所千戶十四人，五品；副千戶從五品；百戶六品。所統有將軍力士校尉，掌直駕侍衛巡察緝捕。鎮撫司分南北，北鎮撫司專理詔獄。

直駕侍衛是錦衣衛形式上的職務，巡察緝捕才是工作的重心，對象是「不軌妖言」，不軌指政治上的反對者或黨派，妖言指要求改革現狀的宗教集團，如彌勒教、白蓮教、和明教等等。

朱元璋從紅軍出身，當年也喊過「彌勒降生」、「明王出世」的口號，他明白這些傳說所發生的號召作用，也清楚聚衆結社對現政權的威脅。他也在擔心，這一批並肩百戰，驍悍不馴的將軍們，這一羣出身豪室的文臣，有地方勢力，有社會聲望，主意多，要是自己一朝嚥氣，忠厚柔仁的皇太子怎麼對付得了？到太子死後，太孫不但年輕，還比他父親更不中用，成天和腐儒們讀古書，講三王的道理，斷不是制馭梟雄的脚色。他要替兒孫斬除荆棘，要保證自己死後安心，便有目的地大動殺手，犯法的殺，不犯法的也殺，無理的殺，有理的也殺。錦衣衛的建立，爲的便於有計劃的栽贓告密，有系統的誣告攀連，有目標的靈活運用，更方便的在法外用刑。各地犯重罪的都解到京師下北鎮撫司獄，備有諸般刑具，罪狀早已安排好，口供也已預備好，不容分析，不許申訴，犯人唯一的權利是受苦刑後畫字招認。不管是誰，進了這頭門，是不會有活著出來的奇蹟的。

洪武二十年，他以爲該殺的人已經殺得差不多了，下令焚毀錦衣衛刑具，把犯人移交刑部，表示要實行法治了。又把錦衣衛指揮使也殺了，卸脫了多年屠殺的責任。六年後，胡黨藍黨都已殺完，鬆了一口氣，又下令以後一切案件都由朝廷法司處理，內外刑獄公事不再經由錦衣衛。簽發這道手令之後，摸摸花白鬍子，以爲天下從此太平，皇業永固了。⑰

和錦衣衛有密切關連的一件惡政是廷杖。錦衣衛學前朝的詔獄，廷杖則是學元朝的辦法。

在元朝以前，君臣的距離還不太懸絕，三公坐而論道，和皇帝是師友。宋代雖然臣僚在殿廷無坐處，禮貌上到底還有幾分客氣。蒙古人可不同了，起自馬上，生活在馬上，政府臣僚也就是軍中將校，一有過失，隨時仗責，打完照舊辦事，甚至中書大臣都有殿廷被杖的故事。朱元璋事事復古，要「復漢官之威儀」，只有打人，尤其是在殿廷杖責大臣這一樁，卻不嫌棄是胡俗，習慣地繼承下來。著名的例子，親族被杖死的有朱文正，勳臣被鞭死的有永嘉侯朱亮祖父子，大臣被杖死的有工部尚書薛祥，部曹被廷杖的有茹太素。從此成爲故事，士大夫不但可殺，而且可辱，君臣間的距離有如天上地下，「天皇聖明，臣罪當誅」，禮貌固然談不到，連主奴間一點起碼的恩惠，也被板子鞭子打得乾乾淨淨了。⑱

① 劉辰國初事蹟，孫宜大明初略四，明史卷一三五宋思顏傳。

②劉辰國初事蹟，明史卷一二七汪廣洋傳。
③劉辰國初事蹟，孫宜大明初略四。
④大誥沈匿卷宗六十。
⑤錢謙益國初羣雄事略卷四引俞本紀事錄。
⑥劉辰國初事蹟，孫宜大明初略四，王世貞詔令考二。
⑦劉辰國初事蹟，明史卷一三五郭景祥傳附毛騏傳。
⑧明史卷一三九李仕魯傳。
⑨劉辰國初事蹟。
⑩百世貞詔令傳。
⑪劉辰國初事蹟。
⑫葉盛水東日記摘鈔二。
⑬明史卷一二八宋濂傳。
⑭明史卷一三八陳修傳附吳琳傳。
⑮陸容菽園雜記，祝允明野記一。
⑯明史卷一三七羅復仁傳。

⑰ 王世貞錦衣志，明史卷八十九兵志，卷九十五刑法志。
⑱ 明史刑法志三。

㈣ 皇權的極峯

就整個歷史的衍進說，皇帝的權力到朱元璋可以說是達到了極峯。研究皇權的極權化發展，應該從兩方面來看，一是士大夫地位的下降，二是鞏固皇權的諸多約束的被摧毀。至於人民，向來只有被統治被剝削被屠殺的義務，和治權是絲毫沾搭不上的。

在明以前，士大夫是和皇家共存共治的。具體的先從君臣的禮貌來說吧。在宋以前有三公坐而論道的說法，賈誼和漢文帝談話，不覺膝之前席，可見不但三公，連小官見皇帝都是坐著的。唐初的裴寂甚至和唐高祖共坐御榻，十八學士在唐太宗面前也都有坐處。到宋朝便不然了，從太祖以後，大臣上朝在皇帝面前無坐處，一坐羣站，三公羣卿立而奏事了。到明代，不但不許坐，站著都不行，得跪著說話了。從坐而站而跪，說明了三個時期的君臣之間的關係，也說明了士大夫地位的下降。

從形式再說到本質：

坐的時期的典型例子是魏晉六朝的門閥制度。

漢代的若干世家宦族，如關西楊氏，汝南袁氏之類，四世三公，有數不盡的莊園，算不淸的奴僕，門生故吏徧天下，本身有雄厚的獨立的經濟、社會和政治力量。在黃巾動亂時代，地方豪族如孫策馬騰許褚張遼曹操之類，爲了保持土地和特殊權益，組織地主軍保衞鄕里，有部曲，有防區，造成軍事力量。小軍閥抗不住大股黃巾，投靠大軍閥，大軍閥又互相呑併，結果是三分天下，建立三個皇朝，原來兩類家族——世族和豪族也都佔據高位，變成公卿將帥，成爲高級官僚了。這些家族原是共建皇業的股東，和皇家利害共同，休戚一致，在九品中正的選舉制度下，「上品無寒門，下品無勢族」，大官位全爲這些家族份子所獨佔。東晉南渡，司馬家和王謝等家到了建康，東吳舊族顧陸朱張等家族雖然是本地高門，因爲是亡國之餘，就吃了虧，在政治地位上居第二等。這些高門，世執國政，王謝子弟更平步以至公卿（北方的崔盧李鄭王等家族也是一樣）。到劉裕以田舍翁作皇帝，陳霸先便是寒人，在世族眼光裏，皇家只是暴發戶，無根基，沒派頭，朝代儘管改換，好官我自爲之，士大夫集團有其傳統的政治社會經濟和文化地位，非皇權所能動搖，士大夫雖然在爲皇權服務——因爲皇帝有軍隊——目的在以皇權來發展並保障士大夫的已有權益。在這情況下，士大夫是和皇家共存，共享治權的。皇家的利益雖然大體上和士大夫一致，但是在許多場合，發生了尖銳的衝突，例如世族的蔭蔽人口，霸佔農田水利以至山林湖沼等等，經隋代兩帝的有意識的打擊摧毀，如取消九品中正制度，取消長官辟舉僚屬辦法，並設立進士科，用公開的考試制度，用文字的優劣來代替血統門望高下，來選任官僚。但是，文字教育還是要錢買的，大家族有優越的經濟地位、人事關係，因之，唐朝三百年間的宰相，還是被二十個左右家族所包辦。

門閥制度下的士大夫，有歷史的傳統，有莊園的經濟基礎，有包辦選舉的制度，甚至有依門第高下任官的成文法，有依族姓高下締婚的風氣，高門華閥由此種種便成爲一個利害共同的集團，並且，公卿子弟熟習典章制度，治國（辦例行公事）也非他們不可。在這諸多特殊情勢之下，士大夫是和皇家共存的，只有雙方合作才能兩利。而且，皇帝人人可做，只要有強大的軍力能奪取政權便行，士大夫卻不然，寒人役門要成爲士大夫，等於駱駝穿針孔，即使有皇帝手令強制，也還是辦不到。何事非君？士大夫只要不損害他們的權益，可以侍候任何一姓的皇權。一個擁有大軍的統帥，如得不到士大夫的支持，卻絕對作不了皇帝。

考試制度代替了門閥制度，眞正發揮作用是十世紀以後的事。

經過唐代前期則天大帝有意援用新人，任命進士作高官，打擊世族。經過後期甘露之禍（太和九年，公元八三五年），白馬之禍（天祐二年，公元九〇五年）和藩鎭的摧殘，多數的著名家族被屠殺。經過長期的軍閥混戰，五代亂離，倖存的世族失去了莊園，流徙各地，到唐莊宗作皇帝，要選懂朝廷典故的世族子弟作宰相都很不容易了。宋太祖太宗只好擴大進士科名額（唐代每科平均不過三十人，宋代多至千人以至幾千人），用進士來辦事，名額寬，考取容易，平民出身的進士在數量上壓倒了殘存的世族，一發榜立即作官。進士出身的官僚紳士和皇家的關係，正如夥計和老闆，是雇用的而不是合股的。老闆要買賣作得好，得靠夥計忠心賣力氣，宋朝家法優禮士大夫就是這個道理。用宋朝人的話說是共治，著名的例子是文彥博和宋神宗的對話。

文彥博：王安石胡亂主張，要改變法度。其實祖宗朝的法制就很好，不要胡改，以致失掉人心。

宋神宗：要改法制，對士大夫也許有些吃虧，可是，老百姓是喜歡的。

文彥博：這話不對，皇家是和士大夫治天下的，和老百姓何干？

宋神宗：就是士大夫也不全反對，也有人贊成改革的。

這是熙寧四年（公元一〇七一年）三月間的事。

和前一時期不同的，前期的世族子弟有了莊園，才能中進士作官，再去擴大莊園。這時期呢？中進士作了官才能購置莊園，名臣范仲淹年輕時吃冷粥，過窮苦日子，到作了大官就置蘇州義莊，派兒子討租子，得幾船糧食，便是好例子。前一時期的世族，莊園是中進士的本錢，後一時期的官僚，莊園是作官的利息，意義上不相同，政治地位自然也因之不同。

更應該注意的是印刷術發明了，得書比較容易，書籍的流通比較普遍。國立學校學生入學資格必須父祖曾作幾品以上官的規定取消了，而且，還有許多私人創立的書院，知識和受教育的機會比較不爲少數家族所囤積獨佔，平民參加考試的機會大大地增加了。讀書成爲作官的手段，「遺金滿籯，不如教子一經。」念書，考進士，作官，發財：「萬般皆下品，惟有讀書高。」爲帝王作僕役服務：「天子重英豪，文章教爾曹。」政府的提倡，社會的鼓勵，作官作紳士得從科舉出身，竭一生的聰明才智去適應科舉，「天下英雄入我彀中」，皇權由之鞏固。官爵恩澤，都是皇帝所賜，士大夫以忠順服從①換取皇家的恩寵。皇家是士大夫的衣食飯碗，非用全力支持不可。士大夫是皇家的管家幹事，俸祿優厚，有福同享。前期的共存之局到此就變成共治之局了。君臣間的距離恰像店東和夥計，主傭間的恩惠是密切照顧到的。

士大夫從共存到共治，由股東降作夥計，已經江河日下了。到明代，又猛然一跌，跌作賣身的奴隸，士大夫成爲皇家的奴役了。

明初的士大夫，既不是像漢、魏世族那樣有威勢，又沒有魏晉隋唐以來世族的莊園基礎，中舉作官得懂君主的竅，揣摩迎合，以君主的意志爲意志，是非爲是非，喜怒爲喜怒，從辦公事上分一點殘羹冷炙，建立自己的基業。一有不是，便喪身破家，挨鞭子棍子是日常享受，充軍作苦工是從寬發落，不但禮貌談不上，連生命都時刻在死亡的威脅中。偶而也有被寵用的特務頭子，雖然威風，可是在朱元璋的心目中，甚至口頭上，只把這些人當惡狗，養著咬人。皇帝越威風，士大夫越下賤，反過來也可以說是士大夫越被制抑，皇帝就越尊貴，君臣的關係一變而爲主奴。奴化教育所造成的新士大夫，體貼入微的逢迎阿諛，把皇權治上了有史以來的極峯。②

鞏固皇權的諸多約束的被摧毀，是皇權極權化的另一面。

隋唐以來的三省制度，中書省決策，門下省封駁，尙書省執行，把政權分作三部份。在形式上在理論上防止臣下擅權，分而治之，各機構互相箝制，同時也防止作皇帝的濫用權力，危害根本，是消極的鞏固皇權的一種政治制度。實際執行政務的六部，在尙書都省之下，地位很低。凡百政務推行，名義上由政府首長負其責任，事情作錯或作壞了，一起推到宰上，免官降黜甚至賜死。皇帝對國不是直接領導，並事不但日是不負法律責任的。例如有天災人禍等重大事變，開明一點的皇帝最多也不過是素服減膳避殿，下詔求直言，或進一步我檢討一下，下詔罪己，鬧一通也就算了。因爲皇帝不能作錯事，要認錯，要受罰，也只能對上天負責。三省制度的建立，正是爲了使皇帝不負行政責任，用臣下作贖罪羔羊的辦法。到元朝合三省作一省，洪武十三年殺胡惟庸以後，又廢去中書省，提高六部的地位，使其直接向皇帝負責，根本取消了千多年來的相權。皇帝除了是國家元首之外，又是事實上的政府首長，直接領導並推進庶務，皇權和相權合一，加上軍隊的指揮權，立法權，司法權，和任意加稅或減稅權，以及超法律的任意處分權，人類所能運用所能想到的一切權力，都集中在一人之手，不對任何個人或團體負責。這種局面可以說是前所未有的。

單獨就門下省的封駁權而說，是約束皇權濫用的一種成文法制。其實，封駁權不限於門下省，中書省的中書舍人也有這個權。中書舍人掌起草詔令，中書省長官在得皇帝所同意的事項或命令以後，交詞頭（原則或具體措施）給中書舍人起草詔勅，舍人如不同意，可以繳還詞頭，拒絕起草。皇帝如堅持原來主意，也可以再度命令執行，但是舍人仍可以再次三次拒絕，除非職務被罷免，或是把這任務交給另外一個舍人。門下省有給事中專掌封駁，封是原封退回，駁是駁正詔勅的違失，凡制勅宣行，重大事件要覆奏然後施行，小事簽署頒下。有違礙的可以塗竄奏還，叫作塗歸，又叫作批勅。這制度規定皇帝所頒詔令，得經過兩次同意，第一次是起草的中書舍人，第二次是簽名副署的給事中，最後才行下到尚書省施行，所謂「不經鳳閣（中書）鸞台（門下），何謂爲勅？」③如兩省官都能盡職，便可以防止皇帝的過舉以及政治上的失態行爲，對於鞏固皇權是有極大作用的。當然，歷代帝王很多不遵守這約束，往往不經中書門下，以手令直接交尚書施行，這種情形，史書上叫作墨勅斜封，雖然被執行了，但在理論上是非法的。元朝廢門下省，給事中併入中書省，到明初廢中書省後，中書舍人成爲鈔錄文件的書記，給事中無所隸屬，兼領諫職，和稽察六部百司之事。兩道約束被淸除，皇帝的意志和命令就是法律，直接頒下，任何人都得遵守，不能批評，更不容許反對，造成了朕即國家的局面。皇權跳出官僚機構的牽制，超乎一切之上，這也是前所未有的。

其次，在明以前，守法在理論上是皇帝的美德，無論是成文法典或是習俗相沿的傳統。爲了維持一個集團的共同利益，以至皇家的優越地位，守法是作皇帝的最好最有利的統治方法。皇帝地位雖高，權力雖大，也不應以喜怒愛憎的個人感情來毀法、壞法，即使有特殊情形，也必須先經法的制裁，然後用皇帝的特赦權或特權來補救。著名的例子如漢文帝的幸臣鄧通，在殿廷不守禮節，丞相申屠嘉大發脾氣，說是朝廷禮節給破壞了，下朝回府，發檄傳鄧通審問，拒傳就處死，鄧通急了，向皇帝求赦，皇帝只好叫他去。到府後去冠光脚跪伏謝罪，丞相厲聲說：「小臣戲殿上，大不敬！」叫長史把他拖出去殺了，鄧通在下面磕頭討饒，額角都碰出血來了，文帝才派特使向丞相說情，說這人是我的弄臣，請特別赦免。鄧通回去見皇帝，哭著撒嬌說丞相幾乎殺了我，見不到面了。申屠嘉是列侯，是元老重臣，代表重臣集團執行法紀，重臣集團和皇家利害一致，漢文帝便不敢也不能不守這個法。④又如宋太祖時有臣僚該升官，太祖向來討厭這個人不批准，宰相趙普非照規矩辦不可，太祖生氣了，說：「我偏不升他官，看怎麼辦？」趙普說：「刑以懲惡，賞以酬功，是古今來的通道。而且刑賞是天下的刑賞，不是陛下的刑賞，怎麼可以用個人的喜怒來破壞？」太祖氣極，竟自走開，趙普一直跟到宮門口，不肯走，太祖拗不過道理，只好答應了。這例子說明趙普和宋太祖都能守法，⑤不過重要的是趙普不只是宰相，還是皇家舊人，他的利害也是和皇家一致的。到朱元璋便不理會這個傳統了，朝廷裏沒有像漢初那樣的元老重臣集團，有地位有力量可以說話作事，也沒有像宋初那樣家庭舊人，有膽子有分量敢於說話作事。相反，他的利害是和朝廷的勳貴大臣對立的，成日成夜怕人對他不忠，不懷好意，一面制定法典，叫人民遵守，犯法的必死，他自己卻法外用刑，在大誥裏所處分的十種死罪和酷刑，都出於法典之外，而且全憑喜怒殺人，根本不依法律程序。在政治上的措施，擢用布衣儒士作尚書九卿以至方面大官，也是不依成法的。他的性格，權力，加上古所未有的地位，使得沒有人敢拿法來約束，甚至勸告。自己決不守法，在法律之上，在法律之外，卻強迫全國人守他的法，一點不許有差池，這正是暴君獨夫民賊的典型人物。

他用殘酷的恐怖的屠殺手段，推翻八百年來的傳統政治制度，組織新的分部負責政府，自己綜攬人權，造成專制的殘暴的獨裁政治。接連不斷製造大獄，殺了十幾萬社會上層的領袖人物，利用檢校和錦衣衛偵伺官民，應用里甲制度佈成全國性的特務網，用廷杖挫損士大夫的氣節，立「寰中士大夫不爲君用」之法，強迫智識份子服役。在三十年爲一世的長期統治下，開國功臣被殺光了，謀臣策士一個個被消除了，豪紳地主成羣成批被淘汰掉了，全國上下各階層的人嚇得膽戰心驚，誠惶誠恐，束手服從。他不但是國家的元首，也是政府的當局，也是國軍的最高統帥，是最高的立法人和審判官，又是法律的破壞者，具有無限制的貨幣發行權和財政支配權。用學校和考試制度造成忠順的幹部，用里甲輪役的方法動員全部人力。他收復了淪陷於外族四百三十年的疆域，他建立了中華民族自主的大帝國，是大明帝國的主人，也是幾十個屬國和藩國的共主，他被後代人稱爲「民族英雄」，也是有史以來權力最大地位最高最專制最獨裁最強暴最缺少人性的大皇帝。

對官僚地主士大夫，朱元璋用一副惡狠狠的面孔，靑面獠牙，無人不怕。對平民百姓，有另外一副面孔，白鬍子的老公公，滿臉慈悲相，滿口和氣話，如果不看他的眞面目，也許是人民多年來所夢想的有道明君呢！

經常掛在嘴上的話是「四民之中，農民最勞最苦。春天雞一叫就起床，趕牛下田耕種，挿下秧子，得除草，得施肥，大太陽裏曬得汗直流，勞碌得不成人樣。好容易巴到收割了，完租納稅之外，剩不了一丁點兒。萬一碰上水旱蟲蝗災荒，全家著急，毫無辦法。可是國家的賦稅全是農民出的，當差作工也是農民的事，要使國家富強，必得農民安居樂業才辦得到。⑥這套話的主要意思，是要吃雞蛋得餵飽雞，要不然，也不能讓雞餓死。

使農民安居樂業的辦法，不外乎上代人常做的，積極的爲農民興利，消極的爲農民除害。興利的事業主要是增加生產。建國以後，下令凡民田五畝到十畝的栽桑麻木棉各半畝，十畝以上的加倍。到晚年又令戶部勸諭民間，凡是有空地的都種植桑棗，由官家教授種植方法。加種棉花的免除租稅。⑦棉花的種植從此普遍全國，過去平民常穿的麻衣，逐漸爲棉布所替代，衣的問題算是解決了。其次是水利，鼓勵人民一切對於水利的建議，特別吩咐工部官員，凡是陂塘湖堰可以蓄水防備水旱災的，根據地勢一一脩治，並派遣國子生和人材到各地督修水利，統計開塘堰四萬零九百八十七處。再就是勸導農民合作，用里甲作基礎，戶部勸諭，一里之內，有婚姻死喪，疾病患難，有錢的助錢，有力氣的出力氣。春耕秋收的時候，一家無力，百家幫忙。每鄉里備有木鐸，選出老人每月六次持鐸遊行宣講。每里有一鼓，農桑時日，清早擊鼓催人起床作工，有懶惰的由里老督責，里老不管事的處罰。⑧

除害指的是賑災和肅清貪官汚吏。

照規定，凡各地鬧水旱災歉收的，蠲免賦稅。豐年無災傷，也擇地瘠民貧的地方特別優免。災重的免交二稅之外，還由官府貸米，或者是賑米施布給鈔。各地設預備倉，由地方耆老經管，準備大批糧食救災。災傷州縣，如地方官不報告的，特許耆老申訴，處地方官以死刑。洪武二十六年又手令戶部，地方官有權在饑荒年頭，先發庫存米糧賑濟，事後呈報，立爲永制。三十多年來，賞賜民間的布鈔數百萬，米百多萬石，蠲免租稅無數。⑨

凡地方官貪酷害民的，許人民到京師陳訴，大誥說：

今後所在布政司府州縣，若有廉能官吏，切切為民造福者，所在人民必知其詳。若被不才官吏同僚人等捏詞排陷，一時不能明其公心，遠在數千里，情不能上達，許本處城市鄉村耆宿赴京面奏，以憑保全。自今以後，若欲盡除民間禍惡，無若鄉里年高有德等，或百人，或五六十人，或三五百人，或千餘人，歲終議赴京師面奏，本境為民患者幾人，造民福者幾人，朕必憑其奏，善者旌之，惡者移之，其者罪之。嗚呼！所在城市鄉村耆民智人等皆依朕言，必舉此行，即歲天下太平矣。民間若不親發露其奸頑，明彰有德，朕一時難知，所以囑民助我為此也。若城市鄉村有等起滅詞訟，把持官府，或撥置官吏害民者，若有此等，許四鄰及闔郡人民指實赴京面奏，以憑祛除，以安吾民。⑩

甚至鼓勵人民把貪污吏役和土豪綁赴京師：

今布政司府州縣在役之吏，在閑之吏，城市鄉村老奸巨猾頑民，專一起滅詞訟，教唆陷人，通同官吏，害及州里之間者，許城市鄉村賢民方正豪傑之士，有能為民除患者，合議城市鄉村，將老奸巨猾及在役之吏在閑之吏，綁縛赴京，罪除民患，以安良民，敢有邀截阻當者梟令。赴京之時，關津渡口毋得阻當。⑪

官吏貪贓到鈔六十兩以上的梟首示衆，仍處以剝皮之刑。府州縣衙門左首的土地廟，就是剝皮的刑場，也叫皮場廟。各衙門公座旁照例擺一張人皮，裏面是稻草，叫作官的觸目驚心，不敢作壞事。⑫地方官上任賞給路費，家屬賜衣料。考績以農桑和學校的成績作標準。來朝時又特別誥誡，說是「天下新定，百姓財力都困乏，像鳥兒剛學飛，和新栽的樹木，拔不得毛，也動不得根。」⑬求他們暫時不要狠心剝削，危害皇家的安全。

話說得很多，手令面諭，告誡申斥，翻來覆去的要官吏替農民著想，替政府的租稅和人力動員著想。成效如何呢？洪武九年葉伯巨上書說：

今之守令，以戶口錢糧獄訟為急務，至於農桑學校，王政之本，乃視為虛文而置之，將何以教養斯民哉！

以農桑言之，方春，州縣下一白帖，里甲回申文狀而已，守令未嘗親視種藝次第，旱澇戒備之道也。

以學校言之，廩膳諸生，國家資之以取人才之地也。今四方師生缺員甚多，縱使具員，守令亦鮮有以禮讓之實，作其成器者。

朝廷切切於社會，屢行取勘師生姓名，所習課業，乃今社鎮城郭，或但置立門牌，遠村僻處則又徒存其名，守令不過具文案備照刷而已。上官分部按臨，亦但循習故常，依紙上照刷，未嘗巡行點視也。

興廢之實，上下視為虛文，小民不知孝弟忠信為何物，而禮義廉恥掃地矣。

官僚政治的任何作為，都是紙面上的，文字上的，和實際情形全不符合。弄得「民俗澆漓，人不知懼，法出而奸生，令下而詐起。故或朝信而暮猜者有之，昨日所進，今日被戮者有之。乃至令下而尋改，既赦而復收，天下臣民，莫之適從！」⑭十二年後，解縉奉詔上萬言書，也說：

臣觀地有盛衰，物有盈虛，而商稅之征，率皆定額，是使其或盈也姦黠得以侵欺，其歉也良善困於補納。夏稅一也，而茶椒有糧，菓絲有稅，既稅於所產之地，又稅於所過之津，何其奪民之利至於如此之密也？且多貧下之家，不免拋荒之咎。今日之土地無前日之生殖，而今日之徵聚有前日之稅糧。或賣產以供稅，產去而稅存；或賠辦以當役，役重而民困。土田之高下不均，起科之輕重無別，膏腴而稅反輕，瘠鹵而稅反重。⑮

也可見他的治績只是紙面上的。苛捐雜斂，弄得貧民賣產賠納，徭役繁重，弄得貧民困苦逃避。儘管殺的人多，處的刑重，貪汙的空氣還是照舊，用他自己的話來證明吧：

浙西所在有司，凡徵收害民之姦，甚如虎狼。且如折收秋糧，府州縣官發放，每米一石官折鈔二貫，巧立名色，取要水脚錢一百文，車脚錢三百文，口食錢一百文。庫子又要辨驗錢一百文，蒲蔞錢一百文，竹蔞錢一百文，沿江神佛錢一百文。害民如此，罪可宥乎？⑯

急得跺脚，說：「我欲除貪贓官吏，奈何朝殺而暮犯？今後犯贓的，不分輕重都殺了！」⑰結果還是「國初至今，將二十載，無幾時不變之法，無一日無過之人」。⑱

陸容（成化時人）曾經用具體的事實，分析洪武朝官僚政治的效果說：

> 國初懲元之弊，用重典以新天下，故令行禁止，若風草然。然有面從於一時而心違於身後者數事：如洪武錢、大明寶鈔、大誥、洪武韻是已。洪武錢民間全不行，予幼時嘗見有之，今不復見一文，蓋銷毀為器矣。寶鈔今雖官府行之，然一貫（一千文）僅值銀三釐，錢二文，民間得之，置之無用。大誥惟法司擬罪云：「有大誥減一等」云爾，民間實未之見，況復有講讀者乎？洪武韻分併唐韻，最近人情，然今惟奏本內依其筆畫而已，至於作詩，無間朝野，仍用唐韻。⑲

---

① 李燾續資治通鑑長編卷二二一。
② 時與文三卷四期吳晗：「論紳權」。
③ 新唐書卷一百十七劉禕之傳。
④ 漢書卷四十二申屠嘉傳。

⑤ 宋史卷二百五十六趙普傳。

⑥ 明太祖實錄卷二十二，卷二百五十。

⑦ 明史卷七十八食貨志二賦役，卷一三八楊思義傳，谷應泰明史紀事本末卷十四開國規模。

⑧ 明太祖實錄卷三百五十五，明史太祖紀洪武二十八年，明朝小史卷一，明史紀事本末卷十四開國規模。

⑨ 明史卷七十八食貨志二賦役。

⑩ 大誥耆民奏有司善惡第四十五。

⑪ 大誥鄉民除患第四十九。

⑫ 趙翼二十二史劄記卷三十三重懲貪吏條引葉子奇草木子。

⑬ 明史卷二百八十一循吏傳序。

⑭ 明史卷一三九葉伯巨傳。

⑮ 明史卷一百四十七解縉傳。

⑯ 大誥折糧科斂第四十一。

⑰ 劉辰國初事蹟。

⑱ 明史卷一四七解縉傳。

⑲ 菽園雜記摘鈔卷五。

第六章 家庭生活

(一) 馬皇后

元璋的大老婆馬氏，原是紅軍元帥郭子興的養女（第二章第一節）。後來元璋作了鎭撫、總管、元帥、丞相、吳國公、吳王，一直作到皇帝，馬氏婦以夫貴，從夫人作到皇后。但是，在開頭，情形相反，元璋是夫以妻貴的，作了元帥養婿以後，軍中才稱爲朱公子。①

養女的生父馬公，宿州人，犯了殺人罪，逃亡到定遠，把小女兒託好朋友郭子興撫養。馬公的名字無人知道。②女兒的名字也從來不見有人說起過。在郭家的時興，也許叫春香秋香，嫁了人成爲朱八嫂，作了皇后成爲馬皇后，死後被謚爲孝慈高皇后。

這一對夫婦眞說得上門當戶對。男方的祖父是逃亡的淘金戶，父親是佃農，外祖是巫師，家世微賤。女方除父親是個亡命之徒以外，無可查考。一個是親兵，一個是養女，元至正十二年（公元一三五二年），郭元帥和次妻小張夫人商量停當，替兩口子擇日成婚，兩個都是元帥家裏體己人，對女的說是終身有了著落，男的平白作了元帥的乾女婿，平地登天，好不得意。這一年男的二十五歲，女的二十一歲，照那時的習俗都已過了結婚的年齡了。

女人讀書識字，在從前只有世代書香的官宦人家才有偶然的例子，馬皇后從小是孤女，自然沒有這福氣。那時代的女人，尤其是上層社會的，飯來張口，衣來伸手，用不著自己作活，照例都裹了小脚，顯得尊貴，也以爲美麗。馬皇后卻是一雙大脚，因爲淮西地方苦，百姓窮，鄉下婦女得下田工作，作了養女以後，洗衣作飯，倒茶掃地，沒爹娘照顧，長大了也就只好算了。爲了這雙脚，又鬧了一次血案：南京市民有一樁拿手本領，好用隱語挖苦人，對皇帝怕惹事就拿皇后開玩笑，有一年元宵節，出來一張漫畫，一個大脚女人，赤脚，懷裏抱一個西瓜，到處傳看起鬨，恰好朱元璋化裝出來察訪，一見大怒，認得是譏諷皇后的，「淮西婦人好大脚！」一時查不出是誰幹的，下手令把這條街的人全給殺了。③

馬皇后雖然沒有受過教育，長得不十分好看，卻是一個好妻子，賢內助。

郭子興是粗人，直性子容不了人，耳朵軟，好聽閒話，作事遲疑沒決斷。朱元璋精細，有野心，說一不二，會千方百計買人的好。兩人性格不相合，又有人在中間播弄是非，郭子興對這乾女婿越發不放心，成天挑錯處，沒有好臉色。軍情緊急的時候，無法擺佈，把元璋呼來喚去，一刻也離不開，比親兒子還親熱。到事情過去，可以過安逸日子，臉孔又拉長了，乾女婿變成了童養媳，成天得看顏色、受氣。元璋身邊幾個能幹親信的將校和參謀，一個接著一個被調走，帶的軍隊也換了指揮官，元璋知道中了暗算，越發小心謹慎，加意侍候，逆來順受。馬皇后著急，出主意巴結小張夫人，把私房錢帛和將士分的采頭掃數送禮，求在子興面前替丈夫說好話。④一天，子興發怒把元璋禁閉在空屋裏，不許送茶飯進去。馬皇后背著人偷剛出爐的炊餅給他，把胸口都燙焦了。平時總準備些乾糧醃肉，寧願自己挨餓，得想法讓丈夫吃飽。⑤渡江時領著將士家眷留守和州，看著老家，有人質在身邊，不怕前方將士變心。打下了集慶以後，連年苦戰，她帶著婦女們替戰士縫戰衣、作鞋子。陳友諒兵臨城下，應天（集慶）的官員居民亂作一團，有的打算逃難，有的窖藏金寶，有的在囤集糧食，她一點不著急，反而拿出宮中金寶布帛，犒勞有功將士。⑥到洪武年朱元璋即皇帝位後，冊封爲皇后。

在軍中見有文書就求人教認字，暗地裏照樣子描寫，作了皇后，讓女官按天教讀書，記得許多歷史上有名婦女的故事。元璋每天隨時隨地，即使在用飯的時候，想起什麼該辦的，什麼事怎樣辦，用紙片記錄下來，到了晚上往往塞得一口袋全是，馬皇后細心整理，等查問時，立刻檢出應用，省了元璋不少精力。⑦元璋常常對臣下稱述皇后的賢德，提起當年的炊餅，比之爲蕪蔞豆粥，滹沱麥飯，又比之爲唐太宗的長孫皇后。回宮後當家常提起，她說：「我怎敢比長孫皇后，常聽說夫婦相保容易，君臣相保就難了。陛下不忘和我貧賤時過的日子，也願不忘記和群臣過的艱苦日子，有始有終，才是好事呢。」⑧

她心地仁慈，總是替人求情說好話。元璋在前殿辦事，鬧脾氣要殺人，回宮後隨時解說，婉轉疏勸，元璋雖然殘酷到極點，被左說右說，拗不過道理，有時候也敷衍一下，救活了不少的人命。朱文正被猜忌得罪，幕僚多人處死，部下隨從行事頭目五十多人割斷脚筋，元璋當面訊問明白，要殺文正，她苦勸說：「這孩子縱然驕慣壞了，看在渡江以來，取太平、取陳也先、下建康，有多少戰功。尤其是堅守江西，擋著陳友諒強兵，功勞最大。況且只有這一個親姪兒，縱然作錯事，也該看在骨肉面上，饒他一次。」文正雖然免死，禁不住發牢騷，又被告發，她又勸說：「文正只是性剛，嘴直，造反是決不會的。她母親苦一輩子，只望著他！」元璋口頭答應，派文正到濠州祭祀，隨從人員裏有皇帝派的檢校，一舉一動都有報告，回京後瞞著皇后，還是把他鞭死。⑨李文忠守嚴州，楊憲誣告他不法，元璋要立時召回，皇后以爲嚴州和敵人接境，輕易掉換守將，怕不大好，況且文忠向來小心謹慎，楊憲的話不可輕信。學士宋濂的孫子宋慎被舉發是胡黨，宋濂連帶被逮捕處死刑，她又求情說：「百姓家替子弟請先生，對待極恭敬，好來好去，何況是皇帝家館的師傅？而且宋濂一向住在原籍，也一定不知情。」元璋不許，到用餐時，發覺皇后不喝酒，也不吃肉，驚問：你不舒服嗎？還是不對口味？回說是心裏難過，替宋先生修福。元璋也傷感了，放下筷子，第二天特赦宋濂，免死安置茂州（今四川茂縣）。吳興財主沈萬三（秀）是全國第一名富戶，有數不清的錢財產業，爲著保身家，自動捐獻家財修建南京城三分之一，城修好了，還是不得不安穩，檢校們三天兩頭來尋是非；忍著痛，又請求捐獻財物替皇帝犒勞全國軍隊，不料這樣反而觸了忌諱，平民百姓出錢犒勞全軍，圖的是什麼來？這般亂民不殺，還殺誰？其實這也不過面子話，骨子裏還是要吃沈萬三的全份家當。皇后以爲平民富可敵國，不是好事，法律只能治犯罪的，上天自然會降禍給沈家，不必人主操心。沈萬三充軍雲南雖然留了一條命，果然上天降禍，家產全變成皇家的財富了。⑩諸王師傅李希賢脾氣古怪，教鄉下蒙童慣了，諸王有頑皮不聽話的，常用體罰懲治。一次，打了一個小王爺的額角，手重了，起一個大疱，小王爺哭著向父親告狀，元璋一面用手摸孩子，變了臉色要發作，她又勸解：「師傅拿聖人的道理管教我們的孩子，怎麼可以生氣？」元璋才釋然，不把這事放在心上。⑪

她平時勸丈夫不要以一時喜怒來賞功罰罪，消極的賑災不知多貯存糧食，得寶貨不如得賢才，又說：「驕縱生於奢侈，危亡起於細微。」「法屢更必弊，法弊則奸生。民數擾必困，民困則亂生。」朝官上朝後在殿廷中會餐，菜飯都不可口，告訴皇帝申飭光祿寺改善。替國子生立紅板倉，積糧贍養學生家眷。對人事事週到體貼，自己卻非常節省，穿洗過的衣服，到破都不肯換新的。親自料理丈夫的膳食，對妃嬪不妒忌，對諸子不偏愛。元璋要訪求她的同族人作官，力辭以爲朝廷爵祿不可以私外家，可是每次提到父母早死，都忍不住傷心流淚。⑫

洪武十五年八月，馬皇后病死，年五十一歲。病時怕連累醫生得罪，不肯服藥，臨死還勸元璋求賢才，聽直言，愼終如始。元璋慟哭，不再立皇后。義子沐英鎭守雲南，得到消息，哭得吐血。⑬宮人追念她的慈愛，作歌追頌道：

我后聖慈，化行家邦，撫我育我，懷德難忘！
懷德難忘，於斯萬年，毖彼下泉，悠悠蒼天。⑭

---

① 談遷國榷。
② 明史卷三百外戚傳馬公傳。
③ 徐禎卿翦勝野聞。
④ 明太祖實錄卷一，皇朝本紀。
⑤ 明史卷一百十三孝慈高皇后傳。
⑥ 明太祖實錄卷一百四十七。
⑦ 明太祖實錄卷一百四十七，徐禎卿翦勝野聞。
⑧ 明太祖實錄卷一百四十七。

⑨ 劉辰國初事蹟。
⑩ 明史卷一百十三孝慈高皇后傳。
⑪ 明史卷一百三十二桂彥良傳附李希顏傳。
⑫ 明史卷一百十三孝慈高皇后傳。
⑬ 明史卷一百二十六沐英傳。
⑭ 明史孝慈高皇后傳。

(二) 皇子皇孫

舊時代的舊習俗，多妻是貴族官僚地主們應有的特權，皇帝的配偶除正妻爲皇后外，有無數的妾，依地位高下，封爲貴妃、妃、嬪等職位。

朱元璋有數不清的妃嬪，牛有二十六個兒子，十六個女兒，孫曾一輩連他本人也說不明白。後宮的妃嬪，就種族論，有高麗人①、蒙古人②、漢人更不用說。就來源而論，有搶來的，有從元宮接收來的，有陳友諒的妃嬪，有即位後用法令徵選的。內中胡妃是濠州人，守寡在家，元璋要娶，胡妃的母親不肯，隔了一些時候，打聽明白胡家避兵在淮安，下令平章趙君用，叫把母女二人一起送來。③娶青軍馬元帥的過房女兒孫妃，遠在龍鳳元年（元至正十五年，公元一三五五年）打下太平的時候，這一年元璋才二十八歲，太平被元軍圍攻，孫妃還出主意拿府中金銀賞給將士，大敗敵兵，生擒陳也先。④同時又搶佔郭元帥的女兒，小張夫人生的，作妾（後封爲郭惠妃），原來子興死後。軍隊被元璋併過來，孤女也連同佔領，伺候幾年前她家的親兵和養女了。⑤關於陳友諒的妃子，他在大誥中曾經自白：

朕當未定之時，攻城略地，與羣雄並驅十有四年餘，軍中未嘗妄將一婦人女子。惟親下武昌，怒陳友諒擅以兵入境，既破武昌，故有伊妾而歸。朕忽然自疑，於斯之為，果色乎？豪乎？智者監之。⑥

其實全是謊話。渡江以後，至少在軍中有孫妃胡妃郭惠妃三個婦人女子。這一件史實不久便衍變成另一種傳說，說是陳友諒妻闍氏入宮後不久，生遺腹子潭王，到成人封國時，闍氏哭著吩咐：「兒父是陳友諒，兒父被殺，國被滅，我被俘辱，忍死待兒成年，兒他日當爲父報仇，爲母雪恥。」後來潭王果然起兵造反，元璋派太傅徐達之子統軍討伐，潭王緊閉城門，在銅牌上寫著：「寧見閻王，不見賊王！」擲於城外，舉火闔宮自焚，抱著小兒子投隍壍而死。其實這故事是揑造的，因爲第一，潭王是達定妃所生，和齊王同胞，生母並非闍氏；第二，陳友諒死於至正二十三年（公元一三六三年），潭王生於洪武二年（公元一三六九年），前後相隔六年；第三，潭王因妃父於顯被攀入胡黨處死，奉詔入朝，疑懼自殺，和陳友諒全不相干。⑦另一關於代王生母的故事，說代王的母親是邳人，元璋戰敗，逃到民家躲避，這家的女人問：「你是朱某人嗎？人家說你要作皇帝。」留住了一晚。第二天臨別時說：「將來有孩子怎麼辦？」元璋留下一舊梳子作憑證，她也拿手飾贈行。到元璋即位後，這女人帶著長成的男孩和木梳來認夫認父，元璋叫工部替她另蓋木頭房子，不讓進宮；代王出封後，帶生母一同就國。這故事絕對無稽，因為代王的生母是郭惠妃，生於洪武七年，這一年元璋已作了七年皇帝了，從何戰敗落荒逃走？⑧

諸妃中蒙古妃和高麗妃都生有子女，傳說明成祖即蒙古妃所生。⑨元璋子孫中有蒙古的高麗的血統，是毫無問題的。

元璋自己從小沒受到好教育，到發跡以後，對諸子的教育特別看重，在宮中特建大本堂，貯藏古今圖籍，徵聘四方名儒教育太子和諸王，輪班講授，挑選才俊青年伴讀，時時賜宴賦詩，談古說今，討論文字。師傅中最重要最著名的人物是宋濂，前後十幾年，專負教育皇太子的責任，一言一動都以禮法諷勸，講到有關政教和前代興亡事跡，拱手剴切說明，指出某事該這樣作，不該那樣，皇太子也盡心受教，言必稱師父。⑩博士孔克仁奉命為諸王子講授經書，諸功臣子弟奉詔入學。⑪元璋特地對儒臣指出皇子們的教育方針說：「有一塊精金，得找高手匠人打造，有一塊美玉，一定要有好玉匠才會使它成器。人家有好子弟，不求明師，豈不是愛子弟不如愛金玉？好師傅要作學生子模範，因材施教，培養出人才來。我的孩子們將來是要治國管事的，諸功臣子弟也要當差作事，教的方法，要緊是正心，心一正萬事都辦得了，心不正，諸欲交攻，大大的要不得。你每要用實學教導，用不著學一般文士，光是記誦詞章，一無好處。」⑫

學問要緊，德性尤其要緊，皇太子左右除了儒生經師以外，又選了一批有德性的端人正士，作太子賓客和太子諭德，職務是把：「帝王之道，禮樂之教，和往古成敗之迹，民間稼穡之事，朝夕講說。」⑬

到皇太子成年後，溫文儒雅，儼然是個儒生。接著第三步的教育是政事實習。洪武十年令自今政事，並啓太子處分，然後奏問。面諭太子：「從古開基創業的君主，吃盡苦頭，通達人情，明白世故，辦事自然妥當。守成的君主，生長於富貴，錦衣肉食，如非平時學習練達，辦事怎能不錯？我所以派你每日和羣臣見面，聽斷批閱各衙門報告。練習辦事，要記得幾個原則：一是仁，能仁才不會失於疏暴；一是明，能明才不會惑於邪佞；一是勤，勤勤懇懇，才不會溺於安逸；一是斷，有決斷，便不致牽於文法。這四個字的運用，決於一心。我從有天下以來，沒有偷過懶，一切事務，惟恐有毫髮不妥當，有負上天付託。天不亮就起床，到半夜才得安息，這是你天天看見的，你能夠學我，照著辦，才能太平無事。」⑭

爲了元代不立太子，以致引起無窮盡的政變、殘殺，元璋在作吳王的時候便立長子爲世子，即皇帝位後又立為太子。為了前代的太子宮僚自成系統，和廷臣容易鬧意見，甚至宮府對立，便以朝廷重臣兼任東宮宮僚，⑮一心一意，用盡心機，要訓練出理想的繼承人，能幹的皇帝，保有這份好不容易掙來的大家當。

洪武二十五年四月，太子病死，九月立太子第二子允炆為皇太孫。對太孫的教育還是老辦法，學問德性並重，批閱公事，平決政事，學習如何做皇帝。

諸子中除第九子和二十六子早死，第四子燕王棣後來起兵靖難篡位，作了明代第三代皇帝，諡為明成祖以外，其他二十三子都封王建國。

由於平時的家庭教育的注意，諸王成年以後都很能幹，會辦事。洪武二十六年以後，元勳宿將殺完了，北邊對蒙古的軍事任務，就不能不交給第二子秦王第三子晉王第四子燕王指揮。其他封在邊境的幾個小王也領兵跟著幾位長兄巡邏斥候，校獵沙漠。⑯在文學方面有成就的更多，如第五子周王好學能詞賦，著元宮詞百章，又研究草類，選其可以救饑的四百多種，畫為圖譜，加以疏解，著成救荒本草一書，對植物學很有貢獻。⑰十七子寧王撰通鑑博論、漢唐秘史、史斷、文譜、詩譜等著作數十種。八子潭王、十子魯王、十一子蜀王、十六子慶王都好學禮士，對文學有興趣。十二子湘王，尤為傑出，文武全才，讀書常時到半夜，膂力過人，善弓馬刀槊，馳馬若飛，在藩開景元閣，招納文士，校讎圖籍，行軍時還帶著大批圖書閱讀，到山水勝處，往往徘徊終日，喜歡道家那自號紫虛子，風度襟懷，儼然是個名士。

不爭氣的也有兩個。一個是十三子代王，早年作了許多蠢事不必說了，到晚年頭髮花白了，還帶著幾個肖子，窄衣禿帽，遊行市中，袖錘斧殺傷人，幹些犯法害理的勾當。末子伊王封在洛陽，年少失教，喜歡使棒弄刀，不肯獃在宮裏，成天挾彈露劍，怒馬馳逐郊外，人民逃避不及的親手斫擊，毫無顧忌。又喜歡把平民男女剝得精光，看著人家的窘樣子，高興發笑。

元璋對諸子期望大，管教嚴，不姑息。作皇帝久了，君臣的身分竟超過父子的感情，二子秦王多過失，屢次受訓責，皇太子多方救解，才免廢黜；死後親自定謚為愍，謚冊文說：「哀痛者父子之情，追謚者天下之公。朕封建諸子，以爾年長，首封於秦，期永綏祿位，以藩屏帝室。夫何不良於德，竟殞厥身，其謚曰愍。」十子魯王服金石藥求長生，毒發傷目，元璋很不喜歡，死後追謚為荒。⑱

皇族的祿餉一律由政府支給。洪武九年定諸王公主年俸：親王米五萬石，鈔二萬五千貫，錦四十疋，紵絲三百疋，紗羅各百匹，絹五百匹，冬夏布各千匹，綿二千兩，鹽二百引，茶千斤，馬料草月支五十匹；公主已受封，賜莊田一所，每年收糧千五百石，並給鈔二千貫；郡王米六千石；郡主米千石；已下比例遞減。⑲親王嫡長子年及十歲，立為王世子，長孫立為世孫，世代承襲。諸子封郡王，郡王嫡長子承襲，諸子封鎮國將軍，孫封輔國將軍，曾孫奉國將軍，四世孫鎮國中尉，五世孫輔國中尉，六世以下爲奉國中尉。帝女封公主，親王女封郡主，郡王女封縣主。公主婿號駙馬，郡主縣主婿號儀賓。凡皇族出生，由禮部命名，成人後由皇家主婚，一生的生活到死後的喪葬全由政府負擔。⑳到洪武二十八年，皇族人數日益增加，政府財力困難，負擔不了，改定爲親王年俸萬石，郡王二千石，鎭國將軍千石，到鎭國中尉四百石，奉國中尉二百石。公主和駙馬二千石，郡主和儀賓八百石，縣主郡君縣君鄉君和儀賓遞減。不到兩百年功夫，皇族孳生蕃殖到五萬多口，㉑政府的租賦，竟到了不夠供給皇族的地步。嘉靖四十一年（公元一五六二年）統計，全國每年供應京師糧四百萬石，諸王府祿米則爲八百五十二萬石，比供應京師的多出一倍。以山西而論，存留地方的糧食百五十二萬石，可是當地的宗室俸祿就要二百十二萬石。以河南而論，地方經費只有八十四萬三千石，宗室俸祿卻要一百九十二萬石。即使把地方經費全數都拿來養活皇族，也還缺少一半，只好打折扣和欠支，郡王以上的底數大，還可過好日子，以下就不免啼飢號寒了。政府無法應付，再就原數裁減，皇族疏遠的越發不能過活。㉒這一羣皇家子弟，既不能應科舉，作官吏，又不許務農、作工、行商、壞皇家體面。高級的親王郡王在地方爲非作惡，不但凌虐平民，甚至侮辱官吏，疏遠卑下的宗室窮極無聊，欺騙敲詐，無惡不作，擾亂和破壞了社會秩序。㉓而且，人數過多，政府照顧不過來。禮部命名怕重複，用金木水火土作偏旁，隨便配上一些怪字，作爲賜名，叫人哭笑不得。㉔沒錢賄賂禮部官吏的，不但一輩子沒有名字，甚至到頭髮白了還不能婚嫁。㉕一直到末年，政府才明白不是辦，把科舉和政治的封鎖開放了，皇族可以參加考試，可以作官，自謀出路。㉖可是。太晚了，不久就亡國了。

到明亡時，據不完全統計，朱元璋的直系子孫有十幾萬人。㉗

---

① 明史卷一百二十一公主傳：「含山公主，母高麗妃韓氏。」嚴從簡殊域周咨錄一朝鮮：「初元主嘗索女子於高麗，得周誼女，納之宮中，後爲我朝中使攜歸。時宮中美人有號高麗妃者。」

② 清華學報十卷三期吳晗：「明成祖生母考」。

③ 劉辰國初事蹟。

④ 同上；錢謙益國初羣雄事略卷二引俞本紀事錄。

⑤ 天潢玉牒，滁陽王廟碑，俞本紀事錄。

⑥ 大誥論官無作非爲四十三。

⑦ 皇甫錄近峯聞略，王世貞史乘考誤卷一。

⑧ 徐禎卿翦勝野聞，王世貞史乘考誤卷一。

⑨ 清華學報十卷三期吳晗：「明成祖生母考」。

⑩明史卷一百二十八宋濂傳。
⑪明史卷一百三十五孔克仁傳。
⑫明太祖實錄卷四十，黃佐南廱志卷一。
⑬明太祖實錄卷三十一。
⑭明史卷一百十五興宗孝康皇帝傳。
⑮宋濂洪武聖政記定大本第二。
⑯明史卷一百十九晉王棡傳。
⑰同上周王橚傳。
⑱以上並據明史諸王傳。
⑲明史卷八十二食貨志俸餉。
⑳明史卷一百十六諸王傳序。
㉑鄭曉今言：「今宗室凡五萬餘。」陸楫蒹葭堂雜著：「我太祖高皇帝生二十四子，傳至今百八十年矣，除以事削籍外，尙有十五府及列聖所封，親支星布海內，共三十三府，今玉牒幾十萬人口。」
㉒明史卷八十二食貨志俸餉。
㉓趙翼二十二史箚記卷三十二明分封宗藩之制；沈德符野獲編卷四，廢齊之橫，遼王貴焓罪惡；明史卷一一

八韓王松傳。

㉔ 野獲編卷四宗室名。

㉕ 明史卷二百五十一何如寵傳。

㉖ 沈德符野獲編卷四郡王建白，宗室通四民業。明史卷一百十九鄭王傳。二十二史劄記卷三十二明分封宗藩之制。

㉗ 參看註二十一。

㈢ 敎養和性格

朱元璋出身窮佃戶，作過遊方和尚，到處叫化。從軍以後和儒生文人接近，沾上書卷氣，會談古證今。又以出身微賤，要故作神奇，神道設敎，嚇唬老百姓，和道士和尚串通，假造許多神蹟。三十多年來，儒生，道士，和尚，三敎九流，都被盡量利用，鞏固他的皇座。

先從儒家的作用說起。

從渡江到建國，和幕府中的儒生，如范常、陶安、夏煜、孫炎、楊憲、秦從龍、陳遇、孔克仁、范祖幹、葉儀、吳沈、許幹、葉瓚玉、胡翰、汪仲山、李公常、戴良、劉基、宋濂諸人，朝夕討論，講述經史。經過十幾年的薰陶，加上不斷的努力學習，中年以後，不但懂得經義，能寫通俗的白話文，並且也能作詩，作有韻的文字，能夠欣賞，批評文學的優劣了。

在稱帝以前，閒時常和儒生列坐賦詩，范常總是交頭卷，元璋笑說：「老范詩質樸，極像他的爲人。」①初下徽州，朱升請題字，親寫「梅花初月樓」橫匾。②和陶安論學術，親製門帖子賜他：「國朝謀略無雙士，翰苑文章第一家。」③征陳友諒，過長沙王吳芮祠，見胡閏所題詩，大爲愛好，即時召見帳前；到洪武四年胡閏以郡舉秀才來見，元璋還記得清楚，說：「這書生是那年題詩鄱陽廟牆上的。」授官都督府都事。④鄱陽湖大勝，設宴慶功，和夏煜等草檄賦詩；⑤宋濂喝不得酒，勉強灌醉了，製楚詞以賜，又賜以良馬，親製白馬歌。⑥

即位後更加喜歡弄筆墨，毛騏、陶安、安然死，親寫祭文。⑦桂彥良作晉王傅，作文送行。⑧宋訥讀書，烤火不小心，燒了衣服傷脅，作文勸戒。張九韶告老回家，又作文贈行。⑨他會寫散文，主張文章應明白顯易，通道術，達時務。⑩讀曾魯文後，非常高興，說：「讀陶凱文後，已起人意，魯又如此，文運其昌乎？」⑪劉三吾主考會試，榜發後以爲有弊，親撰策問覆試。⑫喜歡研究音韻，元末陰氏韻府子頭常用，以舊韻出江左，命樂韶鳳參考中原音韻訂定，名洪武正韻。⑬時常作詩，⑭甚至會作賦，和儒臣歡宴大本堂，自作時雪賦。⑮親撰鳳陽皇陵碑，粗枝大葉，通篇用韻。也會作駢體文，徐達初封信國公，親製誥文：「從予起兵於濠上，先存捧日之心，來茲定鼎於江南，遂作擎天之柱。」又說：「太公韜略，當宏一統之規，鄧禹功名，特立諸侯之上。」居然是個四六作家了。⑯

對歷史尤其熟悉，漢書宋史都是常讀的書。吳元年十一月和侍臣討論：「漢高祖以追逐狡兔比武臣，發蹤指示比文臣，譬喻雖切，語意畢竟太偏。我以爲建立基業，猶之蓋大房子剪伐斲削，要用武官，藻繪粉飾，非文臣不可。用文而不用武，譬如連牆壁都未砌好，如何粉飾？用武而不用文，正如只有空間架，粗粗糙糙，不加粉刷彩畫，不成體統，兩樣都不對。治天下的要文武相資，才不會壞事。」⑰不多久，又和太子討論七國造反的問題，太子以爲錯在七國，元璋說：「不然，這是講官偏說。景帝作太子時，以博局殺吳王世子，作皇帝後，又聽信晁錯，黜削諸侯，七國因子造反。」⑱論內官則以爲古代宦豎，管的是早晚當差打掃一些宮廷僕役事務，從漢鄧太后以女主臨朝，用閹人作常侍等官，宦官才偷竊政權，作威作福。⑲讀宋史，到宋太宗改封樁庫爲內藏庫，挖苦說：「作皇帝的以四海爲家，用全國的財富，供全國之用，何必分公私？太宗算是宋朝的賢君，還這樣小家子氣，看不開。至如漢靈帝的西園，唐德宗的瓊林大盈庫，括政府的錢作私人的蓄積，更不值得責備了。」⑳告訴張信翰林的職務，引唐陸贄崔羣李絳作例子。㉑教官吳從權說不知民間事務，駁以宋胡瑗教學生，特別看重時事。㉒隨時隨事，徵引歷史事實，作爲討論和訓話的根據。

對經學，跟宋濂讀春秋左傳，陳南賓讀洪範九疇，讀蔡氏書傳時，發現所說象緯運行和朱子書傳相反，特地徵召諸儒訂正。討厭孟子裏一些和皇權有違礙的話，派劉三吾刪節，編爲孟子節文。

著有御註洪範，多用陳南賓說。㉓

對佛教，即位以後，非常崇敬，詔徵東南戒德名僧，在蔣山大開法會，和羣臣頂禮膜拜。僧徒中有應對稱意的，頒賜金襴袈裟衣，召入禁中，賜坐講論。吳印華克勤等人都還俗做到大官。元璋以爲和尚與塵世絕緣，無所牽涉，寄以心腹，用作耳目，使其檢校官民動靜，由之僧徒得意橫行，文武大臣，都被中傷得罪。又倚仗告發的功效，請爲佛教創立職官，改善世院爲僧錄司，設左右善世左右闡敎左右講經覺義等官，高其品秩。道教也照樣來一套。度僧尼道士數萬人。㉔和尚皇帝加上一套和尚職官，在塵世政府裏面，又建立了一個空門朝庭。遠著有集註金剛經一卷。㉕

道士替元璋做工作的有周顛和鐵冠子。周顛的事跡，據朱元璋所寫的傳記說：周顛十四歲上得了顛病，在南昌市討飯，說話顛三倒四，人家叫他周顛。三十多歲時，正當元朝末年，新官上任，一定去求見，說是「告太平」。元璋帶兵取南昌，瘋頭瘋腦來告太平，又說「婆娘歹」，唱「世上甚麼動得人心，只有臙脂胚粉動得婆娘嫂裏人。」一問是什麼緣故，回說：「你只這般，只這般。」元璋煩了，叫人拿銅缸蓋住，用猛火蒸，等柴炭燒完，打開缸看時，周顛正在出汗呢。到蔣山寺寄食，和尚來說，顛和小沙彌搶飯吃，鬧脾氣有半個月不吃東西了。元璋親自去看，顛來迎接，一點也看不出餓，擺一桌大筵席，請顛大吃一頓。又給關在一間空房子裏，一個月不給飯食，還是不在乎。這故事傳開了，諸將軍士搶著作主人，請吃酒飯，隨吃隨吐，只有跟元璋吃飯時，才規規矩矩，像個樣子。大家都信服了，以爲是仙人。

顚用手畫地成圈，指著對元璋說：「你打破桶（統），做一個桶。」

元璋西征九江，行前問顚，這次如何？說：「行」。又問：「友諒已稱帝，消滅他怕不容易？」顚仰頭看天，好一會，稽首正容說：「上面無他的。」到安慶舟師出發無風，說：「只管有風，無膽不行便無風。」果然一會兒大風起來，一口氣直駛小孤山。

十多年後，元璋害熱症，幾乎要死，赤脚僧覺顯送藥來，說天眼尊者和周顚仙人送的，當晚病好。

有周顚仙人詩一首：「初見聖主合天基，一時風來一時癡。逐片俱來箍一桶，浩大乾坤正此時。人君自此安邦定，齊天洪福謝恩馳。我王感得龍顏喜，大興佛法當此時。」㉖

鐵冠子姓張名中，好戴鐵冠，人稱爲鐵冠子。談禍福多奇中，平章邵榮參政趙繼祖謀叛被殺，是他告密的。征陳友諒時也在軍中，算是南昌解圍和大捷的時日，用洞元法祭風，舟師直達鄱陽湖。佯狂玩世，和周顚同是元璋有用的工具。㉗

元璋常讀的道教經典是道德經，著有御注道德經二卷。㉘

元璋利用神道設教的狡獪，當時即已被人指出。洪武十一年（公元一三八八年）解縉上萬言書說：

陛下天資至高，合於道微，神怪誕妄，臣知陛下洞矚之矣。然猶不免所謂神道設教者，臣謂必不然也。一統之輿圖已定矣，一時之人心已服矣，一切之姦雄已慴矣，天無變災，民無患害，聖躬康寧，聖子聖孫，繼繼繩繩，所謂得真符者矣。何必興師以取寶為名，諭衆以神仙為徵應者哉！㉙

果然，一切都已不成問題。從此以後，對佛道兩教的興趣突然減低，不再侈談神異徵應了。元璋以「神仙爲徵應」這一手法是相當成功的，民間流行著許多神異故事，以爲他是眞命天子。傳說中主要的一個是：天上有二十八宿，輪流下凡作人主，元天曆元年（公元一三二八年）天上婁宿不見，到洪武三十一年（公元一三九八年）婁宿復明，洪武帝是婁宿下凡。當時不流通的洪武錢，鄉下人很看重，孩子們佩在身上，以爲可以辟邪。豆棚瓜下，老祖父祖母們對孩子們講的故事，也多半說的洪武爺放牛時的種種奇蹟。

窮措大出身的開國皇帝，對於起居飲食，生活享受，不肯窮奢極侈。㉚至正二十六年營建宮室，管工程的人打好圖樣，他把雕琢考究的部分都去掉了。㉛完工以後，樸素無裝飾，畫了許多觸目驚心的歷史故事，和宋儒的大學衍義。有個官兒要巴結，說是某處出產一種很美的石頭，可以鋪地，被痛切教訓了一頓，爲的是不懂得節儉的大道理。㉜車輿服用諸物該用金飾的，用銅代替。不但自己講節儉，對人也是如此。有一天，看見內侍穿著靴在雨中走路，另一舍人穿一套值五百貫鈔的新衣，都著著實實罵了一頓。㉝司天監把元順帝費盡心機作成的自動宮漏進獻，以爲是「不管政務，專幹這個，叫做作無益害有益」，把宮漏打毀。㉞陳友諒有一張縷金床，極爲考究，江西行省送給皇帝，元璋說：「這和孟昶的七寶溺器有什麼兩樣！」下令打碎。㉟有的官兒說山東有銀鑛可以開發，有的官兒說西戎有水銀坑，磁州有鐵鑛，挖了都可富國，一概不理，把說話的罵了一頓，打了一頓，甚至發到邊地充軍。㊱

屏風上寫著唐李山甫上元懷古詩，日常吟誦：「南朝天子愛風流，盡守江山不到頭，總爲戰爭收拾得，卻因歌舞破除休。堯將道德終無敵，秦把金湯可自由！試問繁華何處在？雨花煙草石城秋。」㊲南朝的滅亡壞在歌舞上頭，壞在風流上頭，也壞在大興土木上頭，立下規矩，朝會時不用女樂，宮廷裏不隨便添建宮室。㊳也禁止臣下箋文頌美，表章不許用四六駢偶文體。㊴

說宗教信仰是談不上的，周顛鐵冠子之流只用作政治的炫耀，骨子裏根本不信有神仙，曾經告訴宋濂：「秦始皇漢武帝好神仙，寵方士，想求長生，末了一場空。假使用這份心思來治國，國怎會不治？依我看來，人君能淸心寡欲，做到百姓安於田里，有飯吃，有衣穿，快快活活過日子，也就是神仙了。」㊵有道士來獻長生的法子，他說：「我所要的是全國人民的長壽和快樂。」㊶不肯接受。又有人學宋朝大中祥符年間的辦法獻天書，證明上位確是眞命天子，反而被殺。同樣，也不信祥瑞。洪武二年，有獻瑞麥一莖二穗和五穗的，羣臣稱賀，他說：「我作皇帝，只要修德行，致太平，寒暑適時，就算國家之瑞，倒不在乎以物爲瑞。記得漢武帝獲一角獸，產九莖芝，好功生事，使海內空虛。後來宣帝時又有神爵甘露之瑞，卻鬧得山崩地裂，漢德於是乎衰。由此看來，祥瑞靠不住，災異卻是不可不當心的。」命令今後或有災異，無論大小，地方官即時報告。㊷

對失敗的敵人不肯加以侮辱。洪武三年李文忠克應昌，俘獲元主孫買的里八剌，並知元主已死捷報到南京，百官稱賀，元璋命禮部榜示，凡曾經作過元朝官的不必稱賀。又以元主不戰北走，諡爲順帝，親自作文致祭。㊸俘虜到京，禮官請舉行獻俘典禮，並舉唐太宗作例，元璋說：「唐太宗是待王世充，如對隋室子孫，不會這樣。元人入主中國，百年之內，人口繁殖，家給戶足，我的祖先，也曾享過太平的福來。」只令服本俗衣入朝。㊹對死節的敵人表示尊重：元將石抹宜孫福壽余闕李黼戰死，都爲立祠於所守城邑，留下永久紀念。㊺對始終不屈的敵人，尤其衷心欽佩：擴廓帖木兒擁兵反攻，百戰不撓，被推許爲天下第一奇男子，以不得臣之爲恨。㊻相反的一個例子：危素是元朝老臣，文壇宗主，投降後作翰林侍讀學士，一天，元璋在東閣辦事，忽聽得履聲橐橐，問是誰，答是老臣危素，元璋說：「原來是你！我道是文天祥！既是元朝老臣，何不到和州看守余闕廟去？」不到一年這位老臣便羞愧死了。㊼

執法極嚴，令出必行。初起兵時，糧食不足，下令禁酒，胡大海統軍攻越，其子犯令，王愷請勿殺以安大海心，元璋以爲寧可使大海叛我，不可使法不行，親手執行死刑。㊽趙仲中是起兵時勳舊，奉命守安慶，陳友諒來攻，棄城逃走，常遇春求情，元璋說：「法不行，無以懲後。」用弓絃縊死。㊾平章邵榮參政趙繼祖因爲多年征戰，不能和家人團聚，說了氣忿話，被告發誅死。㊿馮勝攻高郵，城中詐降，先頭部隊全軍覆沒，立時召還，決大杖十下，令步行回高郵，一鼓攻下。(51)末年駙馬都尉歐陽倫出使，販帶私茶，違反國法，雖然是自己親女婿，還是賜死。(52)

他認爲理想的模範人物是漢高祖，最早勸他學漢高祖的人是李善長。常時讀的書是漢書，常時提到的古帝王是漢高祖，隨時隨地隨事都以漢高祖自比。

當滅陳友諒後，兵勢日盛，有點像楚漢垓下之戰後的情形，和幕僚孔克仁說閒話：「秦政暴虐，漢高祖以布衣起家，以寬大制馭羣雄，作了皇帝。而今也是群雄蠭起，可是都不懂修法度，明軍政，此其所以成不了事。」意中儼然以漢高祖自居，說完了還嘆了幾口氣。有一次讀漢書，宋濂和孔克仁在座，元璋問漢治道不純，何故？克仁以爲王道霸道相雜；又問誰應該負責，克仁說責在高祖，元璋說：「不然，高祖初創基業，遭秦滅學之後，百姓困苦已極，氣還喘不過來，那裏還有功夫講禮樂？孝文帝算是好皇帝了，正應該制禮作樂，和三代相比，可惜又不注意，終於只有那丁點成就。作帝王的要抓住時機，三代君主，有時機有人才做得好，漢文帝錯過了時機，至於周世宗那才苦呢，有決心有魄力，滿腔子要做好，只是不得其時，眞是可惜！」又問漢高祖以布衣作皇帝，靠的是什麼？克仁以爲是善於用人，元璋說：「項羽南面稱孤，不施仁義，光誇自己能幹。高祖知道這毛病，反過來謙遜韌性，不認輸，加以寬大容人，所以能夠勝利。現在我守住江左，任用賢人，安撫百姓，等候大局變化。假使不如此，單憑軍力，硬碰硬，怕也不容易成功吧？」53

研究漢高祖的個性和作風到了家，下意識地養成模倣的癖性。舉例說：漢高祖在天下未定時，就派蕭何營建未央宮，元璋也在南征北伐軍出發時，先造金陵宮闕。漢初徙齊楚諸大族田氏昭氏屈氏景氏懷氏實關中，元璋也徙江南富人十四萬戶實中都。漢初分王子弟，明初也分建藩國。漢初賜民爵士大夫以上，明初也下詔天下富民年八十以上賜爵里士，九十以上賜爵社士。漢初俎醢韓彭英布，明初也大殺功臣，一殺再殺，殺得靖難兵起時無人可用。54

相隔一千六百年兩位同鄉的開國皇帝，竟是一脈淵源的師生！

---

① 明史卷一百三十五范常傳。
② 黃瑜雙槐歲抄。
③ 明史卷一百三十六陶安傳。
④ 明史卷一百四十一胡閏傳。

⑤明史卷一百三十五宋思顏傳附夏煜傳。
⑥明史卷一百二十八宋濂傳。
⑦明史卷二百三十五郭景祥傳附毛騏傳，卷一百三十六陶安傳，卷一百三十七安然傳。
⑧明史卷一百三十七桂彥良傳。
⑨同上，宋訥傳，附張美和傳。
⑩明史卷一百三十六詹同傳。
⑪同上，曾魯傳。
⑫明史卷一百三十七劉三吾傳。
⑬明史卷一百四十七解縉傳，卷一百三十六樂韶鳳傳。
⑭明史卷一百三十七劉三吾傳，桂彥良傳，卷一百三十八周禎傳附李質傳。
⑮明史卷一百十五興宗孝康皇帝傳。
⑯二十二史箚記卷三十二明祖文義條引稗史彙編。
⑰明太祖實錄卷二十二。
⑱同上卷二十五。晗按這一段話是被歪曲修改過的。明成祖重修太祖實錄以削藩之罪歸給建文帝，把這段史論也給改倒過來了，原來的話一定是錯處在七國。

⑲明太祖實錄卷二十七，卷六十三。
⑳明太祖實錄卷一百七十九。
㉑明太祖實錄卷二百四十九。
㉒明史卷一百三十九蕭岐傳。
㉓明史卷一百二十八宋濂傳，卷一百三十七桂彥良傳附陳南賓傳，趙俶傳附錢宰傳，劉三吾傳。
㉔明史卷一百三十九李仕魯傳。
㉕明史卷九十八藝文志三釋家。
㉖沈節甫紀錄彙編卷六明太祖御製周顛仙人傳，明史卷二九九方伎傳周顛傳。
㉗明史方伎傳張中傳。
㉘明史卷一四七解縉傳，卷九十八藝文志三道家。
㉙明史卷一百四十七解縉傳。
㉚王文祿龍興慈記。
㉛明太祖實錄卷十二。
㉜明太祖實錄卷二十。
㉝同上卷二百二十五。

㉞同上卷三十一。

㉟同上卷十四。

㊱同上卷二十七，卷一百四十四。

㊲姚福青溪暇筆。

㊳明太祖實錄卷三十四。

㊴同上卷十七，卷八十五；祝允明野記。

㊵明太祖實錄卷二十九。

㊶同上卷二百三十。

㊷同上卷四十。

㊸同上卷五十三。

㊹同上。

㊺同上卷二十，卷二十一；明史卷一百三十六任昂傳。

㊻姚福青溪暇筆，明史卷一百二十四擴廓帖木兒傳。

㊼明史卷二百八十五危素傳，何孟春餘冬序錄。

㊽明史卷一百三十三胡大海傳。

㊾明史卷一百二十九廖永忠傳附趙庸傳。

㊿劉辰國初事蹟。

51明史卷一百二十九馮勝傳。

52明太祖實錄卷二百五十三。

53明太祖實錄卷十四，明史卷一百三十五孔克仁傳。

54趙翼二十二史劄記卷二十二明祖行事多仿漢高條。

(四)晚年的悲哀

朱元璋的智力極高，長於計謀，看得遠，見得大處，當機立斷，更善接受好建議，不自以爲是。統一以後，和群臣有一番檢討的話，說是：「我生在天下大亂的年頭，被迫投軍，原不過是爲了活命。到渡江以後，看這一羣擁兵割據，稱王稱帝的，打家劫舍，全不成材料。內中張士誠陳友諒最強大，士誠地方富庶，友諒軍力強大，我沒有別的可誇，只靠不亂殺百姓，說話算話，刻苦作事，和大家同心一力，掙出這個基業。開頭夾在吳漢兩大之間，士誠尤其逼近，有人主張先向東吳進攻，我的看法是友諒志驕，士誠器小，志驕的好生事，要爭取主動，器小的沒長遠打算，總是被動，所以決定先攻友諒。鄱陽湖這一場決戰，士誠果然不能出姑蘇一步，和友諒呼應！假使當時先攻士誠，浙西堅守待援，友諒一定空國而來，我便被迫兩線作戰，腹背受敵了。兩個都吃掉以後，舉兵北伐，而所以先取山東，次下河洛，止住潼關西進之師，不急攻秦隴，是什麼道理呢？因爲擴廓帖木兒李思齊張思道都是百戰之餘，決不肯輕易服輸，而且，大兵西攻，正好促成他們聯合，團結抵抗，一時也佔不了便宜；不如出其不意，直取大都，根本既除，然後西進，張李望絕勢窮，不戰而克。可是，擴廓還是力戰到底，費了多少事。假定不取北平，就和關中軍決戰，又是兩線作戰形勢，勝負就很難說了。」儘量避免兩線作戰，機動的爭取主動，敏捷的運用對方弱點，轉變形勢，集中兵力使敵人處在被動地位，知己知彼，在戰略上是完全成功的。①

在另一場合，他又申說：「元朝末年，人君安逸不管事，臣下跋扈不聽命，胡亂花錢，想盡主意剝削，水旱災荒，年年都有，鬧得天怒人怨，到處反叛，羣雄角逐，割據地方。我沒有辦法，爲了自救，才參加紅軍；到了兵強地廣，才東征西討，削除羣雄，開拓土地；這時候，中國已非元朝所有了。元朝皇帝如能小心不偷懶，不專講享受，臣下盡心作事，不貪汚，不爭權奪利，怎麼會引起這次大革命？又怎麼會造成割據分裂的局面？由此看來，我取天下於羣雄之手，非於元朝之手，是很明白的。」②

以後，洪武四年滅夏，十四年定雲南，二十年取遼東，事前都由他自己決定戰略，制敵決勝，事後的綏靖建置，也完全用手令指示。諸將不過奉行命令，完成任務而已。

大大小小的事務，一定親自辦理，天不亮就起床辦公，一直到深夜，沒有休息，也沒有假期，更談不到調劑精神的娛樂。因爲照習慣，一切事務處理，臣僚建議，都用書面的奏章，成天成年看奏章，有時也難免感覺厭倦，尤其是賣弄學問經濟，冗長不中肯的報告。洪武八年，刑部主事茹太素上萬言書申說事務，元璋懶得看，叫中書郎王敏朗誦，讀到：「才能之士，數年來幸存者百無一二，今所任率迂儒俗吏。」發了脾氣，把太素找來大罵，打了一頓。第二天晚上，又叫宮人讀了一遍，仔細想想，也還有點道理，建議的有四款著實可以照辦，不由得嘆一口氣說：「作皇帝難，作臣子也不容易啊！我要聽老實話，要聽切實情事的，文詞太多，摸不清要點所在，太素所說的要點，有五百字也夠說清楚，搞了這一大堆，何苦來？」上朝時，面諭中書，特定奏對式，不許繁文亂聽，從此讀奏章省了不少精力。③到廢中書省以後，六部府院直接對皇帝負責，政務越發繁忙。據洪武十七年九月間的統計，從十四日到二十一日，八天內，內外諸司奏劄凡一千六百六十件，計三千三百九十一事，④平均每天要看或聽兩百多件報告，要處理四百多件事。既然精力過人，拚著命幹，到底是上了年紀的人，有點覺得吃力了。

他是赤手空拳起家的，除自身而外，三個哥哥和幾個堂房兄弟，都在壬辰那年死去，父系親屬只有親姪文正一人，眞是「門單戶薄」。母族絕後，妻族也死絕了。到文正被殺後，諸子幼弱，基業還未穩定，孤零零一個人，高高在上，找遍周圍，沒有一個可以寄託心腹的，得撐持著，時刻警戒著，提心弔膽，不讓別人暗算。正如駛著獨木船，水把獨木船沖得團團轉，幾十年到不了岸，看著水是敵人，礁石是敵人，連天空飛的烏鴉也是敵人，誰都要害他，都在譏笑他，諷刺他。從得了大權，作了皇帝之後，害了高度的緊張病，猜疑病，恐懼病。

早年過的是衣食不足的窮苦生活，中年在軍隊裏，在兵火喧天，白刃相接的緊張生活中，抓住了權力，四十歲以後，把全副精力放在處理事務，防備假想敵人上。體力消耗之外，加上無量數妃妾的宮廷生活，加上對人對事的極度不安，精神永遠集中在怎樣保持那份大家當的問題上。他有心跳的病症，宋濂以爲應該淸心寡欲。⑤時發高熱病，作怪夢，幻想在夢中看到天上神仙宮闕；⑥平時喜怒不常，暴怒到失常態。⑦性格變得更加殘酷、橫暴，尋求刺激，要發洩，爲一句話、一個字就打人、殺人，應用許多種離奇的刑罰來磨折人，屠殺人。他害的是一種虐待狂的病症，用別人的痛苦來減輕自己的恐懼。

可驚的是雖然精神失常，智力卻並不減退。大兒子朱標忠厚仁慈，有點像漢惠帝，接受了當時最好的教育。老皇帝過了五十歲生日之後，精力有點不濟事了，讓大兒子來幫忙，裁決普通政務，一來是分勞，二來也是訓練這下一代皇帝辦事的能力，指望太子是漢文帝，不是漢惠帝。可惜父子倆性格正好相反，也和他的同鄉皇帝父子一樣，一個嚴酷，一個寬大，父子間有時也不免鬧衝突。⑧老皇帝眼見得一代不如一代，只好嘆一口氣，悶在心裏，索性自己動手，大興黨獄，殺盡了所有不順眼的文武官員，斬除荆棘，鋪平道路，好讓兒子作現成皇帝。

好容易皇太子的學業和政治訓練都夠滿意了，元璋以爲付託得人，這份產業牢靠穩當，放得下心了，卻又變生意外，太子於洪武二十五年（公元一三九二年）病死。六十五歲的老皇帝受了這致命的打擊，糊塗了大半天說不出話，身體一天天軟弱下去，頭髮鬍子全變白了。

太子死後，立太子嫡子允炆爲皇太孫，才十六歲。

皇太孫的性格極像他的父親，年紀又小，沒經過訓練，祖父雖然也讓跟著辦事，終是替他發愁，怕挑不下這副擔子，諸將大臣將來會不服調度。只好又動辣手，借題目大批殺人，殺得將帥一空，連傅友德馮勝那樣僅存的開國元勳，說不出一絲道理，也順手殺了。想著小孫子再不會有人來作難，作祖父的算是用盡了心血了。

他的政治能力，部分從實際經驗得來，部分從歷史教訓。他以爲皇位繼承是維持帝國和平國最重要的制度，必須有一個規定的嚴密的法則，才不會引起宗族間的糾紛、政變。最好的辦法是宗法制度下的嫡長承襲。在皇太子正位後，爲了要使諸王安分，保護扶持中朝，洪武五年命羣臣采漢唐以來藩王善惡可爲勸戒的，編作一書，名爲昭鑒錄，頒賜諸王。皇太孫正位以後，用同樣的意思編了一書，叫作永鑑錄。二十八年又頒佈皇明祖訓條章，把一切作皇帝，作藩王，和臣下所應遵守的，不該做的事，都詳細記載，並定制後代有人要更改祖訓的，以奸臣論，殺無赦。希望用教育，用制度，使各藩王忠心服從這未來的小皇帝，朱家的族長。⑨

可惜這一番心思都白用了，第二子秦王，第三子晉王雄武有野心，見太子仁懦，都不肯安分，先後被發覺，要治重罪，太子盡力解救，才得無事。太子死後，二十八年秦王死，三十一年晉王死，都死在老皇帝之前，算是沒有鬧出大花樣。費盡了心機，父子兄弟間還不免鈎心鬥角，時刻提防著，這對於老皇帝自然也是精神上的打擊。

猜疑病、迫害狂，愈來愈重，身體愈衰弱，精神愈不安定，脾氣更壞。體力精神交互影響，到洪武三十一年（公元一三九八年）已經七十一歲了，五月間病倒，不能動彈，躺了三十天，告別所手創的帝國，離開繼承人和笑容滿面的臣民，結束了一生恩怨，安靜地死去。

劊子手死後還殺了一批人：侍寢的宮人一律殉葬，家屬由政府養活，叫做朝天女戶⑩。葬在南京城外的孝陵，謚曰高皇帝，廟號太祖。永樂元年（公元一四〇三年）謚神聖文武欽明啓運俊德成功統天大孝高皇帝。嘉靖十七年（公元一五三八年）增謚開天行道肇紀立極大聖至神仁文義武俊德成功高皇帝。

遺囑裏有一段話：「朕膺天命三十一年，憂危積心，日勤不怠。」「憂危積心」四字，說出了這位皇帝一生在恐懼猜疑中過日子，「日勤不怠」說出如何用全副心力來保持這份大家當⑪。

太孫即位後不久，燕王棣果然起兵造反，援引祖訓，以靖難爲名。建文四年（公元一四〇二年）

篡位自立，是爲明成祖。離老皇帝之死還不到五年。

元璋的相貌不很體面，晚年尤其難看，一臉兇相。曾找了許多畫工，畫像十分逼眞，總不洽意。後來有一個聰明人畫的像，輪廓有點像，卻一臉和氣，充滿了慈祥的樣子，這才對了簌，傳寫了多少本，分賜給諸王。⑫這兩種不同的畫像，到現在都有傳本。

---

① 明太祖本紀。

② 明太祖實錄卷五十三。

③ 明史卷一百三十九茹太素傳。

④ 明太祖實錄卷一百六十五。

⑤ 明史卷一百二十九宋濂傳。

⑥ 御製周顚仙傳，御製紀夢。

⑦ 姚福青溪暇筆。

⑧ 徐禎卿翦勝野聞。

⑨ 明太祖本紀洪武六年，二十六年，二十八年。

⑩ 鄭曉今言三三九，呂毖明朝小史三。

⑪ 明史太祖本紀洪武三十一年。

⑫ 陸容菽園雜記。

朱元璋年表

紀年	公元	元璋年齡	紀事
元天順帝天曆元帝	一三二八	一	九月丁丑，元璋生。
元順帝至元三年	一三三七	十	正月，廣州增城縣民先光卿起義，稱大金國，旋被消滅。二月，棒胡以燒香聚衆，起義於汝寧信陽，元命河南行省左丞慶童鎮壓之。己丑，汝寧獻所獲棒胡彌勒佛小旗及宣敕等。四月，元禁漢人、南人不得執持軍器，凡有馬者拘入官。合州大足縣民韓法師起義，稱南朝趙王。　惠州歸善縣民聶秀卿、譚景山等造軍器，拜戴甲爲定光佛，與朱光卿相結起義，元命江西行省左丞沙的捕之。
至元四年	一三三八	十一	六月，袁州民周子旺起義，稱周王，不久被捕遇害。　漳州路南勝縣民李志甫起義，圍漳城。
至元五年	一三三九	十二	四月，元重申漢人、南人不得執軍器弓矢之禁。十一月，開封杞縣人范孟反，僞傳帝旨，殺河南平章政事月祿等，已而被捕遇害。
至元六年	一三四〇	十三	五月，元禁民間藏軍器。

元順帝至正元年	一三四一	十四	湖廣、山東、燕南貧民爲盜，多至三百餘處。 七月，益都縣鹽徒郭火你赤起義，上太行，入壺關，至廣平，殺兵馬指揮，復還益都。
至正四年	一三四四	十七	春，淮北大旱，繼以瘟疫，元璋父、母、長兄、次兄皆病死。秋九月，元璋入皇覺寺爲沙彌。一月後，雲遊淮西穎州一帶。
至正五年	一三四五	十八	在淮西遊方未歸。
至正六年	一三四六	十九	在淮西。 盜扼李開務之閘河，劫商旅船，元官兵不能捕。
至正七年	一三四七	二〇	在淮西。 四月，臨淸、廣平、灤河、通州等處貧民羣起爲盜。 十一月，沿江盜起，剽掠無忌，元官莫能禁。
至正八年	一三四八	二一	海寧州、沭陽縣等處盜起。台州方國珍起義，聚衆海上，元命江浙行省參政鎮壓之。
至正九年	一三四九	二二	冀寧、平遙等縣曹七七起義。
至正十年	一三五〇	二三	方國珍攻溫州。

至正十一年	一三五一	二四		四月，元帝詔開黃河故道，命賈魯以工部尚書爲總治河防使，發汴梁、大名等十三路民十五萬，廬州等戍十八翼軍二萬，自黃陵岡南達白茅，放於黃固，哈只等口，又自黃陵西至陽青村，合於故道，凡二百八十里有奇。仍命中書右丞玉樞虎兒吐華、同知樞密院事黑廝以兵鎭之。五月，穎州劉福通起義，以紅巾爲號，陷穎州。　韓山童被捕遇害，其妻楊氏與子韓林兒逃脫。六月，劉福通佔領朱臯，攻破羅山、眞陽、確山，遂攻武陽、葉縣等處。　江浙左丞孛羅帖木兒爲方國珍所敗，元帝遣使招諭方國珍。八月，蕭縣李二及彭大、趙均用等攻陷徐州。李二號芝麻李，亦以燒香聚衆起義。蘄州羅田人徐壽輝與黃州麻城人鄒普勝等起義，以紅巾爲號。十月，佔領蘄水爲國都，稱帝，國號天完，建元治平。徐壽輝部將陸續攻破漢陽、興國府、武昌、安陸府、沔陽府、江州、岳州、袁州、瑞州、徽州、信州、饒州、杭州。
至正十二年	一三五二	二五	閏三月，元璋投郭子興部下爲兵。	二月，郭子興等起義於濠州。元丞相脫脫攻徐州，克之。芝麻李敗死，彭大、趙均用奔濠州。答失八都魯率軍佔襄陽，察罕帖木兒、李思齊率軍攻起義人民，元政府各授以官。
至正十三年	一三五三	二六	元璋略定遠，下滁州。	張士誠起義，攻佔泰州、高郵，稱誠王，國號大周，建元天祐。

至正十四年	一三五四	二七	元璋在滁州。	元丞相脫脫大敗張士誠於高郵，分兵圍六合，元璋率兵赴援。 元帝削脫脫官爵，安置淮安路，又詔使西行，鴆死於吐蕃境。
至正十五年 宋小明王 龍鳳元年	一三五五	二八	正月，元璋克和州，奉郭子興命總諸將。 四月，常遇春歸元璋。 五月，廖永安、俞通海以水軍降，元璋遂下采石，取太平。 小明王命郭天敍為都元帥，張天祐、元璋為左右副元帥。 九月，郭、張二帥攻集慶，皆死之，於是子興部將盡歸元璋。	二月，劉福通等迎立韓林兒為皇帝，號小明王，國號宋，建都亳州，建元龍鳳。 三月，郭子興卒。 十二月，答失八都魯大敗劉福通於太康，遂圍亳州，小明王奔安豐。
至正十六年 宋龍鳳二年	一三五六	二九	二月，元璋攻集慶，下之，改名應天府。遣徐達攻鎮江，拔之。 六月，元璋部將鄧愈克廣德。 小明王升元璋為樞密院同簽，不久又升為江南等處行中書省平章。	徐壽輝遷都漢陽。 張士誠攻佔平江，以為國都，改名隆平府。李武、崔德等破潼關。

至正十七年 宋龍鳳三年	一三五七	三〇	元璋佔領長興、常州、寧國、江陰、常熟、徽州、池州、揚州等地。	二月，劉福通遣毛貴攻破膠州、萊州、益都、濱州。六月，劉福通攻汴梁。 關先生、破頭潘、馮長舅、沙劉二、王士誠攻晉冀。 白不信、大刀敖、李喜喜攻向關。九月，徐壽輝部將倪文俊謀殺其主不果，自漢陽奔黃州，其下陳友諒襲殺之。友諒自稱平章。 元以張士誠爲太尉，方國珍爲江浙行省參政，使由海道運糧入都。 明玉珍佔重慶路。
至正十八年 宋龍鳳四年	一三五八	三一	二月，元璋以康茂才爲營田使。十二月，自將攻婺州，下之，改爲寧越府。	答失八都魯死，其子孛羅帖木兒代領其衆。 五月，劉福通攻破汴梁，自安豐迎小明王入居之，定爲國都。關先生、破頭潘等攻破遼州虎林，又攻破上都，燒元宮闕，轉攻遼陽。
至正十九年 宋龍鳳五年	一三五九	三二	元璋兵克諸暨、衢州、處州等地，命寧越府立郡學。 小明王升元璋爲儀同三司江南等處行中書省左丞相。	陳友諒攻破龍興路、吉安路 汴都爲察罕帖木兒所破，劉福通奉小明生退安豐。 陳友諒以江州爲都，迎徐壽輝居之，自稱漢王。
至正二十年 宋龍鳳六年	一三六〇	三三	陳友諒攻應天，元璋大敗之，遂復太平。 徐龍輝舊將以袁州降於元璋。	陳友諒佔太平，殺其主徐壽輝自立，國號大漢，改元大義。回駐江州，遣將佔辰州。 明玉珍聞徐壽輝被殺，自立爲隴蜀王，塞瞿塘，不與友諒通。 孛羅帖木兒與察罕帖木兒互相攻殺，元帝下詔調解，皆不聽。

至正廿一年 宋龍鳳七年	一三六一	三四	元璋擊陳友諒於江州，友諒奔回武昌，遂分兵攻南康、建昌、饒州、蘄州、黃州、廣濟等處，皆下之，又下撫州。 小明王封元璋為吳國公。	
至正廿二年 宋龍鳳八年	一三六二	三五	元璋受友諒部將胡廷瑞之降，遂得龍興，改為洪都府。瑞州、吉安、臨江相繼下。	明玉珍稱帝，國號夏，建元天統。 察罕帖木兒死，子擴廓帖木兒代領其軍。
至正廿三年 宋龍鳳九年	一三六三	三六	元璋因張士誠將呂珍攻安豐，親率軍往救。 陳友諒大舉攻洪都。圍八十五日不下，元璋急撤援安豐軍，與友諒大戰於鄱陽湖。友諒中流矢死，其子陳理突圍奔回武昌，元璋親往圍之。	劉福通奉小明王自安豐突圍，居滁州。張士誠自立為吳王，停止運糧至元都。
至正廿四年 宋龍鳳十年	一三六四	三七	元璋自立為吳王，建百官。受陳理降，漢遂亡。	孛羅帖木兒率軍入大都，元帝懼，命為中書右丞相，節制天下兵馬。
至正廿五年 宋龍鳳十一年	一三六五	三八	元璋以徐達為大將軍，進攻江北、淮東張士誠之地，先取泰州及高郵。	孛羅帖木兒被殺，擴廓帖木兒代為相，不久復令總制關、陝、晉、冀、山東兵馬，聽便宜從事。

至正廿六年 宋龍鳳十二年	一三六六	三九	徐達等下泚安、濠州、宿州、徐州等地，淮東悉入元璋領域。 五月，元璋命徐達、常遇春攻張士誠根據地，連下湖州、杭州，大軍進圍平江。 十二月，元璋遣廖永忠迎小明王於滁州，中途沉之於江，遂亡。	李思齊、張良弼等屯兵關中，不服擴廓調度，互相攻殺。 明玉珍死，子明昇嗣立，改元開熙。
至正廿七年	一三六七	四〇	徐達等執張士誠，吳亡。 元璋命湯和等攻方國珍，降之。又以徐達爲征虜大將軍，北伐中原。命胡廷瑞等取福建，楊璟等取廣西。滁徐達等下山東諸郡。	元削擴廓帖木兒兵權，置撫軍院，以皇太子總制天下兵馬。

明太祖洪武元年 元順帝至正廿八年	一三六八	四一	正月，元璋稱帝，國號大明，建元洪武，是爲明太祖，立世子標爲皇太子，妃馬氏爲皇后。湯和克延平，執陳友定，福建平。 命湯和等以舟師攻取廣東，廣州守官何眞降。 楊璟等下寶慶、全州、靖江等地。 徐達等下汴梁。元璋以應天爲南京，開封爲北京。 閏七月，元帝棄大都，出奔上都。 八月，徐達等入大都，改名北平府。　保定、眞定、懷慶、澤州、潞州相繼下。
洪武二年	一三六九	四二	奉元、鳳翔、臨洮相繼下，李思齊降。 常遇春攻克開平，元帝奔和林。常遇春卒於軍。 元軍攻大同，李文忠敗之。徐達下慶陽。 元璋定內侍官制，編組訓錄，定諸王封建之制。

洪武三年	一三七〇	四三	命徐達、李文忠等分道北征。元順帝死，太子嗣立。李文忠獲買的里八剌（順帝孫）以歸，元嗣君北遁。元璋封諸子為王，大封功臣。官監文移。
洪武十八年	一三八五	五八	魏國公徐達中毒死。戶部侍郎郭桓坐盜官糧誅，死者數萬人。
洪武二十年	一三八七	六〇	馮勝、傅友德、藍玉同征納哈出。馮勝率師出松亭關，下大寧、寬河、會州、富峪四城，納哈出降，東北平。
洪武二十三年	一三九〇	六三	晉王棡、燕王棣帥師征元，穎國公傅友德等皆聽節制。齊王榑帥師從燕王棣北征，燕王師次迤都，元丞相咬住等降。韓國公李善長黨胡惟庸案發，坐誅，牽連死者甚衆。作昭示姦黨錄，布告天下。
洪武二十四年	一三九一	六四	天下郡縣賦役黃冊成。八月。皇太子巡撫陝西；十一月，還京師。

洪武二十五年	一三九二	六五	皇太子標死，立長孫允炆爲皇太孫。 沐英卒於雲南，子沐春襲封西平侯，鎮雲南。
洪武二十六年	一三九三	六六	涼國公藍玉被殺，功臣死者甚衆。 馮勝、傅友德備邊北平，其屬衛將校悉聽晉王、燕王節制。 詔二王軍務大者始以聞。
洪武二十七年	一三九四	六七	穎國公傅友德坐誅。
洪武二十八年	一三九五	六八	宋國公馮勝坐誅。 諭羣臣禁以後法外用刑，嗣君不許置丞相，皇親惟謀逆不赦，餘罪宗親會議取上裁，法司只許舉奏，勿得擅逮，勒諸典章，永爲遵守。 八月，秦王樉死。 頒皇明祖訓條章，後世有言更祖制者以奸臣論。
洪武三十一年	一三九八	七一	二月，晉王棡死。 閏五月，元璋卒，年七十一。 太孫允炆繼位，是即惠帝。

後記

這本小書初稿寫定於民國三一二年，從這年七月七日動筆，到九月九日寫完，一共才花了六十多天功夫，由勝利出版社印行。而乃未得同意，一書兩名，勝利本名「明太祖」，另一本名「從僧鉢到皇權」。所不同的是勝利本多一個附錄年表，起元天曆元年，迄明宣德八年，和本書內容不相適應。其所以然的道理，前年夏曾在上海文匯報發表「明太祖和從僧鉢到皇權」一文，詳細說明經過。（現收入生活版「史事與人物」）

我自己對於這個初稿極不滿意，加之，一書兩名，更感不快，決定回北平後，多讀史料，把它作廢，重新寫過。

謝謝書店的好意，謝謝胡繩先生的督促，使我有勇氣重寫這本書。

從三十六年暑假，到三十七年暑假，整整花了一年零一個月的時間寫作。篇幅從原來的八萬字，擴充到十五六萬字，差不多增加了一倍。註明材料出處，又增加了五百多條小註。更重要的是有許多看法，竟和初稿完全不同。

增加小註的用意，是爲了告訴讀者以出處，因爲從初稿刊行以後，曾有許多朋友來信詢問史料來源，甚至有人懷疑敍述的眞實性。爲了免除個別答覆的困難，索性註明史料所從出，做到無一事無出處的地步。當然，在浩如煙海的故紙堆中，要逐一註明來源，是極其費事的。一年多時間，竟有三分之一用在小註上，往往爲一條小註，翻閱幾十百本書，浪費一兩天時間。

寫作的方法，是對每一問題先搜集材料，編爲長編，第二步寫成專門論文，第三步綜合幾十篇專門論文，再融會貫通寫成本書。以此，這本書可以說是二十年來所寫關於明初史事幾十篇專論的結集。這幾十篇專門論，在戰前發表的主要有下列各篇：

一九三二年	胡惟庸黨案考	燕京學報十五期
一九三四年	明代的錦衣衛和東西廠	天津大公報史地週刊十三期
一九三五年	明成祖生母考	清華學報十卷三期
	明代之農民	天津益世報史學第十二、十三期
	明代靖難之役與國都北遷	清華學報十卷四期

一九三六年　明初衛所制之崩潰　南京中央日報史學第三期

元代之社會　清華大學社會科學一卷三期

元帝國之崩潰與明之建國　清華學報十一卷二期

十六世紀前之中國與南洋　清華學報十一卷一期

一九三七年　明代之軍兵　中央研究院社會科學研究所社會經濟史集刊五卷二期

七七以後，有：

一九三八年　元明兩代之匠戶　雲南大學學報第一期

一九三九年　明代之糧長及其他　同上第二期

明代漢族之發展　昆明中央日報史學第三十三期

一九四〇年　記明實錄　未刊（刊中央研究院歷史語言研究所集刊，太平洋戰起原稿淪失。）

一九四一年　明教與大明帝國　清華學報十三卷一期

一九四三年　記大明通行寶鈔　人文科學學報二卷一期

歷史上君權的限制　雲南日報星期論文

明太祖傳　勝利出版社

回到北平以後，用全力寫本書，中間爲了路引的問題，寫「傳、過所、路引的歷史」，載中國建設五卷四期；關於明初教育，寫「明初的學校」，發表於清華學報十四卷二期；和論皇權、論紳權等文，發表於觀察、時與文等刊物。

嚴格的說，這本書的寫作時間，至少應該從一九三二年算起，以十六七年的長時間，所成就的只此戔戔，寫完以後想想，實在感覺慚愧，惶恐。

題名作朱元璋傳，用意有二：其一是爲和作廢的初稿「明太祖」和「從僧鉢到皇權」有所分別。個人感情對前兩本書實在太壞了，簡直在痛恨，對這一本比較以爲對得起這個題目、這個時代。其二，舊時代舊史家對皇帝有太多禁忌，習慣以皇帝廟號作稱呼，今天這種禁忌已經不存在，大可不必自找罪受，不如用原來名字稱呼，還給他以人的地位。並且，按史法說，朱元璋在作皇帝以前，就稱以死後追謚廟號，豈非不通之至。而且在洪武三十一年中，據事直書，也不應該以洪武三十一年以後的稱號來硬栽他！簡單合理，全書概用朱元璋來稱呼朱元璋，書名因之就題作朱元璋傳。

最後，還應該感謝上海文藝復興、中國建設、香港國訊、南京學識、北平知識與生活和中建半月刊諸刊物，曾經發表本書一部份的好意。

期待著讀者的指責和糾正。

民國三十七年，八月十二日於清華園西院十二號

里仁書訊

BOOKLIST OF LE JIN BOOKS LTD.
2000/AUTUMN

慶祝里仁21週年
版權新書簡介

三國演義的美學世界

作者:廖瓊媛
出版日期:89/9
ISBN:957-8352-72-7
參考售價:250元/25開平裝310頁

《三國演義》可說是影響中國人最深、最普遍的文學作品。

本書從作者的美學思維創作靈感出發，透視人物、情節、修辭用典等表現技巧，進而關照讀者由美感心理出發的鑑賞與批評。讀者可以由此走入《三國》美的藝術殿堂，玩味小說的寄寓與憧憬，樹立正確的審美觀。

廖瓊媛，大學教師。著有《俠骨柔情·兒女英雄》論著、《撒旦的天堂》短篇小說、《豪門的背叛》長篇小說等書。

性別與家國－漢晉辭賦的楚騷論述

作者:鄭毓瑜
出版日期:89/8
ISBN:957-8352-71-9
參考售價:280元/25開平裝290頁

本書以屈原、宋玉的作品作爲模寫的源頭，探討兩漢魏晉辭

賦的擬騷系列如何透過「論述」楚騷，開拓出以性別改扮抗拒階級壓制的「神女」象徵；以地理經驗引生對反放逐的「家國」想像；以及透過「直諫」的理想典型，標記知識份子於家國政權體制中昂然獨立的身分認同。

鄭毓瑜，台灣大學中文博士，現任台灣大學中文系教授，曾任傅爾布萊特(Fulbright)訪問學人，著有《六朝情境美學》(本局出版)、《六朝文氣論探究》、《古典文學與性別研究》(合著，本局出版)等書。

敘事性口傳文學的表述

作者:巴蘇亞·博伊哲努(浦忠成)
出版日期:89/8
ISBN:957-8352-66-2
參考售價:300元/25開平裝330頁

本書針對包括神話、傳說、民間故事的敘事性口傳文學產生的背景、傳述的形態與其間蘊藏的內容，進行探究；以台灣原住民鄒族部落—特富野(也是作者出身的部落)作爲探索的焦點，並儘可能廣泛徵引相關的學理與田野材料，由民族歷史文化發展的綿長脈絡，尋繹文學曾經產生的波動與具體的功能。

未擁有文字的民族自有其一套安身立命的思想價值系統，也

有延續習俗文化的獨特方式，本書由文學的角度切入，也許可以提供觀察台灣原住民文化與文學的不同視野。

巴蘇亞・博伊哲努，台灣鄒族人，中國文化大學中文研究所博士，現任台北市立師範學院語文教育系副教授，著有《台灣鄒族的風土神話》、《原住民神話文學》等書。

論亞理斯多德《創作學》

作者:王士儀
出版日期:89/8
ISBN:957-8352-68-9
參考售價:360元/25開平裝464頁

亞里斯多德名著 Περὶ ποιητικῆς ，明明論戲劇創作，中譯卻一直用「詩學」。王士儀教授精通希臘文，正本溯源，正名爲《創作學》。

本書不僅是亞氏著作的正譯，王教授更闡述亞氏理論微旨，期達到字字通、節節通的目標，是研讀戲劇與文學創作者所必讀的書。

王士儀教授，國立政治大學西洋語文學系畢業，中國文化學院藝術研究所及美聖若望大學東亞研究所碩士，一九七三年英牛津大學博士候選人，曾任文大英文系、戲劇系主任、藝術研究所所長、藝術學院院長，現任文化大學中國戲劇學系主任。出版

《戲劇論文集：議題與爭議》，並計畫出版《戲劇原理：戲劇行動論》；《論荷氏【創作論】》等專著。

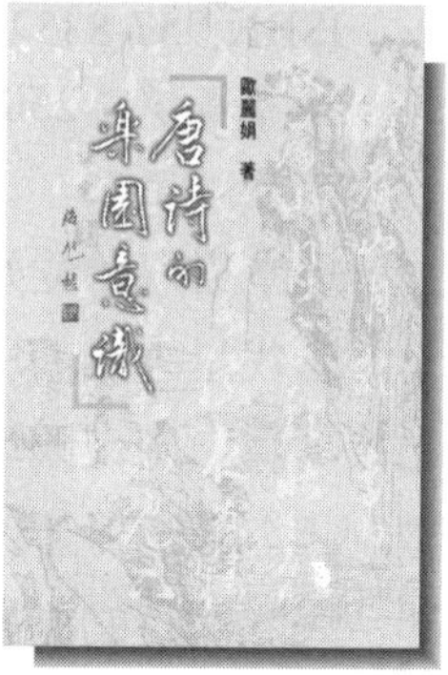

唐詩的樂園意識

作者：歐麗娟

出版日期：89/2

ISBN: 957-8352-59-X

參考售價：400元／25開平裝481頁

「樂園追尋」是自遠古神話、宗教信仰以迄詩歌、小說等文學藝術中一個普遍而重要的課題，反映了人類對現實環境的認知與超越，對理想世界的探索與構設，以及對自我心靈的安頓與開顯；透過「樂園追尋」的思考可以打開唐詩研究的一條進路，在傳統審美的角度之外更提供嶄新的詮釋意涵。

本書即以樂園意識爲豐美多姿的唐詩聚焦，從回顧先唐種種的樂園型態開始，然後細膩地抉發唐詩中形形色色的樂園類型，並進行精審深入的分析，使唐詩此一文化載體展露出別具一格的宏闊視野。

歐麗娟，台灣大學中文博士，現任靜宜大學中文系副教授，並於淡江大學、台灣大學兼任授課。著有《杜詩意象論》、《唐詩選注》、《歷代詩選注》（合著）、《詩論紅樓夢》（以上均本局出版）等書，廣受讀者們的喜愛。本書之寫作曾獲國科會研究獎勵。

唐代樂舞新論

作者：沈冬
出版日期：89/3
ISBN:957-8352-64-6
參考售價：250元／25開平裝224頁

這本書寫給愛好音樂，也喜歡歷史的人。

唐代是中國前所未有的音樂盛世，新靡絕麗之音，繁手淫聲之技，爲大唐帝國增添了無比光彩。本書審視了唐代音樂的淵源體制，勾勒了唐代樂舞的圖象形貌。書中討論宮廷燕樂中的樂部、民間流行的詞調，更探抉了當時入貢於唐的異國之樂。

歷史中的音樂，總是默然無聲的；本書是另類的音樂欣賞，引領讀者進入無聲之樂的世界。

沈冬，國立臺灣大學中文研究所博士，美國馬里蘭大學民族音樂學研究所博士候選人。目前任教於國立臺灣大學中文系和音樂研究所。著有《南管音樂體制及其歷史初探》及《隋唐西域樂部與樂律考》等書。

戲文概論

作者：錢南揚
出版日期：89／元
ISBN: 957-8352-58-1
參考售價：300元／25開平裝337頁

錢南揚先生是學者公認南戲的權威。

他畢生致力於戲文的研究和古典戲曲的整理校點；所著《宋元戲文輯佚》、《漢上宧文存》等；所校注之《元本琵琶記校注》（已由本局出版）、《永樂大典戲文三種校注》（即將由本局出版）等；均爲研究戲曲者所必讀。

《戲文概論》是錢先生晚年代表作，總結他一生研究成果，不僅塡補了中國戲曲史研究的空白，也標誌著南戲學科的確立，被譽爲集南戲研究之大成著作。

論語今注

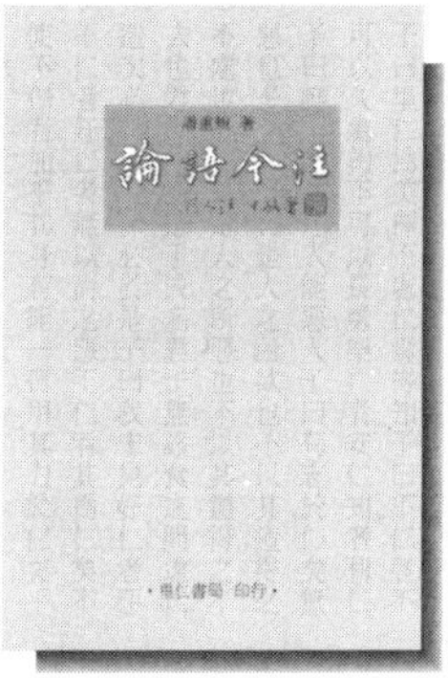

作者：潘重規
出版日期：89/3
ISBN: 957-8352-61-1
參考售價：360元／25開平裝443頁

潘重規先生是學者公認的當代國學大師。曾獲法蘭西學術院最高漢學成就茹蓮獎、敦煌研究院榮譽院士。著作等身，桃李滿天下，並帶動海內外《紅樓夢》與敦煌學研究的學術風潮。

《論語今注》一書，是潘教授長年講授四書的力作。全書以精簡流暢的白話文，逐篇逐句進行詮釋，其所注釋原原本本，於論語精義之闡發既鞭辟入裏，又深入淺出，實爲研習論語之最佳用書。

嘉義地區古典文學發展史

作者：江寶釵

出版日期：87/6

ISBN: 957-02-1601-8

參考售價：200元／18開平裝398頁

嘉義地區自古重視教育、流連風物、關懷時代，成就可貴的文學傳統。

本書以嘉義縣市爲區域，分別探討嘉義古典文學的區域特色、清領時期的嘉義古典文學、日治時期的文化衝突與漢詩的馴化效應、戰後嘉義古典文學的發展。雖爲區域性的文學史，但因爲作者蒐羅豐富、文筆流暢、條理分明，讓人讀起來興味盎然。

作者江寶釵，台灣師範大學文學博士，國立中正大學副教授，所著《台灣古典詩面面觀》等，廣受學界重視，爲台灣文學研究中生代最有成就的學者之一。

唐宋八大家

作者：吳小林

出版日期：88／12

ISBN: 957-8352-43-3

參考售價：360元／25開平裝435頁

唐宋八大家，是我國異常豐富的散文遺產中，最爲光彩奪目的組成部份之一。

本書從唐代的古文運動起講，分述八大家的散文藝術風格、散文理論，同時比較各家的異同，綜論八大對後世的影響，並附「歷代有關唐宋八大家研究述評」。全書文字優美，爲研讀唐宋八大家的最重要入門書。

作者吳小林，北京人民大學中文系教授，爲研究古典散文的名家，除本書外，另著《中國散文美學》（已由本書局出版），早已膾炙人口。

人間花草太匆匆

——卅年代女作家美麗的愛情故事

作者：蔡登山

出版日期：89/5

ISBN: 957-8352-67-0

參考售價：200元／25開平裝237頁

「五四」反封建、反禮教之後，女子受教育的機會大增，因之「才女」輩出，猶如潛沈已久的冰山，一時之間，浮出歷史的地表。

這些女作家哀樂倍於常人，她們絕大多數都有一段不平凡的人生際遇。她們淒美的愛情故事，有的甜蜜，也有的是決絕；但都是一首首的詩。

八十多年過去了，「五四」的燈火已遠，但這些女作家衝破了幾千年的沈悶，以她們的健筆，幻化出絢爛繽紛的虹彩。而

今，當我們展讀她們動人的作品，益發想見她們的身影。

這本書是她們的傳記，也有她們作品的評論。作者蔡登山，是自由製作人，也是少數三十年代文學研究的名家；所著《人間四月天》（即將改版由本局出版）早已暢銷海內外。

邊　城

作者：沈從文

出版日期：89/2

ISBN: 957-8352-60-3

參考售價：135元／25開平裝141頁

沈從文是卅年代的代表作家；《邊城》是沈從文的主要文學作品。

沈從文在中國近代作家中，是個異數，他高小未畢業，十幾歲就當兵，歷經各種特殊的人生歷練。因爲如此 —— 他筆下的作品、人物，往往帶著古樸、生動與新奇的特殊風格。

《邊城》是一個懷舊的作品，一種帶著疼惜而感傷的懷舊。它雖然沒有波濤壯闊的場景，也沒有纏綿悱惻的愛情故事，但它所呈現的湘西山光水色和那些飽經滄桑的人事，卻讓人永遠回味；彷彿天涯遠夢，卻又一一目前。

紅樓夢人物論

作者：王昆侖（太愚、松青）
出版日期：89／元
ISBN: 957-9113-78-5
參考售價：180元／25開平裝239頁

有別於考證的索然，本書作者用抒情的口吻、感性的筆調，去探討《紅樓夢》的主題思想、人物典型、創造方法，使讀者能深入的認識作品的本身和作者的思想內涵。因此，雖然是四十年前的舊作，卻仍然廣爲讀者所喜愛，不斷再版，歷久不衰。

這是一本《紅樓夢》的入門書，許多紅學家也經常在溫習。

八大山人是誰

作者：魏子雲
出版日期：88/8
ISBN: 957-8352-37-9
參考售價：160元／25開平裝122頁

魏子雲教授是世所公認，當代《金瓶梅》學專家，研究《金瓶梅》而外，並旁及晚明歷史文物、典故書畫。

魏教授去年在本局出版了《八大山人之謎》，提出八大即崇禎皇太子的論點，在學術界引起了很多的討論，名作家、評論家

韓秀即曾這樣寫道：「四百年來的迷霧竟由一人之力，在二十多年內廓清，成爲二十世紀中國文史學研究境域內極重要的成就。八大和笑笑生終於得以含笑九泉。」

《八大山人之謎》雖然獲致極高的評價，但魏教授認爲辯證之中，尙有待補之功，乃又補寫了這本《八大山人是誰》。通過本書，讀者不僅可以見識作者去僞存眞的功力，八大山人神祕的眞性情也呼之欲出。

甲骨文讀本

作者：朱歧祥
出版日期：88/11
ISBN: 957-8352-53-0
參考售價：450元／18開平裝368頁

本書是分析甲骨文句的導讀教材。書中選錄一百九十六版殷武丁至帝辛的甲骨，嘗試解讀其中有問題的辭例，並提出客觀的互較方法，由文例異同歸納甲文正確的用意，從而通讀上下文。本書的考釋一再驗證朱教授多年來研究甲骨的方法和成果，對了解甲骨卜辭以至本國上古文化有一定的幫助。

作者朱歧祥教授爲甲骨學開山董作賓先生的第三代弟子，長期從事於科學整理國故的工作，是中國近代著名甲骨學家。

中國民間文學

編著者：鹿憶鹿
出版日期：88/10
ISBN:957-8352-41-7
參考售價：350元／25開平裝422頁

這是一本民間文學的入門書。作者博採眾議，將民間文學中常被討論的類別，諸如神話、傳說、民間故事、笑話、歌謠、諺語、歇後語、敘事詩等，廣泛蒐羅。

本書較其他民間文學概論不同的是：台灣民間文學的部分佔了不少篇幅，有台灣民間傳說、故事、歌謠；有關原住民的神話傳說也有專章討論。

全書深入淺出，涵蓋深廣，為研讀中國民間文學所不可或缺。

編著者鹿憶鹿，中國文學博士，東吳大學中文系副教授，為民間文學研究的專精學者。

台灣民間文學採錄

作者：陳益源
出版日期：88/9
ISBN:957-8352-40-9
參考售價：250元／25開平裝306頁

本書的內容，既有嚴謹的學術論文，也有輕鬆的民俗趣譚，盡是作者走訪民

間，致力田野調查的寶貴經驗和新穎素材。在他細心的觀察與縝密的組織下，台灣民間文化的活力再現，時時充滿新奇，處處洋溢溫馨。有志於從事台灣民間文學，以及台灣民俗文化研究的朋友，千萬不要錯過本書。

作者陳益源，中國文學博士，中正大學中文系副教授，長期關懷台灣民間文學的區域普查，足跡行遍台灣各縣市。

佛教與文學的系譜

作者：周慶華
出版日期：88/9
ISBN:957-8352-42-5
參考售價：240元／25開平裝268頁

佛教和文學的關係，向來不乏人討論，但多流於瑣碎浮淺，讀者不易從中獲得整體的概念。

本書一改習見的論述方式，以「佛教文學化」和「文學佛教化」爲線索，重建佛教和文學的系譜，並對未來的發展方向發出預期。讀者一方面可以藉此得知佛教和文學歷來是如何在交涉的，另一方面還可以明瞭貞定或開發新實相世界終將是文學佛教化所需努力也是較能致力的。

作者周慶華，中國文學博士，現爲台東師院語教系副教授，除本書外，另著《台灣當代文學理論》、《佛教新視野》等。

生死場

作者：蕭紅
出版日期：88/1
ISBN:957-8352-31-X
參考售價：125元／25開平裝155頁

《生死場》是蕭紅的第一部中篇小說，它和後來寫成的《呼蘭河傳》互為呼應，是「貫穿主題」的姊妹作。魯迅曾親自為《生死場》作序，給這本書很高的評價。自一九三五年初版後，重版不下二十次，表達了廣大讀者對它的喜愛。

《生死場》從「死」的境地逼視中國人「生」的抉擇，在熱烈的騷動後面是比一潭死水還讓人戰慄、畏怯的沈寂和單調，孤獨和無聊，是一種「百年孤寂」般的文化懺悔和文明自贖。而蕭紅對歷史的思索、對國民靈魂的批判，卻歷久彌新，永為人們所懷念。

章太炎與近代中國學術研討會論文集

編者：善同文教基金會
出版日期：88/6
ISBN:957-8352-35-2
參考售價：500元／18開平裝537頁

章太炎先生為近代中國著名的思想家和學者，也是一位頗富爭議的人物。

本論文集係民國八十七年十一月，由善同文教基金會主辦，中國文化大學中文系所協辦之「章太炎與近代中國學術研討會」所發表之論文。

作者計有房德鄰、洪順隆、劉志琴、陳智爲、鄭雲山、俞玉儲、侯月祥、王遠義、卞孝萱、馮爾康、韓寶華、馬琰等海峽兩岸學者共二十二人，皆任職於各大學或研究機構，學有專長。故本集實爲研究章太炎思想學術所應備之參考書。

清代義理學新貌

作者：張麗珠

出版日期：88/5

ISBN:957-8352-34-4

參考售價：300元／25開平裝388頁

對於清代學術的研究，這是一個全新角度的切入。歷來研究清代學術者，多半停留在對「方法論」的發揚——推崇考據學成就的層次上，鮮少有發揚清代思想的專著問世。

本書從「哲學的主張」出發，深入探討有清一代不絕如縷的「經驗領域義理學」建構，以及它完成了傳統儒學兼具形上與形下、唯心與唯物領域兼備的全幅開發歷程。

作者張麗珠，中國文學博士，現任教彰化師大國文系，著有《袖珍詞學》（即將由本局出版）、《全祖望之史學研究》等書。

吳娟瑜的親子成長學

——親子互動成長的契機

作者：吳娟瑜

出版日期：88/9

ISBN:957-8352-39-5

參考售價：250元／25開平裝390頁

第一輯　自我管理系列

第二輯　開發潛能系列

第三輯　青少年EQ系列

第四輯　新好父母系列

第五輯　訪談錄

看了本書，孩子將更懂事，更自動自發，並學習做個EQ高手。

看了本書，爸媽更能得心應手地帶動兒女成長，並助孩子在生涯規劃路上更上一層樓。

吳娟瑜的溝通管理學

作者：吳娟瑜

出版日期：88/4

ISBN:957-8352-33-6

參考售價：230元／25開平裝322頁

第一輯　溝通之橋

第二輯　開放的溝通

第三輯　開放的溝通演練
第四輯　溝通廿法
第五輯　人際關係的開拓
第六輯　奇妙的肢體語言

沒有不能解決的問題，只看我們怎樣去面對。

62個全新的溝通理念與方法，深信能改善你的溝通與人際關係。

吳娟瑜的男性知見學

作者：吳娟瑜
出版日期：89/8
ISBN:957-8352-69-7
參考售價：240元／25開平裝380頁

第一輯　男人新視界
第二輯　男人的成長路
第三輯　男人的眞心話
第四輯　已婚男性問卷調查

人類的一半是男人，女人的另一半也經常是男人。女人要成長，非要瞭解男人不可。

這是一本女人認識男人，男人更加認識男性的書。

台灣俗曲集

25開平裝，排校中。

戰國策新釋　繆文遠 校注

25開精裝二冊，排校中。

禪學與中國佛學　高柏園 著

25開平裝，出版中。

金瓶梅藝術論　周中明 著

25開平裝，出版中。

晚明盛清女性題畫詩　黃儀冠 著

25開平裝，排校中。

秦始皇評傳　張文立 著

25開平裝，出版中。

古典短篇小說之韻文　許麗芳 著

25開平裝，出版中。

清代女詩人研究　鍾慧玲 著

25開平裝，出版中。

里仁叢書總目

下列價格90年6月30日以前有效；超過此時限，請來信或電話詢問。

※①表內價格全係優待價（含稅），書後括號爲初版年度（民國紀年）。

※②郵購300元以內者，另加郵資60元；300元以上（含300元）郵資免費優待。

※③有△符號者五折優待。

一、總論

①章太炎與近代中國學術研討會論文集　善同文教基金會編　18開平裝　特價500元(88)

②碩堂文存三編　何廣棪著　25開平裝　特價200元(84)

二、中國哲學．思想

①論語今注　潘重規著　25開平裝　特價360元(89)

②莊子釋譯　歐陽景賢．歐陽超釋譯　25開平裝二大冊　特價600元(81)

③莊子通．莊子解　王夫之著　25開平裝　特價250元(73)

④老子校正　陳錫勇著　25開平裝　特價250元(88)

⑤中國文化要義　梁漱溟著　25開平裝　特價200元(71)

⑥東西文化及其哲學　梁漱溟著　25開平裝　特價200元(72)

⑦魏晉思想　容肇祖．湯用彤．劉大杰等著　25開平裝二冊　特價360元(84)

⑧郭象玄學　莊耀郎著　25開平裝　特價250元(87)
⑨晚明思潮　龔鵬程著　25開平裝　特價250元(83)
⑩清代義理學新貌　張麗珠著　25開平裝　特價300元(88)

三、美學

①中國小說美學　葉朗著　25開平裝　特價200元(81)
②中國散文美學　吳小林著　25開平裝二冊　特價350元(84)
③六朝情境美學　鄭毓瑜著　25開平裝　特價200元(86)
④三國演義的美學世界　廖瓊媛著　25開平裝　特價250元(89)
⑤論亞理斯多德《創作學》　王士儀著　25開平裝　特價360元(89)

四、經學

①周易陰陽八卦說解　徐志銳著　25開平裝　特價160元(83)
②周易大傳新注　徐志銳著　25開平裝二冊　特價350元(84)
③周易新譯　徐志銳著　25開平裝　特價250元(85)
④唐代經學及日本近代京都學派中國學研究論集　張寶三著　25開精裝　特價500元(87)
⑤陳振孫之經學及其《直齋書錄解題》經錄考證　何廣棪著　25開精裝　特價1200元(86)
⑥焦循雕菰樓易學研究　賴貴三著　25開精裝　特價500元(83)
⑦昭代經師手簡箋釋——清儒致高郵二王論學書　賴貴三編著　25開平裝　特價500元(88)
⑧焦循手批十三經註疏研究　賴貴三著　25開平裝二冊

特價1000元(89)

五、中國歷史

①秦漢的方士與儒生　顧頡剛著　25開平裝　特價140元(74)

②國史論衡(一)　鄺士元著　25開精裝　特價400元(81)

③國史論衡(二)　鄺士元著　25開精裝　特價400元(81)

④中國經世史稿　鄺士元著　25開精裝　特價400元(81)

⑤中國學術思想史　鄺士元著　25開精裝　特價400元(81)

⑥中國近代史研究　蔣廷黻著　25開平裝　特價180元(71)

⑦中國上古史綱　張蔭麟著　25開平裝　特價170元(71)

⑧中國歷史研究法（正補編及新史學合刊）　梁啓超著　25開平裝　特價180元(73)

⑨蒙事論叢　李毓澍著　25開精裝　特價500元(79)

⑩中國史學名著評介　倉修良主編　25開精裝三冊　特價1200元(83)

⑪隋唐制度淵源略論稿．唐代政治史述論稿　陳寅恪著　25開平裝　特價170元(69)

⑫明清史講義　孟森（心史）著　25開精裝　特價450元(73)

⑬清代政事軍功評述　唐昌晉著　25開精裝三冊　特價1500元(85)

⑭朱元璋傳　吳晗著　25開平裝　特價180元(86)

⑮司馬遷之人格與風格　李長之著　25開平裝　特價200元(86)

⑯章學誠的史學理論與方法　張鳳蘭著　25開平裝　特價160元(87)

⑰中國近三百年學術史（附：清代學術概論）　25開精裝　特價400元(84)

⑱ 中國古史的傳說時代　徐炳昶（旭生）著　25開平裝　特價300元(88)

⑲ 史記選注　韓兆琦選注　25開精裝一大冊　特價500元(83)

△ ⑳ 讀通鑑論（《宋論》合刊）　王夫之著　25開精裝二冊　特價1000元(74)

㉑ 焦循年譜新編　賴貴三著　25開精裝　特價500元(83)

六、文學評論

① 文心雕龍注釋（附：今譯）　周振甫著　25開精裝　特價500元(73)

② 韓柳古文新論　王基倫著　25開平裝　特價200元(84)

③ 漢魏六朝文學新論（擬代贈答篇）　梅家玲著　25開平裝　特價250元(86)

④ 中國文學家傳　王保珍著　25開平裝　特價150元(82)

⑤ 唐宋八大家　吳小林著　25開平裝　特價360元(88)

⑥ 嘉義地區古典文學發展史　江寶釵著　18開平裝　特價200元(87)

七、詩詞

① 人間詞話新注　王國維著　滕咸惠注　25開平裝　特價130元(76)

② 歷代詞選注（附「實用詞譜」、「簡明詞韻」）　閔宗述・劉紀華・耿湘沅選注　18開平裝　特價450元(82)

③ 唐宋詞格律　龍沐勛著　25開平裝　特價160元(84)

④ 倚聲學（詞學十講）　龍沐勛著　25開平裝　特價170元(85)

⑤ 歷代詩選注　鄭文惠・歐麗娟・陳文華・吳彩娥選注　18開平裝一大冊　特價600元(87)

⑥唐詩選注　歐麗娟選注　25開精裝　特價500元(84)

⑦海綃翁夢窗詞說詮評　陳文華著　25開平裝　特價250元(85)

△⑧田園詩人陶潛　郭銀田著　25開平裝　特價200元(85)

⑨唐詩學探索　蔡瑜著　25開平裝　特價250元(87)

⑩杜詩意象論　歐麗娟著　25開平裝　特價200元(87)

⑪唐詩的樂園意識　歐麗娟著　25開平裝　特價400元(89)

⑫說詩晬語論歷代詩　朱自力著　25開平裝　特價200元(83)

⑬鬘華仙館詩鈔　曾廣珊著　25開平裝　特價160元(75)

⑭珍帚集（古典詩集）　陳文華著　25開平裝　特價160元(85)

⑮風木樓詩聯稿　李德超著　25開平裝　特價200元(86)

⑯錦松詩稿　簡錦松著　25開平裝　特價200元(88)

八、戲曲

①西廂記　王實甫著　王季思校注　25開平裝　特價200元(84)

②牡丹亭　湯顯祖著　徐朔方等校注　25開平裝　特價220元(84)

③《牡丹亭》錄影帶　張繼青主演　VHS二捲一套　特價600元(86)

④長生殿　洪昇著　徐朔方校注　25開平裝　特價200元(85)

⑤桃花扇　孔尚任著　王季思等校注　25開平裝　特價200元(85)

⑥琵琶記　高明著　錢南揚校注　25開平裝　特價200元(86)

⑦ 關漢卿戲曲集　吳國欽校注　25開平裝二冊　特價500元(87)

⑧ 舞臺生涯　梅蘭芳述　許姬傳記　25開平裝　特價300元(68)

⑨ 王國維戲曲論文集（宋元戲曲考及其他）　25開平裝　特價300元(82)

⑩ 歷代曲選注　朱自力．呂凱．李崇遠選注　18開平裝　特價350元(83)

⑪ 元曲研究　賀昌群．任二北．青木正兒等著　25開平裝二冊　特價350元(73)

⑫ 傳統戲曲的現代表現　王安祈著　25開平裝　特價200元(85)

⑬ 清代中期燕都梨園史料評藝三論研究　潘麗珠著　25開平裝　特價250元(87)

⑭ 戲文概論　錢南揚著　25開平裝　特價300元(89)

九、俗文學

① 民俗文化與民間文學　陳益源著　25開平裝　特價200元(86)

② 台灣民間文學採錄　陳益源著　25開平裝　特價250元(88)

③ 敘事性口傳文學的表述　巴蘇亞．博伊哲努（浦忠成）著　25開平裝特價300元(89)

④ 中國民間文學　鹿憶鹿著　25開平裝　特價350元(88)

⑤ 中國神話傳說　袁珂著　25開平裝三冊　特價500元(83)

⑥ 山海經校注　袁珂著　25開精裝　特價450元(83)

十、小說

① 革新版彩畫本紅樓夢校注　馮其庸等注　劉旦宅畫　25開精裝三冊　特價1000元(73)

② 彩畫本水滸全傳校注　李泉·張永鑫校注　戴敦邦等插圖　25開精裝三大冊　特價1200元(83)

③ 三國演義校注　吳小林校注　附地圖　25開精裝二大冊　特價700元(68)

④ 西遊記校注　徐少知校　朱彤·周中明注　25開精裝三冊　特價1000元(85)

△⑤ 紅樓夢研究　俞平伯著　25開平裝　特價250元(86)

⑥ 紅樓夢的語言藝術　周中明著　25開平裝　特價250元(86)

⑦ 紅樓夢人物研究　郭玉雯著　25開平裝　特價300元(88)

⑧ 紅樓夢人物論　王昆侖著　25開平裝　特價180元(89)

⑨ 魯迅小說史論文集（中國小說史略及其他）　25開平裝　特價250元(82)

⑩ 聊齋誌異研究　楊昌年著　25開平裝　特價200元(85)

⑪ 古今小說　馮夢龍《三言》之一　25開平裝二冊　特價360元(80)

⑫ 警世通言　馮夢龍《三言》之二　25開平裝二冊　特價360元(80)

⑬ 醒世恆言　馮夢龍《三言》之三　25開平裝二冊　特價400元(80)

△⑭ 金瓶梅詞話　蘭陵笑笑生著　25開平裝六冊　特價1500元(85)

⑮ 水滸傳的演變　嚴敦易著　25開平裝　特價180元(85)

⑯ 六朝志怪小說故事考論　謝明勳著　25開平裝　特價250元(88)

十一、近代文學

① 水晶簾外玲瓏月——近代文學名家作品析評　楊昌年著　25開平裝　特價300元(88)

② 魯迅小說合集（吶喊．彷徨．故事新編）　25開平裝　特價250元(86)

③ 駱駝祥子　老舍著　25開平裝　特價150元(87)

④ 呼蘭河傳　蕭紅著　25開平裝　特價125元(87)

⑤ 生死場　蕭紅著　25開平裝　特價125元(88)

⑥ 邊城　沈從文著　25開平裝　特價135元(89)

⑦ 人間花草太匆匆——卅年代女作家美麗的愛情故事　蔡登山著　25開平裝　特價200元(89)

十二、近代學人文集

① 聞一多全集(一)　神話與詩　25開精裝　特價400元(82)

② 聞一多全集(二)　古典新義　25開精裝　特價400元(85)

③ 聞一多全集(三)　唐詩雜論　25開精裝　特價450元(89)

④ 聞一多全集(四)　詩選與校箋　25開精裝　特價450元(89)

十三、寫作學

① 創意與非創意表達　淡江大學語文表達研究室編　25開平裝　特價250元(86)

十四、語言文字

① 漢語音韻學導論　羅常培著　25開平裝　特價130元(71)

② 甲骨文研究（中國古文字與文化論稿）　朱歧祥著　18開平裝　特價500元(87)

③ 甲骨文讀本　朱歧祥著　18開平裝　特價450元(88)

十五、社會

① 中國法律與中國社會　瞿同祖著　25開平裝　特價250元(73)

△② 中國封建社會（周代社會組織）　瞿同祖著　25開平裝　特價300元(73)

③ 中國文化與中國的兵　雷海宗著　25開平裝　特價200元(73)

△④ 蛻變中的中國社會　李樹青著　25開平裝　特價250元(71)

十六、藝術

△① 中國繪畫理論　傅抱石著　25開平裝　特價250元(74)

② 八大山人之謎　魏子雲著　25開平裝　特價250元(87)

③ 八大山人是誰　魏子雲著　25開平裝　特價160元(88)

④ 唐代樂舞新論　沈冬著　25開平裝　特價250元(89)

十七、宗教

① 中國佛寺詩聯叢話　董維惠編著　25開精裝三大冊　特價2000元(83)

② 佛教與文學的系譜　周慶華著　25開平裝　特價240元(88)

③ 靈泉心語（基督教）　劉蓉蓉著　25開精裝　特價300元(83)

十八、兩性研究

① 女性主義與中國文學　鍾慧玲主編　25開平裝　特價300元(86)

② 古典文學與性別研究　梅家玲等著　25開平裝　特價250元(86)

③ 《午夢堂集》女性作品研究　李栩鈺著　25開平裝　特價250元(86)

④ 性別與家國—漢晉辭賦的楚騷論述　鄭毓瑜著　25開平裝　特價280元(89)

十九、新聞

① 一勺集（一個新聞工作者的回憶）　耿修業著　25開精裝特價400元　平裝300元(81)

二〇、人生管理系列

① 敢於夢想的女人　吳娟瑜著　25開平裝　特價180元(85)
② 吳娟瑜的情緒管理學　吳娟瑜著　25開平裝　特價250元(86)
③ 吳娟瑜的婚姻管理學　吳娟瑜著　25開平裝　特價250元(87)
④ 吳娟瑜的溝通管理學　吳娟瑜著　25開平裝　特價230元(88)
⑤ 吳娟瑜的親子成長學　吳娟瑜著　25開平裝　特價250元(88)
⑥ 吳娟瑜的男性知見學　吳娟瑜著　25開平裝　特價240元(89)
⑦ 大兵EQ　吳娟瑜著　25開平裝　特價200元(88)
⑧ 親子溝通的藝術（有聲書）　吳娟瑜主講　盒裝三捲特價350元(86)
⑨ 身心靈整合的藝術（有聲書）　吳娟瑜主講　盒裝六捲特價500元(85)
⑩ Touch最眞的心靈（經售）　吳娟瑜著　特價170元(87)

本書局全省經銷處

（有☆符號者，書較齊整）

台北市：

① 重慶南路——☆三民書局、☆書鄉林、☆建宏書局、☆建弘書局、☆天龍圖書公司、阿維的書店。

② 台大附近——聯經出版公司、☆唐山出版社、☆施雲山（曉園出版社前）、結構群出版社、女書店、台灣个店、大龍書局。

③ 師大附近——☆學生書局、☆政大書城師大店、☆樂學書局（金山南路）。

④ 和平東路二段——洪葉書局（國立台北師院內）。

⑤ 復興北路（民權東路口）——☆三民書局。

⑥ 基隆路——聯經出版公司。

⑦ 木柵——☆政大書城（政治大學內）。

⑧ 士林東吳大學——☆東吳大學圖書部（藝殿書局）。

⑨ 中正紀念堂——中國音樂書房。

⑩ 陽明山——☆瑞民書局（文化大學外）、☆華岡書城（文化大學內）。

⑪ 環亞百貨——FNAC。

⑫ 研究院——☆四分溪書坊。

淡水：☆驚聲書城（淡江大學內）。

新莊：☆文興書坊、敦煌書局（輔仁大學內）。

中壢：☆中大書城（中央大學內）、☆元智書坊（元智大學內）。

新竹：古今集成文化公司、☆水木書苑（清華大學內）、☆全民

書局（竹師院內外）。

台中：☆五楠圖書公司、☆東海書苑（東海別墅）、寶山文化公司、敦煌書局（逢甲大學內、東海大學內、靜宜大學內）、興大書齋、☆闊葉林書店（興大附近）、☆地球文史工作室。

南投：☆暨南大學圖書文具部。

彰化：☆復文書局（彰師大外）、白沙書苑（彰師大內）。

嘉義：☆復文書局（中正大學內）、南華書坊（南華大學內）。

台南：☆成大書城（長榮店）、敦煌書局、超越書局。

高雄：☆復文書局（高雄師大內）、開卷田書店、☆中山大學圖書文具部、☆五楠圖書公司（中山一路）。

屏東：復文書局（林森路）、☆屏東師院圖書文具部。

花蓮：瓊林圖書事業有限公司、☆復文書局（花蓮師院內）、☆東華大學東華書坊。

台東：☆台東師院圖書文具部。

聯鎖店：全省誠品書店、金石文化廣場、新學友書局、紀伊國屋書店。

網路書店：博客來網路書店（網址：http://www.books.com.tw）

新絲路網路科技公司（網址：http://www.silkbook.com）

里 仁 書 局

台北市仁愛路二段98號5樓之2

TEL：(02)2321-8231,2391-3325,2351-7610

FAX：(02)2397-1694

郵政劃撥：01572938「里仁書局」帳戶

LE JIN BOOKS LTD

5F-2, NO. 98, Jen Ai Road, Sec. 2,

Taipei, Taiwan, R. O. C.

Please T/T To Our Account:

HUA NAN COMMERCIAL BANK LTD.

SHIN YIH BRANCH

No. 183, Sec. 2, Shin Yih Road,

Taipei, Taiwan, R.O.C.

Swift Address: HNBK TW TP

A/C NO:102-97-002651-1

國家圖書館出版品預行編目資料

朱元璋傳／吳晗著．－－初版．

－－臺北市：里仁，民86

330面；15×21公分

ISBN 957－9113－86－6（平裝）

1. 明太祖－傳記

626.1 86001440

吳晗著

朱元璋傳

校對人：郭千華·吳奕蒼·蔡雅霓
發行人：徐秀榮
發行所：里仁書局（請准註冊之商標）
台北市仁愛路二段98號五樓之二
電話：2391－3325，2351－7610，
2321－8231
FAX：2397－1694
E mail: lernbook @ ms45. hinet. net
印刷所：琦海印刷有限公司
郵政劃撥：01572938「里仁書局」帳戶
中華民國八十六年二月十五日初版
中華民國八十九年十一月卅日初版三刷

參考售價：平裝180元

ISBN 957－9113－86－6（平裝）